广告语言技巧与创意教程

章黎平 朱美娜 郭旭魁 编著

上海辞书出版社

图书在版编目(CIP)数据

广告语言技巧与创意教程 / 章黎平，朱美娜，郭旭魁编著. —上海：上海辞书出版社，2024. —ISBN 978-7-5326-6297-5

Ⅰ. F713.8

中国国家版本馆 CIP 数据核字第 2024BS3038 号

广告语言技巧与创意教程

章黎平　朱美娜　郭旭魁　编著

责任编辑　马　沙
装帧设计　杨钟玮
责任印制　曹洪玲

出版发行　上海世纪出版集团
上海辞书出版社®(www.cishu.com.cn)
地　　址　上海市闵行区号景路 159 弄 B 座(邮政编码：201101)
印　　刷　浙江临安曙光印务有限公司
开　　本　890 毫米×1240 毫米　1/32
印　　张　10.75
字　　数　250 000
版　　次　2024 年 11 月第 1 版　2024 年 11 月第 1 次印刷
书　　号　ISBN 978-7-5326-6297-5/F·311
定　　价　95.00 元

本书如有质量问题，请与承印厂联系。电话：0571-63783589

目　录

绪　论

一、广告几乎无处不在

电视、广播、报纸、杂志、霓虹灯、公车上(站)、建筑物外墙、马路边、体育馆(场)、报箱、街上布告栏、楼道内、防盗门上……加上招牌、公告、名片、超市付款票据、超市方便袋……都可能有广告;更不要说打开网络,看视频、读网络小说时,听语音小说或音乐时……广告随时会出现。无论是置身于喧嚣的都市,还是在相对宁静的乡村,在信息爆炸的今天,我们可以一整天不听一首歌、不读一本书、不看一部电影或电视剧……可能因为网络不好或没有网络而不能上网,但只要不是处在荒漠无人区,我们很难一整天都不碰上一个广告。

二、不要讨厌广告

当然,不同地区、不同职业的人每天遇到广告的内容、数量不一定相同,哈佛商学院在 20 世纪 60 年代做过一项统计,当时美国有 85%的广告是没有人看的。现在在中国,一般说来,没人看的广告或没人愿意看的广告也是占了大多数,这恐怕是没有疑义的。不少人讨厌广告,若我们正看到电视剧的精彩部分,却有广告插播进来,如果换台,也许别的频道也在播广告,也许再回到原来的频道却错过了精彩的情节；如果不换台，让我们不感兴趣的广告重复播放，确实让人厌烦。在网络上，若我们想看精彩的视频或想要听网络小说，先要看广告，才能获得一段时间的免费服务；当然，你也可以不看广告，但那就要付费才能看视频、读小说了。

但其实我们不应该讨厌广告，因为广告：

1. 替我们省钱

因为有广告投放，报纸、杂志等才能那么便宜；电视、广播、网站因为有了广告赞助而能很好地运营；因为有广告商的付费，网络小说、网络视频的创作者才不会徒劳无功；是广告费帮助我们获得了那么多的娱乐资源；假如没有广告，我们怎能不付费就可以看到精彩体育赛事的实况转播？

2. 广告为我们提供了信息

中国经济和文化的发展、转型，将人们裹挟着卷入了一个广告如林的时代，这是伴随着中国市场商品日益丰富、人民购买力日趋增强而出现的。如今无论是刺激消费拉动内需，还是为人们提供丰富的文娱体育活动，还是求学、求职、购房、婚恋、寻找家政服务……作为消费者的我们都有可能通过广告来寻找或获得有用的信息，而生产商及商家等也需要将商品信息通过广告进行传播。如果消费者与商品信息之间关联性不足，就需要借助广告传播方式予以解决。

3. 宣传商品，引发消费者对商品的关注，刺激受众在消费理念与消费行为等方面发生改变

广告的魔力在于它们可以从零开始制造受众的需要，并告诉受众他们其实是需要这些商品的。比如想祛头屑——海飞丝、舒蕾等广告中就告诉消费者这些洗发产品有此功能，中国人从20世纪用洗衣粉和肥皂洗头到用洗发膏、洗发粉，再到市场上充盈着各

种品牌的洗发露、洗发水;从用嘎啦油到用雪花膏,再到改革开放后美加净、奥琪、霞飞等国产化妆品的出现或重新上市,到如永芳F珍珠霜(其广告语:娇柔的肌肤难挡污浊的空气,永芳F珍珠霜,我的知音,我的伴侣)在中国市场上的畅销,再到日本、法国、美国、韩国等进口化妆品出现在中国女性的化妆台上,正如大宝洗面奶的广告:广告女主角的姥姥出嫁时用胰子洗脸就不错了,妈妈出嫁时用香皂,而现在女主角出嫁时用大宝洗面奶。从计划经济时代的商品紧张,到市场经济时代的商品极度丰富,中国人只用了极短的时间。正如习近平总书记在党的二十大报告中所说:我国的"改革开放和社会主义现代化建设取得巨大成就","人民群众获得感、幸福感、安全感更加充实、更有保障、更可持续,共同富裕取得新成效"。现在的日用品中,同一种商品有多个品牌可供消费者选择,如何引导消费者选择合适的商品,广告宣传的作用不可忽视。

4. 提高企业、商家等的知名度

商品有商标,企业有标志,看到黄底红色的字母"M"就想到麦当劳,看到上校的头像就知道这家餐厅是肯德基,卡通乳牛是光明乳业的标志,两个手挽手的不同肤色的小男孩是海尔兄弟也是海尔的标志……一说到"我们的目标是——?"就想到高露洁牙膏。广告提高了企业和商家的知名度,让人们对其印象深刻。

5. 公益广告有积极作用

公益广告并非推销商品,更是在引领社会道德、宣传社会主义核心价值观等方面,发挥了非常大的积极作用,正像濮存昕在某公益广告中所说的:公益广告是一盏灯,星火燎原,终有万家灯火。如果把张艺谋拍摄的申奥宣传短片也看作广告,那它对于申奥成功亦是功不可没。

6. 与广告业相关的新兴行业的发展，可以提供更多的就业机会

广告的制作、发行、通过媒体的发布、广告公司的运营都需要相关的从业者；随着互联网、新媒体的普及参与广告宣传，可以为社会提供更多的与广告业有关的就业机会。

可见，广告确实能帮助商家，也能帮助我们。试想：假如生活中没有了广告，世界将会变得如何？我们的生活将会怎样？但是，没有吸引力、缺乏美感的广告确实让人烦不胜烦。广告创作者需要发挥自己的聪明才智，多创作一些让人爱看且能吸引受众甘愿接受广告宣传中的商品或服务的好广告。

广告主需要推销商品，消费者需要消费，有审美情绪的广告语便是它们最好的媒介，使广告宣传的商品在同类商品中更惹人注目。一则好的广告，要做到对消费者情感形成正面影响，其广告语言应该尽可能通俗、生动、有特点，读起来不拗口，表达有感情，内容耐回味，能从激烈的广告竞争中脱颖而出，进入人们愿意看、记得住的广告“先进行列”中，以产生好的受众印象和好的促销效果，这就是广告的目的。

三、中国广告事业的发展是经济社会的发展，也是创意能力的提高

1. 中国学者对广告的界定

“广告”一词源于拉丁语 adverture，义为“唤起大众对某种事物的注意”，含有“通知、诱导、发布”的意思。这个词在中古英语时代被吸收演变为 advertise，词义也得到了扩展。

《现代汉语词典》第7版对"广告"一词的解释为："向公众介绍商品、服务内容或文娱体育节目的一种宣传方式，一般通过报刊、电视、广播、网络、招贴等形式进行。"这则定义强调了广告是为了"介绍""宣传"，广告要借助"报刊、电视、广播、网络、招贴等"媒介，其中"通过电视、广播、网络"更显示出现代广告的特点。

2. 广告的历史

据屈原《楚辞·天问》记载，姜太公在发迹之前，在集市操刀卖肉时边吆喝边敲击切肉刀发出声响，这算是中国最早出现的口头广告吧。战国时就有商家用招牌、有酒肆用酒旗等做宣传；唐末宋初就有印刷、张贴、散发的纸质广告了，这些文字广告要比西方历史记载中的文字广告出现的时间久远得多。

国外的广告，据说最早是于1473年在英国出现的宣传宗教内容的印刷广告。1626年英国出现了报纸广告，1880年美国出现了广告文案的职业撰稿人——鲍尔斯。

进入20世纪以后，西方广告业迅速发展，广告从业人员迅速增加，广告行业成为一个充满活力的新兴行业。这时，人们对广告功能、类别、价值、效果等的研究也就开始了。

而新中国成立后，在计划经济时代，虽然也是有广告的，如电影院的电影预告等，但那时的广告事业没有得到发展，少有专门从事广告创作的人员。

3. 中国广告事业的发展是经济发展、创意能力提高的结果

改革开放后，中国生产力大幅度提高，商品供应得以极大丰富，厂家和商家极其需要宣传商品，吸引消费者消费。

首先，中国广告公司、广告从业者增多。大浪淘沙，对广告从业者的素质要求越来越高，广告人才日趋专业，他们接受到的相关教育更高级且更专门化；广告专业的教材、书籍出版了很多，发表

的论著也汗牛充栋。实际上，中国现今的广告从业者中，有来自不同专业的各方面人才：除了广告专业，还有新闻系、中文系、美术系和计算机等专业的人才，这些人才在进入广告界后，都需要补充学习与广告有关的各方面知识。

其次，传播媒体种类增多。除了传统的电视、广播、报纸、招牌等，网络等新媒体的加入，使广告宣传可以借助的媒介更多了。

再次，依我们的自身感受，如今的广告形式多样，语言和画面精美，富有创意。改革开放初期，电视广告常用直白的广告词，如弯头圆珠笔的广告词“弯头弯头，世界独有、笔尖更细，储油更多，欢迎选购”；可耐洗发水的广告词“可耐可耐，人见人爱”；后来出现了用“省优、部优、国优”这样的词语强调自身质量好的某电器产品广告词。从利用美女出镜吸引观众眼球的某自行车的电视广告以及到用利用名人、明星效益的广告（如嘉陵摩托车用著名相声演员马季做广告），再到用普通人作为广告模特（如雕牌洗衣皂、洗衣粉用大妈、小女孩做广告模特）的接地气的广告。广告制作者挖空心思，只为受众能接受广告宣传，购买他们宣传的产品或服务。当然，无论中外广告，任时间流逝，3B 是永远的主题。所谓 3B，即：Baby（儿童、孩子），针对儿童消费群体或在广告中以儿童为模特。如：康恩贝牌肠炎灵、九阳豆浆机、美好时光海苔等的电视广告；婴幼儿奶粉、纸尿裤、护肤品，童装、童鞋等产品的广告。这类产品服务于 baby，也多用 baby 作为模特。Beauty（美人）——化妆品、美容产品、服装等，美发护发等产品也属于这一类。这类产品多服务于女性，且多用明星、模特、选美获胜者等美人作为广告模特。Beast（野兽）——美的电器、北极熊版及猎豹版急支糖浆、红牛饮料等的电视广告就曾经用野兽作为模特。

最后，受众的心理更成熟，更有耐心和辨别力，有自己的见解。

市场经济提供给消费者的同类商品或服务越来越多,广告宣传更难脱颖而出、吸引消费者了。消费者可以选择的余地更大,甄别能力更强,对广告创作者的要求也越来越高。广告创作者只有不断提高自己的创意能力才能适应社会发展的需要。

四、广告是语言的艺术

无论是平面广告还是视频广告,广告效果主要来自广告的语言文字部分,至少到目前为止,还很少出现仅有图案、画面或背景音乐等而没有任何语言文字说明或介绍的广告。

广告要推销商品或宣传服务,可以用有声的语言,也可以用无声的文字,总之,需要语言文字说明。广告大师李奥·贝纳说:"文字是我们这个行业的利器,文字在意念表达中注入热情和灵魂。"(曹炜 2009)①另一位广告大师大卫·奥格威也说过:"广告是词语的生涯。"(曹炜 2009)②

因而,也可以说广告的艺术中包含着语言的艺术,学习一些广告语言技巧或策略,对学习广告专业的人士有重大帮助。

五、关于广告语言

1. *广告语言有广义和狭义之分*

曹志耘(1992)、于根元等(1998)[1]、曹炜(2009)[2] 等专家都对广告语言有所阐释,学界对广告语言的界定,主要有两种观点:

---

① 曹炜(2007)引丁伯铨(2002)。
② 曹炜(2007)引大卫·奥格威(2003)。

第一种观点认为：广告语言是指广告中所使用的一切手段和方法，包括声音语言、音乐语言、图像语言、色彩语言、舞蹈语言、平面设计语言、文字语言等。（曹炜等 2009）[2] 于根元等先生（1998）[1] 认为这是广义的广告语言，“这里的‘语言’不是严格意义上的语言，而只是一种比喻用法，是指一种符号，一种表现手段”。

第二种观点认为：广告语言是指广告中所使用的语言文字。于根元（1998）[1] 等认为这是狭义的广告语言，“它具体包括商标、广告标题（包括引题、正题、副题）、广告标语（口号）、广告警示语、广告正文和广告附文等”。曹志耘认为：“广告语言是指广告中的语言，包括各种广告中所有的语言文字信息，即广告中的语音、词语、句子、文字、标点符号和文字图形。”（转引自曹炜等 2009）[1]

我们认为广告语言至少包括广告文案、广告脚本中的语言文字，这与第一种观点中的广告语言有相关性，我们称之为广义的广告语言；还有广告发布中通过视觉、听觉等方式传播给受众的那部分语言文字，这与第二种观点中谈到的广告语言有关，我们称之为狭义的广告语言。本教程中主要讨论这种狭义的广告语言，即：广告中出现的（平面广告可以阅读到的、有声广告中可以听到的、影视或网络广告的字幕中可以看到及听到的……）语音、词语、语句、文字、标点符号和文字图形。①

2. 广告语言的特点及基本要求

成功的广告一般应具有以下几个特点：

（1）真实准确不浮夸

《中华人民共和国广告法》中有相关规定：

第三条　广告应当真实、合法，以健康的表现形式表达广

① 曹炜（2009）转引曹志耘（1992）。

告内容,符合社会主义精神文明建设和弘扬中华民族优秀传统文化的要求。

第四条　广告不得含有虚假或者引人误解的内容,不得欺骗、误导消费者。

广告主应当对广告内容的真实性负责。

所以广告语应该真实,将需要宣传的商品或服务等方面的信息诚实地告知消费者,不能吹嘘、误导消费者。虚假广告终会害人害己,广告创造者应该将“真实性”看作广告的生命。

(2) 简明通俗易理解

《中华人民共和国广告法》中有相关规定:

第八条　广告中对商品的性能、功能、产地、用途、质量、成分、价格、生产者、有效期限、允诺等或者对服务的内容、提供者、形式、质量、价格、允诺等有表示的,应当准确、清楚、明白。

广告中表明推销的商品或者服务附带赠送的,应当明示所附带赠送商品或者服务的品种、规格、数量、期限和方式。

法律、行政法规规定广告中应当明示的内容,应当显著、清晰表示。

通俗易懂的广告,可以让消费者很容易地明白广告宣传的目的、记住广告宣传的信息。因而,广告语言不能含糊其词,意义晦涩不明。

(3) 形象生动且鲜明

一些广告语已经超出广告本身的范围,甚至成为大众的日常用语,如:表示自己身体好的“身体倍儿棒,吃嘛嘛香”(蓝天六必治牙膏广告语);提到冷饮时说“透心凉”(“晶晶亮,透心凉”——

雪碧汽水广告语);形容食物美味,有人会说:“香喷喷,好吃看得见”(康师傅方便面广告语);孩子都知道要妈妈给自己买“蓝瓶的钙,纯净的钙,好喝的钙”(三精牌葡萄糖酸钙口服液广告语);“一直被模仿,从未被超越”(可口可乐广告语)成为证明某一事物优秀卓绝的代表说法;“不在乎天长地久,只在乎曾经拥有”(铁达时手表广告语)曾成为某些年轻人口中的流行语,反映了某些年轻人的爱情观。形象生动的广告语言,令人愉悦,让人牢记于心,也达到了广告宣传的目的。

(4) 内涵丰富又新奇

陈词滥调不能用,广告语言应该新奇,才会让受众耳目一新,吸引消费者去探求广告所宣传的产品,最终令消费者接受广告信息,并愿意购买广告中宣传的商品或服务等。如爱立信的广告“一切尽在掌握中”是语义双关,“今年二十,明年十八”(白丽美容香皂广告)使用了夸张的手法,“人头马一开,好事自然来”(人头马VSOP 广告)利用了押韵,这些广告词新奇不落俗套,让人很快就记住了广告词,达到了广告宣传的目的。

(5) 想象开阔引思考

“人类失去联想,世界将会怎样?”(联想电脑广告词)用了双关修辞格,引发受众的思考,让人记住“联想”这一品牌。“苹果和梨能长在一棵‘树’上吗?”(电冰箱广告语)当这一问句进入受众的脑海,一般人都会马上产生一个念头:“怎么可能?”但是稍后,多数人都会陷入思考,最后接受了这一广告的宣传理念:用此款冰箱,苹果和梨就可以在一起保鲜,就像“长在一棵树上”。

(6) 语言幽默吸引人

相对于刻板、说教式的广告宣传,幽默、诙谐的广告语更受欢迎,更容易在受众心里留下深刻印象。如:

我们的最新产品最能吸引异性，因此，随瓶奉送“自卫教材”一份。（法国香水制造公司广告）

如果您逃票乘车，那么请您在伦敦治安法院门前下车。（英国伦敦地铁售票窗前的广告）

如果“佩纳利”还不能使您的鸡下蛋，那它们一定是公鸡。（佩纳利饲料公司广告）

若是“沃尔芙”也无法改变你的形象，您还是什么也别穿，就上街去吧！（沃尔芙时装公司广告）

以上各条广告语，都以幽默、含蓄的语言宣传各自的理念。第一个例子宣传使用了这款法国香水后会令人魅力倍增，第二个例子用幽默的语言说明逃票的后果，第三个例子宣传了佩纳利牌饲料的质量优良，第四个例子用幽默、自信的语言宣传了沃尔芙时装公司的时装可以改善消费者的个人形象。

能让广告受众会心一笑的广告，一定吸引受众多次观看而不厌烦，接受并记住广告宣传的信息。

(7) 思想积极向上

广告的制作和表达、内容和形式都必须文明、健康；符合社会主义核心价值观。在如今“青年一代更加积极向上，全党全国各族人民文化自信明显增强、精神面貌更加奋发昂扬”[①]的良好社会环境下，广告宣传也应该为“积极发展社会主义先进文化”做出贡献。

(8) 有针对性

必须针对企业或其他社会组织的不同情况，针对不同的社会政治、经济、文化等环境，针对不同的产品和服务内容特点，针对不同国家、民族、地区、性别、年龄、职业的消费者不同的消费心理、消

① 据习近平总书记在党的二十大上的讲话。

费习惯和消费行为等特点,通过简练而富有创造性的方式,有的放矢地设计广告语。这样才能够吸引公众和消费者的注意,最终实现广告目的。

特别是一些公益广告,在宣传中华传统美德,提倡爱国、爱党、敬业等美德的同时,对社会主义核心价值观的形成发挥了不可估量的作用。如:

父母是孩子最好的老师。(洗脚篇)

爱我中华,修我长城!(中国文化古迹保护宣传广告)

第一个例子在宣传孝道的同时,表明了父母的言传身教对孩子世界观、价值观的形成有重要作用;第二个例子试图唤醒人们的爱国热忱,并引导人们树立保护文物古迹的意识。

世界上唯一完全为农民妻子们编辑的杂志!(《农民之妻》杂志)

言老年之事,抒老年之情,解老年之忧,传老年之声!(《中国老年报》)

乌鸡白凤丸,让女性充满新活力!(同仁堂乌鸡白凤丸)

这三则广告语直截了当地表明了受众的范围(农民妻子们、老年人、女性),可以有针对性地吸引相关消费者,引导其做出消费行为。

(9) 富有艺术性

广告语的发布伴随着多种艺术形式表现其主题,使公众在艺术欣赏的过程中接受广告内容,从而实现广告宣传的目的和作用。

真实性、生动性、新奇性、思想性与艺术性等多种特点的水乳交融,才使广告有了生命力。

六、利用广告语言,创造美的艺术

优秀的广告语言除了达到上面提到的九条基本特点外,还要优美,因为语言的功能之一就是“美学功能”:“语言有很强的美学功能,可以创造美,培育审美情趣。”(伍铁平,王庆 2014)[21]

这就要求广告从业者学好语言知识并认真思考如何利用广告语言创造美的艺术。让人喜欢看、愿意听用这些语言文字来宣传的广告。

第一,要让孩子爱看,大人也爱看。例如,“正大综艺”中“爱是 love……”的主题曲,曾经被孩子们传唱,“爱是正大无私的奉献”的歌词为正大集团的企业形象加分不少。

第二,一则广告的成功,是产品的成功,是市场分析的成功,也是文学、艺术、语言文字创作的成功,广告就是这样一个“混血儿”。它把经济、文学、心理学、社会学、美学甚至语言文字学结合在一起,创造出现代生活中独特的生活现象。随着市场经济的发展,中国的社会已经步入广告社会,改革开放后我国广告事业有所发展,广告潜移默化的作用正在悄悄发挥。当有些消费者到商场直接选定商品或专门选购某种商品时,当许多消费者在超市找到自己看到的广告中宣传的产品时,当有些消费者在网络上搜寻并最终下单网购了某产品时,广告业者就会感到成功的喜悦。

第三,好的广告,就是品牌的眼睛,为产品做广告就是画龙点睛,广告语言要做到——新、奇、巧、妙。

第四,好的广告受大众喜爱,能给消费者留下深刻印象,还能创造流行语言。像前面我们谈到的“铁达时手表”广告语就曾经是流行语。

广告不但能使人们购买产品和接受服务，还能对人们的心理行为产生深刻的影响，其中最为重要的是文化和消费的宣传和结合，如利用中国传统节俗文化所做的广告。广告可以促使传统的生活方式发生变化，通过化妆品广告，中国的消费者从用香皂洗脸，到如今了解那么多的洗面产品；中国人从用柴火或煤烧饭，到如今利用广告宣传熟知了各种厨房设备，实现了厨房革命；自从广告中出现了“喝了娃哈哈，吃饭就是香……”的广告语，中国的很多家长都给自己的孩子买过娃哈哈产品，而且娃哈哈伴随了几代孩子的童年成长。广告传播特定的价值观念，标榜理想的生活标准，改变人们的生活目标，创造物品的流行甚至语言的流行。除了我们前面提到的康师傅牛肉面（“好吃看得见”及“就是这个味”）、蓝天六必治牙膏（“身体倍儿棒，吃嘛嘛香”）、铁达时手表“不在乎天长地久，只在乎曾经拥有”的广告词、雀巢咖啡（“味道好极了”）等的广告词，也影响着青少年的语言表达。广告能带给人们无限的遐想和憧憬，经典广告更是如此。

优秀的广告语会让人经久不忘。有这样一句广告语：“钻石恒久远，一颗永流传”，它已经历了多年的锤炼和考验，一直都被各类优秀广告语评选收录在前十位，可见人们对美好的事物通常有非常一致的认识。优秀广告语往往能成长为一个成熟的、知名的品牌标志，如“真诚到永远——海尔”“手机中的战斗机——波导手机”“一缕浓香，一缕温馨——南方黑芝麻糊”“四十年真诚岁月，中华在我心中——中华牙膏”等优秀广告语的共同特征是短小简洁，真实表达着一种人类共同的细微感受，令人的心灵产生持久的共鸣。

当然，有些广告会对企业或商品的形象产生消极影响，对商品销售不利;如当年许多人都讨厌“天松大豆低聚糖”的广告语,后来的广告虽然经过了重新设计,但因为宣传中的概念不清、产品定位不清晰等原因,最终还是停产了。

好的广告提供给消费者的不仅仅是商品或服务等方面的信息,还有美的感受,优秀的广告设计者会利用广告语言,创造美的艺术。

七、本教程的内容

本教程介绍广告语言的创作与表达技巧。在对中外著名广告案例的语言进行分析的基础上,提出如何使广告语言出奇制胜、如何巧妙地运用语言以增强广告语言的表达效果,提高广告语言的艺术魅力等观点。

本教程除绪论外,其他章节从内容上可以分为三个部分:第一部分(第一章至第五章)介绍广告语言技巧,对已有的中外经典广告语中使用的语言、文字等进行例举、分析,指出其成功之处,让学习者了解广告语言的使用技巧,即如何用语言三要素:语音、词汇、语法,结合语境,利用词语的巧妙使用、句式的选择技巧、语境的配合、修辞格的特殊表达效果、蓄意歧义的新奇使用等技巧,以达到引人入胜、启发联想、引起受众感觉冲击以造成其对广告所宣传产品等的好奇,进而记住产品并渴望去体验、使用的效果。广告语言宣传也应考虑到社会、一个民族的历史及文化等因素。第二部分(第六、七章)介绍广告语言策略。最后(第八章),对比分析同类产品广告的不同之处及同一个产品在不同时期的广告,以利于学习者辨别、分析不同广告的长处和不足,认识同一个产品或品牌为适应市场变化或消费者的需求发展而改进自己的广告的情况，以此帮助读者开阔眼界，从中吸取经验和教训，希望本书的内容能为有志从事广告宣传和制作的人士提供一点启发，加深其对广告语言与广告创意的了解。每章后面都附有作业和思考题，使读者可以有机会巩固本章所学内容并实践所学技巧，掌握提高广告语言表达效果及艺术魅力的技巧。

还要说明的是，因为是从不同的角度去分析广告语言，所以同一个广告语可能被从不同的角度去分析，在本书中会出现不止一次。

八、编写目的

随着我国经济和社会的发展，我国商品经济高速发展，人民生活日益提高带来了购买力的提高和对服务追求的提高，广告作为重要的传递信息的手段之一，与人们的日常生活的关系愈来愈密切。在今天这个信息爆炸的时代，在销售和服务需要宣传的情况下，我国的广告业迅猛发展，广告宣传所借助的媒介越来越多样化，随之而来的是广告中的优秀作品越来越多，这些如雨后春笋般涌现出来的优秀广告作品是我们学习的材料。认真学习这些优秀广告的精妙之处、分析其高明之处及取胜的特点，有利于我们更加清楚地认识广告的作用和产生规律，对提高广告创新的能力，开阔视野、积累经验、掌握素材，最终提高自身从事广告事业的经验水平和创造水平等有重要的意义。

现在厂家、商家等产品和服务的提供者也明白，在激烈的竞争下，“酒香不怕巷子深”的年代早已一去不复返了；一味打价格战只能让自身陷入无法自拔的悲惨境地，而广告却可以帮助他们的“美酒香出深巷”。

好的广告令人印象深刻,能激发人们的购买欲,增加产品或服务的销售量;有的广告则令人厌恶,完全不能达到广告商、厂家或商家等的期望,对促进产品或服务的销售无益。

提高广告语言水平是中国广告业的重大需要。利用广告语言发掘产品的卖点,直击消费者的痛点,是每一个广告从业者梦寐以求的,要实现这一愿望,需要学习,也需要借鉴。

我们编写此教程只是想做一个尝试。中华民族的语言,特别是汉语、汉字,其博大精深程度远非世界许多文字和语言所能比拟的;汉语、汉字有其独特的特点可供我们利用(特别是汉字的图画性,下文将举例说明)。

习近平总书记在党的二十大报告中提出“加强基础学科、新兴学科、交叉学科建设。”广告语言属于交叉学科,对其进行的研究目前还方兴未艾,需要更多的广告学、语言学等方面的专家参与。我们的研究只是粗浅的尝试,如果能抛砖引玉,引出更多的研究成果就更好了。如果学习者们能从我们提供的内容中学习到广告语言的创作技巧,为自己的创意提供素材和思路,就是本书的价值了。

最后,再次强调,广告创作者要时刻谨记:要创新、要创造,广告语要摆脱传统窠臼而有所创新,平淡无奇、缺乏新意的广告是没有生命力的。习近平总书记在党的二十大报告中说“培育创新文化”“坚持尊重劳动、尊重知识、尊重人才、尊重创造”,我们何其幸运处在如此好的时代,应该把学习如何更有创意地创作广告作为目标。大家一起共勉!

*** 知识拓展:关于语言文字规范化的法律规定**

1997 年,国家广电总局发出《关于进一步加强广播电视广告宣传管理的通知》,其中第14条明确规定：广播电视广告宣传应使用规范的语言文字,不得故意使用错别字或用谐音乱改成语。

1998年1月15日,国家工商行政管理局又颁布了《广告语言文字管理暂行规定》,其中第11条规定：广告中成语的使用必须符合国家有关规定,不得引起误导,对社会造成不良影响。

2000年10月31日,第九届全国人大常委会第十八次会议审议并通过了《中华人民共和国国家通用语言文字法》。该法是为推动国家通用语言文字的规范化、标准化及其健康发展,使国家通用语言文字在社会生活中更好地发挥作用,促进各民族、各地区经济文化交流,根据宪法制定的法规。此法确立了普通话和规范汉字的"国家通用语言文字"的法定地位。其中第十三条明确规定：公共服务行业以规范汉字为基本的服务用字。因公共服务需要,招牌、广告、告示、标志牌等使用外国文字并同时使用中文的,应当使用规范汉字。第十四条规定下列情形,应当以国家通用语言文字为基本的用语用字：(1) 公共场所的设施用字;(2) 招牌、广告用字。

2003年,北京市第十二届人大常委会第四次会议表决通过《北京市实施〈中华人民共和国国家通用语言文字法〉若干规定》,第13条明确规定"企业名称、商品名称及广告应当以国家通用语言文字为基本用语用字,违反规定的由本市工商行政部门依据法律法规进行处理。"

2003年9月24日,为进一步促进广播电视业的健康发展,切实尊重和维护广大人民群众的利益,整顿和规范广播电视广告播放秩序，国家广电总局颁布了《广播电视广告播放管理暂行办法》。第13条规定，“广播电视广告应当使用规范的语言文字，不得故意使用错别字或用谐音乱改成语。”

根据2020年11月29日《国务院关于修改和废止部分行政法规的决定》第三次修订的《广播电视管理条例》其中的相关规定：广播电台、电视台应当使用规范的语言文字。

第一章　广告语言技巧(一)
语音上的技巧

本书所研究的广告语言,是指广告发布中通过视觉、听觉等方式传播给受众的那部分语言及记录语言的文字,我们所例举的广告语言案例,主要是以现代汉语普通话为口语或书面语,以及以现代规范汉字来传播的广告实例。

我们知道,任何语言都有语音、词汇、语法三要素,现代汉语也由这三个要素构成。任何语言都有自己的特点,现代汉语也有区别于其他语言的自身特点,这些特点在语音、词汇、语法三个方面都有表现。

黄伯荣、廖序东(2007a)[7] 主编的《现代汉语》指出:现代汉语的语音特点之一是:"音节界限分明,乐音较多,噪音少,加上声调的抑扬顿挫,因而具有音乐性强的特点。"

音乐性强的汉语,其语音要素在广告语言方面常被采用的技巧有:利用押韵、谐音、同音词等,这些都是影响广告语言节奏感的因素。运用这些技巧,可以使广告语言具有节奏美和声韵美的特性。起伏顿挫、富有韵律之美的广告语,能吸引受众,使受众易于记住那些朗朗上口的广告语,并给受众以美的感受。

第一节　押韵

据《现代汉语词典》第7版:“押韵(压韵),诗词歌赋中,某些句子的尾字用韵母相同或相近的字,使音调和谐优美。”

黄伯荣、廖序东主编的(2007a)[54]《现代汉语》指出:“押韵可以使韵文音调和谐悦耳,富于音乐节奏,诵唱顺口,好唱,易记。”

在广告语言中利用押韵,确实能起到“使音调和谐优美”的作用。运用押韵的语言技巧,还使得广告词便于传唱且“易记”,可以有效达到广告宣传的目的。

一、押韵

现代汉语普通话中的押韵,一般来说,其韵辙为“十三辙”或“十八韵”。我们以“十八韵”的韵辙情况为基础,以下列各句广告语句的押韵情况为例,希望能帮助大家具体了解广告语言中押韵这一技巧的特点。

(一) 麻韵,所含的韵母为: a、ia、ua

例句:

(1) 轻轻一撒(a)[①],美味沙沙(a)。(太太乐鸡精广告)

(2) 拥有桑塔纳(a),走遍天下都不怕(a)。(桑塔纳轿车广告)

---

① 括号内为韵辙所含韵母,下文同。

(3) 请讲普通话,不分你我他(a);讲好普通话,共爱一个家(ia)。("说普通话"公益广告)

(4) 人的心有多大(a),人生的舞台就有多大(a)。(中国中央电视台广告)

(5) 中华有酒千万家(ia),京城名酒醉流霞(ia)!(北京大兴酒厂广告)

(6) 小鸭(ia),小鸭(ia),顶呱呱(ua)!(小鸭洗衣机)

(7) 好运到你家(ia),老少乐哈哈(a)!(好运系列燃气具)

(8) 选择"铁马"(a),必是行家(ia)!(铁马牌机械)

(9) 加佳进家家(ia),家家爱加佳(ia)!(加佳洗衣粉)

(10) 活力28(a),沙市日化(ua)!(高浓缩洗衣粉)

(11) 货比百家(ia),虎啸最佳(ia)!(虎啸皮装)

(12) 滋润你我他(a),幸福千万家(ia)!(隆力奇蛇油膏)

(二) 波韵,所含的韵母为:o、uo

例句:

(1) 金窝银窝(uo),不如自己的安乐窝(uo)。(房地产广告)

(2) 爱我(uo),追我(uo),但请别吻我(uo)!(某汽车后贴的标语)

(三) 歌韵,所含的韵母为:e

例句:

(1) 家有奇乐(e),合家欢乐(e)!(奇乐电器)

(2) 交通讲规则(e),行车讲道德(e),执法讲原则(e)。("注意交通安全"公益广告)

(3) 不选贵的(e),只选对的(e)。(雕牌洗衣粉)

(4) 非常可乐(e),非常选择(e)。(非常可乐)

(5) 快克快克(e),快乐快了(e)。(快克复方氨酚烷胺胶囊)

(四) 皆韵,所含的韵母为:ê、ie、üe

例句:

穿上双星鞋(ie),潇洒走世界(ie)。(双星鞋业)

(五) 日韵,所含的韵母为:—ɿ、—ʅ

例句:

(1) 家事(—ʅ),国事(—ʅ),天下事(—ʅ),点击央视(—ʅ)。(央视网站)

(2) 三千烦恼丝(—ɿ),健康新开始(—ʅ)。(潘婷洗发水)

(六) 儿韵,所含的韵母为:er

例句:

你拍二(er),我拍二(er),学习游戏在一块儿(kuair)。(小霸王学习机)(曹炜等 2009)[48]

(七) 齐韵,所含的韵母为:i

例句:

(1) 别着急(i),红灯亮了歇口气(i)。("注意交通安全"公益广告)

(2) 大吉大利(i),康佳电器(i)!(康佳电视机)

(3) 和其正清火气(i),做人要大气(i)!(和其正凉茶)

(4) 家有金利(i),虫害必毙(i)!(金利蚊香)

(5) 黄土地(i),黑土地(i),种地就用史丹利(i)!(秦川化肥)

(6) 华亚伴你(i),驰骋万里(i)!(华亚轮胎)

(7) 金龙鱼1∶1∶1(i),比出新天地(i)。(金龙鱼调和油)

(8) 精油护理(i),白皙魅力(i)。

(9) 淡妆浓抹总相宜(i),防污抗衰丽诗尼(i)。

(八) 微韵,所含的韵母为: ei、ui(uei)

例句:

(1) 百日肥(ei),百日肥(ei)——百日不肥(ei),厂家包赔(ei)!(百日肥饲料)

(2) 不选贵的(uei),只选对的(uei)。(雕牌洗衣粉)

(3) 不为诱惑谁(uei),只为呵护美(ei)。(美容连锁店广告)

(九) 开韵,所含的韵母为: ai、uai

例句:

(1) 看得见的未来(ai),说不尽的精彩(ai)。(中国联通宝视通)

(2) 人头马一开(ai),好事自然来(ai)。(人头马 VSOP

广告)

(3) 驾驶现代(ai),成就未来(ai)。(北京现代)

(4)“艾”与被爱(ai),连着红丝带(ai)。(“关爱艾滋病患者”公益广告)

(5) 让世界没有“艾”(ai),让世界充满爱(ai)。(“关爱艾滋病患者”公益广告)

(6) 奥斯蓝黛(ai),我的至爱(ai)。(奥斯蓝黛)

(7) 生活精彩(ai),海尔晶采(ai)!(海尔电脑)

(8) 豪门一开(ai),幸福自然来(ai)!(豪门啤酒)

(9) 汽车配渤海(ai),自有好运来(ai)!(渤海牌铅酸蓄电池)

(10) 我们的光彩(ai),来自你的风采(ai)!(沙宣洗发水)

(十) 模韵,所含的韵母为:u

例句:

(1) 每天前进一步(u),永远真诚服务(u)。(中国电信)

(2) 人生之路(u),贝贝起步(u)!(贝贝血宝)

(3) 众里寻他千百度(u),想要几度就几度(u)。(伊莱克斯冰箱)

(十一) 鱼韵,所含的韵母为:ü

例句:

易趣(ü),交易的乐趣(ü)。(易趣网站)

（十二）侯韵，所含的韵母为：ou、iu(iou)

例句：

（1）喝襄樊义酒(iou)，交天下朋友(iou)。（襄樊义酒）

（2）家有半球(iou)，用水不愁(ou)！（半球净水器）

（3）不喝董酒不懂酒(iou)，喝了董酒回味久(iou)！（贵州董酒）

（4）东奔西走(ou)，要喝宋河好酒(iou)！（河南宋河酒）

（5）喝宋河好酒(iou)，交天下朋友(iou)！（河南宋河酒）

（6）蓝带啤酒(iou)，天长地久(iou)！（蓝带啤酒）

（7）西施煲在手(ou)，享受自然有(iou)！（乐宝牌电子保温饭煲）

（8）骑车九十九(iou)，还是爱永久(iou)！（永久自行车）

（9）双箭在手(ou)，青春不走(ou)！（双箭牌剃须刀）

（10）既解忧又解愁(ou)，秀发生辉青春留(iou)！（青苹洗发香波）

（11）人人只溶在口(ou)，不溶在手(ou)！（m&m巧克力）

（12）都为礼品愁(ou)，我送北极海狗油(iou)！（北极海狗油）

（13）不在乎天长地久(iou)，只在乎曾经拥有(iou)！（铁达时手表）

（14）廉泉啤酒(iou)，全国第九(iou)。（廉泉啤酒）

（15）喝北大仓酒(iou)，财神跟着走(ou)。（北大仓酒）

（16）良辰美酒(iou)，天长地久(iou)。（良辰美酒）

（17）汽车要加油(iou)，我要喝红牛(iou)。（红牛饮料）

(18) 当太阳升起的时候(ou),我们的爱天长地久(iou)。(太阳神口服液)

(十三) 豪韵,所含的韵母为:ao、iao

例句:

(1) 好空调(iao),格力造(ao)。(格力空调)

(2) 成功自有道(ao),安徽口子窖(iao)。(口子窖酒[①])

(3) 家中有万宝(ao),生活更美好(ao)!(万宝冰箱)

(4) 国营老牌是金照(ao),还是金照靠得牢(ao)!(金照牌服装)

(5) 要想秀发好(ao),天天用润宝(ao)!(润宝洗发液)

(6) 要发好(ao),用法奥(ao)!(法奥洗发精)

(7) 东阿阿胶(iao),女人添娇(iao)!(东阿阿胶)

(8) 宝宝起得早(ao),天天用芳草(ao)!(芳草牙膏)

(9) 要想皮肤好(ao),早晚用大宝(ao)!(大宝化妆品)

(10) 走遍天涯海角(iao),人间处处有大宝(ao)!(大宝化妆品)

(11) 家家有真宝(ao),餐餐味道好(ao)!(真宝调味品)

(十四) 寒韵,所含的韵母为:an、ian、uan、üan

例句:

(1) 钻石恒久远(üan),一颗永留传(uan)。(戴比尔斯

① 口子窖酒的广告语还有其他版本,在别的章节中会进行讨论。类似情况也会在其他商品的广告语中出现。

钻石)

(2) 一品黄山(an),天高云淡(an)。(黄山旅游广告)

(3) 丰田贡献(ian),跨越明天(ian)。(Toyota 丰田汽车)

(4) 补钙新概念(ian),吸收是关键(ian)。(龙牡壮骨冲剂)

(5) 家有君子兰(an),生活更悠闲(ian)!(君子兰洗衣机)

(6) 华龙面(ian),天天见(ian)!(华龙方便面)

(7) 康师傅方便面(ian),好吃看得见(ian)!(康师傅方便面)

(8) 真情永不变(ian),大宝天天见(ian)!(大宝化妆品)

(9) 草本百雀八十年(ian),华夏女子展笑颜(ian)。(百雀羚)

(10) 国货行百年(ian),草本更安全(üan)。(百雀羚)

(十五) 痕韵,所含的韵母为:en、in、un(uen)、ün

例句:

买的(人)欢心(in),用的(人)舒心(in),敬请放心(in)!(某冰箱广告)

(十六) 唐韵,所含的韵母为:ang、iang、uang

例句:

(1) 穿奥康(ang),走四方(ang)。(奥康皮鞋)

(2) 看着光(uang),感觉爽(uang)。(吉利剃刀)

(3) 晶晶亮(iang),透心凉(iang)!(雪碧汽水)

(4) 黄金搭档(ang),乖乖,礼品真棒(ang)!(黄金搭档)

(5) 家有鼻炎康(ang),有病不用慌(uang)!(佛山鼻炎康)

(6) 一天一杯仙人掌(ang),年龄不随时间长(ang)。(仙人掌营养粉)

(7) 家有三洋(iang),冬暖夏凉(iang)!(三洋空调)

(8) 三羊(iang),三羊(iang),给您吉祥(iang)!(三羊皮装)

(9) 美琪换新装(uang),送礼最大方(ang)!(美琪牌香皂)

(十七) 庚韵,所含的韵母为:eng、ing、ueng

例句:

(1) 容声(eng),容声(eng),质量的保证(eng)!(容声电器)

(2) 容声(eng),容声(eng),质量取胜(eng)!(容声电器)

(3) 颐养身心竹叶青(ing),祝君越活越年轻(ing)。(竹叶青酒)

(4) 东南西北风(eng),难比我圣风(eng)!(圣风牌电扇)

(5) 丹灵(ing),丹灵(ing),一擦就灵(ing)!(丹灵牌外用药)

(十八) 东韵,所含的韵母为:ong、iong

例句:

(1) 东西南北中(ong),好酒在张弓(ong)!(河南张弓酒)

(2) 东西南北中(ong),哈磁是正宗(ong)!(哈尔滨磁

化器厂)

(3) 白里透红(ong),与众不同(ong)。(雅倩护肤品)

(4) 邮件办公(ong),如此轻松(ong)。(网易邮箱大师)

(5) 丽彤(ong),丽彤(ong),与众不同(ong)。(丽彤洗发水)

由以上的例句可以看出,押韵这一技巧在广告语言中使用很普遍,上面那些押韵的广告语句中不乏一些优秀的广告案例。掌握了押韵这一技巧,可以在广告创作时,适当使用这一技巧,创作出琅琅上口、好听且易记的广告语句。

二、快板

诗歌、快板等都利用了押韵这一语音形式。[①] 用诗歌、快板等形式创作的广告语的例子也有不少。

快板是典型的民间艺术形式,节奏感强,朗朗上口。快板形式多样,从方言看,有用普通话说的快板“数来宝”,也有用天津方言演唱的天津快板。从韵辙看,既有一韵到底的快板、快板书,也有经常变换韵辙的“数来宝”。从表现形式看,有一个人说的快板书、两个人说的“数来宝”和三个人以上的“快板群”(也叫作“群口快板”)。用快板的形式制作的广告合辙押韵,极具趣味性。比如:

(1) 有个同志叫大老唐,
家里外头都挺忙。
近半年,他身体有点不得劲,

① 诗歌将会在第三章讨论。

动不动,虚汗就在脸上淌。
他爱人玉香急着催他去看病,
他却说:“这点小病咋能对人讲?”
就这样,老唐感到腰腿酸痛精力差,
食欲不振脸发黄啦!
为这事,玉香没少掉眼泪,
老唐才勉强找医生述端详。
医生问诊号脉,
对症为他开药方。
这种药,是民间秘方名贵药材叫“男宝”,
它能固肾补气、强身健脑、充沛精力、强壮机能,
是男性滋用佳品,疗效强。
从此后,老唐服用“男宝”药,
只觉得精神振奋添力量。
肾气不亏阳气壮,
脸上开始泛红光。(白:玉香、老唐心里别提多高兴了)
家庭幸福安乐康。
(2) 凉通天,新朋友,
带给你,新享受,
粒粒凉粉好爽口,
添牛奶又加豆豆,
红豆绿豆香味够,
清热降火好顺喉,
睇到之后难忍口,
开罐即食最顺手,
天然方便又潮流,

包你食罢返转头，
放入冰箱更可口，
透心感受从未有，
今个夏天食个够。
泰奇豆拌凉粉，
清凉爽口，啖啖正豆！

例(1)“男宝”药品的广告文案，就是用山东快板的形式，通过老唐的故事向人们介绍了产品，其中句末的“唐、忙、淌、讲、详、方、强、量、壮、光、康”等字都押韵，用的是十八韵中的唐韵。例(2)是啖啖正豆的广播广告：这则广播广告使用广东方言，采用快板的民间艺术形式，节奏明快、轻松；广告把豆拌凉粉描述得令人流口水，具有一定的营销作用；其中句末的“友、受、口、豆、够、喉、手、流、头、有”等字都押韵，用的是十八韵中的侯韵。

快板广告在广播中经常出现。通过节奏明快的语言，充满喜感的表现形式，能够快速抓住听众的注意力，取得不俗的传播效果。

第二节　谐音

使用谐音及同音词也是广告创作中常用的语言技巧。

一、谐音的定义

谐音也说谐声，即“字词的音相同或相近”(现代汉语词典第7

版)。利用谐声这一技巧,可以让广告语言生动有趣。

二、广告语言中的谐音

使用谐音这一语音技巧的广告语句,例子很多。如:

(1) 薯我鲜,薯我辣,薯我脆。(可比克薯我系列)

“薯”谐音“属”,既可以用“薯”表明可比克的原材料是马铃薯,又可以通过谐音“属我”表示“鲜的是我,辣的是我,脆的是我”。

(2) 我们啊,天天都用朴雪口服液。(朴雪口服液)

“朴雪”谐音“补血”,正好表明了这种口服液的作用——补血。

(3) 开开衬衫,领袖风采!开开衬衫,多姿多彩!(开开衬衫)

“领袖”谐音“领袖”,前一个“领袖”可以指衬衫的领子和袖子,后一个“领袖”可以指“上位者”,表明“开开衬衫不仅能让人穿着后风采卓然,而且还是成功者的选择”。

(4) 我还是想我家的那口子。(口子窖酒)

“口子”谐音“口子”,前一个“口子”即指“口子窖酒”,后一个“口子”可以指“自己的配偶”。

(5) 弹指一挥间,世界皆互联。(《互联网周刊》)

“互联”谐音“互联”,前一个“互联”可以指“互联网”,后一个“互联”可以认为是“相互联通”的意思。

(6) 共创美的前程,共度美的人生。(美的电器)

“美的”可以是谐音，既可以指“美的电器”的品牌名，又可以指“美(好)的”。

(7) 中意冰箱，人人中意。(中意冰箱)

“中意”可以是谐音，既可以指“中意冰箱”的品牌名，又可以是“合意；满意”的意思。

(8) 胃，你好吗？(斯达舒)

“胃”谐音“喂”，乍一听起来好像是打招呼，实际上是问“胃是否好”，以宣传斯达舒胃药专治“胃不好”。

(9) 趁早下“斑”，请勿“痘”留。(某化妆品广告)

“斑”谐音“班”，“痘”谐音“逗”；表面上听起来是让人趁早下班，不要逗留；实际上是利用谐音巧妙地宣传这种化妆品有祛斑、祛痘的功效。

(10) 走过神州大地，醉美多彩贵州！(贵州旅游)

“醉美”谐音“最美”，贵州的美是顶级的美，也是令人陶醉的美。

(11) 灵动愉悦，一触即发！(LG 手机)

“一触即发”为谐音，听起来是成语“一触即发”，“比喻形势非常紧张，马上会发生严重的事情”；作为手机的广告，意义可以为“LG 手机触屏，一触手机屏，信息马上发出”。

(12) “乐”响“乐”动心！(阿尔卡特手机)

“乐”谐音“越”，用阿尔卡特手机听音乐，音乐会使你动心，而且越来越动心。

(13) “闲”妻良母！(洗衣机)

“闲”谐音“贤”，“贤妻良母”本是“用来称赞妇女贤惠”，此广告语中特别的语言单位组合“闲妻”，让人可以想象到“使用了这种品牌的洗衣机，妻子可以从繁重的家务劳动中闲下来，做一个‘闲’妻”。

(14) 大石化小，小石化了！(治结石药)

“石”谐音“事”，听声音，让人很容易联想到成语“大事化小，小事化了”，此广告语化用成语，表达了治结石药可以将“大的结石变小，小的结石消失”。

(15) 立得消斑灵，“下斑”好回家！(立得消斑灵)

“下斑”谐音“下班”，表面上听起来是让人下班回家，实际上是利用谐音巧妙地宣传“立得消斑灵”有祛斑的功效。

(16) 油备无患！(驱风油)

“油”谐音“有”，听声音让人联想到“有备无患”，此广告语宣传的是“备有”驱风油就“无患”。

(17) 有杯无患！(磁化杯)

“杯”谐音“备”，听声音让人联想到“有备无患”，此广告语宣传的是“有”此磁化杯就“无患”。

(18) 细心灌“钙”，苗苗成长！(儿童营养液)

“钙”谐音“溉”，此广告语宣传理念为：此“儿童营养液”含钙，服用此儿童营养液，就像灌溉一样，让孩子像小苗苗一样茁壮成长。

（19）不要忽视你的“饭饭”之交！（万家乐牌燃气自动饭煲）

“饭饭”谐音“泛泛”，听声音让人联想到成语“泛泛之交”，化用成语，此广告语活泼有趣，“饭饭”也说明“万家乐牌燃气自动饭煲”的功能是煮“饭饭”。

（20）《心会随爱一起走》（鑫荟金行）

“心会”谐音“鑫荟”，鑫荟金行用这首歌作广告，不仅因为这首歌的歌名中有与鑫荟谐音的成分，还表达了鑫荟金行对消费者充满了爱。

（21）想知道“清嘴”的味道吗？（口香糖广告）

“清嘴”谐音“亲嘴”，语言新奇，让人欲罢不能地想尝试那美妙的滋味。

（22）盒马鲜生。（阿里巴巴集团）

“盒马”谐音“河马”，显示了所售卖的生鲜产品是“盒”装的；“鲜生”谐音“先生”，突出了这些生食的新“鲜”；名字起得巧妙且隐含幽默。

（23）中国电信，千里“音”缘一线牵。（中国电信长途电话）

“‘音’缘”谐音“姻缘”，通过中国电信长途电话，可以让有情人相隔千里都能联系，可以促进或维持一段浪漫情，让人信任并选择使用中国电信长途电话。

（24）习酒是喜酒，喜事喝喜酒。（习酒广告）

“习酒”与“喜酒”谐音，不仅强调了习酒的品牌名，而且“喜酒”更宣传了习酒适用于喜宴的功能。

(25) 不喝董酒不懂酒,喝了董酒回味久。(董酒广告)

"董酒"与"懂酒"谐音,强调了懂得品酒的人士会选择喝董酒。

(26) 还你美丽,令你心"肤"。(慕素颜广告语)

"肤"与"服"谐音,强调了"慕素颜"美容效果好令你"衷心信服"。

(27) 有"慕"共睹,"素"造经典,美丽容"颜"。(慕素颜广告语)

"慕"与"目"谐音,"素"与"塑"谐音,这样整个广告语句就是:有目共睹,塑造经典,美丽容颜。这个广告语巧妙地将"慕素颜"分开,用了多个谐音,强调了慕素颜可以带给消费者美丽容颜。

(28) 有"粽"你就来!(端午粽子广告)

"粽"与"种"谐音,幽默地宣传了端午粽子。

(29) 一家"粽"动员。(端午粽子广告)

"粽"与"总"谐音,粽子"总动员",宣传了粽子有多种口味。

(30) 五五端午,"粽"情重义。(端午粽子广告)

"粽"与"重"谐音,宣传了粽子的生产商重情重义。

(31) 万水千山"粽"是情。(端午粽子广告)

"粽"与"总"谐音,巧妙地用香港歌星汪明荃的《万水千山总是情》的歌名来宣传端午粽子。

(32) 一"粽"浓情,一"粽"乡愁。(端午粽子广告)

"粽"与"种"谐音,巧妙地用谐音引起读者的乡情、乡愁,以此宣传家乡风味的粽子。

(33) 粽中之粽，非尝可乐(欢乐)。(端午粽子广告)

“粽”与“重”谐音、“尝”与“常”谐音，巧妙地用谐音宣传吃了此粽子可以非常欢乐。

(34) 有酸有甜，有“自”有味。(优酸乳)

“自”与“滋”谐音，巧妙地用谐音宣传优酸乳的味道好。

三、谐音与双关①

双关是一种修辞格，《现代汉语词典》第7版释为：“修辞方式，用词句时表面上是一个意思，而暗中隐藏着另一个意思。”

黄伯荣、廖序东(2007b)[197] 主编的《现代汉语》对双关的定义为：“利用语音或语义条件，有意使语句同时关顾表面和内里两种意思，言在此而意在彼，这种辞格叫双关。”

广告语言中有使用谐音双关修辞格的现象，这类广告语言中的双关就是利用谐音这一“语音条件”，即利用“字词的音相同或相近”的谐声以造成“音在此，而意在彼”的双关，使广告语句能富有表现力，表达丰富的内涵。例如：

(1) 弹指一挥间，世界皆互联。(《互联网周刊》)

“互联”谐音“互联”，前一个“互联”可以指“互联网”，后一个“互联”可以认为是“相互联通”的意思。

---

① 双关是一种修辞格，在第四章中，我们还将讨论双关修辞格在广告语言中的运用，这里只是从谐音的角度，就一些同时使用谐音、双关的广告例句，讨论广告语言技巧。

(2) 白燕步步为赢的法术：信·实·慎！(白燕百货公司)

“步步为赢”谐音“步步为营”，既可以表达白燕百货公司前进的每一步都是为了“赢”，也可以表达白燕百货公司“行动谨慎”，一步步提高的意思。

(3) 食全食美，食新食异！(饭店)

“食”谐音“十”，“食全食美”可以谐音“十全十美”，既可以表达这家饭店的“各方面都非常完美”，又可以表达“此饭店的菜品很全、味道非常美”的意思。

(4) 一网打尽！(互联网广告)

“一网打尽”为谐音，听起来是成语“一网打尽”，“指全部捉在网中，一个也不漏；比喻一个不漏的全部抓住或彻底清剿”；作为互联网的广告，这一广告语还可以表示“在互联网这个网络中，全网互联，客户可以在这一个网络中尽情打电话，相互沟通”的意思。

(5) 海星音乐，抢“鲜”听！(手机广告)

“鲜”谐音“先”，“抢先”指“赶在别人前头”，这个广告不仅告诉消费者用此手机可以“赶在别人前头先听音乐”，也可以表达“用此手机可以赶在别人前面听最新的音乐”。

(6) 黄河电冰箱，领“鲜”一步！(黄河冰箱)

“鲜”谐音“先”，“领先”本指“共同前进时走在最前面”，又可以比喻“水平、成绩等处于最前列”；这个广告不仅告诉消费者黄河冰箱“品质等处于最前列”，还表达了用黄河冰箱可以“很好地保鲜”的意思。

(7) 随心所“浴”！(热水器)

“浴”谐音“欲”,成语“随心所欲”的意思为“一切都由着自己的心意,想怎么做就怎么做”,这一广告语利用谐音双关表达了“用了这种牌子的热水器,可以由着自己的心意,随时可以沐浴”。

(8) 红梅味素,领鲜一步!(红梅味素)

“鲜”谐音“先”,“领先”本指“共同前进时走在最前面”,又可以比喻“水平、成绩等处于最前列”;这个广告不仅告诉消费者红梅味素“品质等处于最前列”,还表达了用红梅味素可以“很好地提鲜”的意思。

(9) 真经得起“烤”验!(烤箱)

“烤”谐音“考”,用谐音一方面宣传了烤箱的功能——烤,又表明此烤箱的质量很好,真经得起“考验”。

(10) 最明“脂”的选择——特调脂!(特调脂化妆品)

“脂”谐音“智”,既可以指这种化妆品与“脂”有关,又可以让消费者想象到“选购特调脂化妆品是明‘智’的选择”。

(11) 动静随“芯”,精致之选!(精英电脑)

“芯”谐音“心”,“随心”本形容“合乎自己的心愿”,精英电脑的这一广告语是谐音双关,表达了两个意思:一是指选择精英电脑“动、静都会合乎自己的心愿”,二是表示了精英电脑的“芯”的质量很好。

(12) 小体大作,机智过人!(宏碁电脑)

“体”谐音“题”,“小体大作”从声音上可能让人联想到“小题大做”,本来“小题大做”的意思是“比喻把小事当做大事来办,有有意扩大事态的意思。”“宏碁电脑”这一广告语是谐音双关,表达了两个意思：一是表达了宏碁电脑把制作电脑这一“小题”“大做”了,二是可以理解为“宏碁电脑体积小,但是能做大事”。

(13) 一旦拥有足风流！(莫迪系列休闲鞋)

“足”同一个语音下有两个同音同形词,“足”[1] 是“脚”的意思,“足”[2] 其中一个义项是副词,表示够得上某种数量或程度。“足风流”是谐音双关,表示可以理解为“脚下的风流”,也可以理解为“足够风流”。

(14) 不做一“斑”的女人。(安格娜)

“斑”与“般”谐音,可以造成谐音双关,可理解为不做有斑的女人,也可理解为“不做一般的女人”,安格娜可以让女人“与众不同”。

(15) 不一样的工艺,“布”一样的品质。(简约卫生纸)

“布”与“不”谐音,可以造成谐音双关,可理解为简约卫生纸品质与一般的卫生纸“不一样”。

谐音双关一般使用在商标名称上,赋予商标更丰富的含义,通过反复突出、强调商标,让消费者深刻记忆商标。例如：

(16) 英雄,英雄,笔中英雄。(英雄金笔广告)
(17) 京华音响,世界之精华。(京华音响广告)
(18) 几多风华在蜂花！(蜂花洗发精广告)

例(16)中最后一个“英雄”一词,既表明英雄金笔是各品牌钢笔中品质高过其他的,①也顺势强调了钢笔的品牌名;例(17)中

① 据《现代汉语词典》第7版,“英雄”一词的意思为“本领高强、勇武过人的人。”

“精华”与“京华”谐音，也喻指“京华音响”是世界上“最好的”①；例(18)中“蜂花”与“风华”谐音，也宣传了用蜂花洗发精可以拥有“风采和才华”②。

如何将语音方面的谐音与修辞格方面的双关巧妙结合起来，这是一种技巧。将这两种语言技巧巧妙地结合在一起，运用得当，就会产生一种“音在此”而“意义在此与彼”的结果，取得绝妙而耐人寻味的效果。

四、同音词或近音词③

同音词是“语音相同而意义不同的词”(《现代汉语词典》第7版)。同音词如果用文字记录下来，从词形看，可以分为同形同音词和异形同音词两类。在广告语中这两类同音词都可能会被使用。我们且举几个例子，分别进行分析。

(一) 同形同音词

同形同音词是指那些词形和词的语音都相同而意义不同的词，广告语中有时用同形同音词，能表达一种意想不到的意义，使得语言幽默而奇巧。

(1) 神州行，我看行！(葛优代言的神州行)

① 据《现代汉语词典》第7版，“精华”一词的意思为“(事物)最重要、最好的部分”。

② 据《现代汉语词典》第7版，“风华”一词的意思为“风采和才华”。

③ 这一节中分析的例子包括同音词和个别音近词，音近词即为声韵母相同而声调不同或声韵母或声调相近的词。

第一个“行”指“与旅行或跟旅行有关的”,第二个“行”的意思为“可以、不错”。这一广告语用两个同音词,通过葛优的口表达了“神州行”我认为很“不错,好”的意思;不失风趣且暗含深意。

(2) 晚报不晚报。

这一句广告语堪称经典。前一个“报”指的是“晚报”这一报纸,后一个“报”是“发表新闻、报道消息等”的意思。一对同音词的使用,用简洁而幽默的语言表达了“我们的报纸虽然称为晚报,但是也会及时报道最新的新闻、消息等信息。”

(3) 美的电扇,美的享受!(美的牌电风扇)

这句广告语中有两个“美的”,①前者是“美的”电器的品牌名,而后者可以理解为“美(好)的”!表达了“美的电扇,(可以给你)美(好)的享受”!广告作者匠心独运,实在是高明。

(4) 中意冰箱,人人中意!(中意冰箱)

这句广告语中有两个“中意”,②前者是“中意”冰箱的品牌名,而后者可以理解为“让人满意”,表达了“中意冰箱,(可以让)人人都满意”。这一广告语与例(3)异曲同工,是广告作者的精妙构思。

(5) 未雨绸缪,居安思危,保险保险!(中国人民保险公司)

---

① 有人说,这两个“美的”可以读不同的音,前者的读音可以是[mei^{214}di ·],后者的读音可以是[mei^{214}de ·]。

② 有人说,这两个“中意”可以读不同的音,前者的读音可以是[$zhong^{55}yi^{51}$],是中国与意大利两个国家名的前一个音节的缩略,因为“中意冰箱”最初是中国和意大利的合资品牌;后者的读音可以是[$zhong^{51}yi^{51}$]。意思是“合意;满意”;那就不是同音词了。

这句广告语中的两个“保险”，严格上讲是同一个词，“保险”是一个有多个词性的多义词，前一个是名词词性，其意义是“保险”，后一个是形容词词性，其意义是“稳妥可靠”的意思，语义巧妙，表达了“中国人民保险稳妥可靠”，让投保者安心。

（6）“跑不了”就是跑不了！（跑不了气雾杀虫剂）

这句广告语中有两个“跑不了”，前者是“跑不了”气雾杀虫剂的品牌名，而后者可以理解为“无法跑掉”，表达了“用了跑不了气雾杀虫剂，害虫都无法跑掉”的意思！

（7）变革的时代，需要会聚共识！腾讯会议，会开会！（腾讯会议）

腾讯会议这一广告语的创作者聪慧思敏，“会开会”的前一个“会”是能愿动词，表示“懂得怎样做或有能力做”，后一个“会”表示“会议”；宣传了“使用了腾讯会议就有能力开会”。

（8）祝您新年有人疼，身上哪里都不疼。（美团买药）

前一个“疼”是动词词性，是“心疼；疼爱”的意思，后一个“疼”是形容词词性，是“疼痛”的意思。

从以上六例［例（5）和例（8）是同一个词的不同义项］广告语中可以看出，利用同形同音词可以巧妙地让消费者联想到同一语音表达的不同意义，引人深思，让人记住品牌名而引发好奇，吸引消费者去购买。

（二）异形同音词

异形同音词是指那些仅是读音相同，而词形和意义都不同的词。广告语中用异形同音词，可以巧妙地吸引广告受众的注意，引发受众思考,或者因此产生幽默的效果而让受众会心一笑,让受众能容易地记住广告作者想宣传商品、理念等。

(1) 让世界没有“艾”,让世界充满爱。(“关爱艾滋病患者”公益广告)

这句广告语比直接说:“消灭艾滋病,关爱艾滋病人”这样直白的说法,表达的意义是否更胜一筹?

(2) 药材好,药才好。(六味地黄丸)

“材”与“才”同音,有强调的作用。

(3) 静静地吸,吸得净净。(飞利浦吸尘器)

“静静”与“净净”是同音词,这句广告语比“飞利浦吸尘器无噪音,吸得很干净”这样直白的说法,更有韵味。

(4) 正中即正宗,公论在大众!(正中牌吊扇)

“正中”与“正宗”为近音词,表达了“正中牌吊扇是正统的”的意思。

(5) 不“命”则已,一“名”惊人!(上海易德礼命名有限公司)

“命”与“名”是近音词,将“命名”一词拆开,构思巧妙,且“一‘名’惊人”是谐音成语“一鸣惊人”,表达了找此命名公司起名字会有“突出的成就”。

(6) 百菜唯有白菜鲜,冬季全靠它当家!(大白菜广告)

“百”与“白”音近,表达了白菜在众多的蔬菜中味道最鲜美,是度过冬天的蔬菜首选。

(7) 孩子孝,爸爸笑。(台湾地区菲利普电动剃须刀广告)

“孝”与“笑”是同音词,描绘了孩子将菲利普电动剃须刀作为礼物孝敬爸爸,爸爸收到礼物后高兴的场景。

这些同音词或近音词的运用,在语音重复中间接起了强调作用,令受众在语音联想的同时,对广告语记忆深刻。

第三节　广播广告对语音节奏的利用

句子的长短、句式的整散、结构的松紧、声调的抑扬顿挫及音韵的强弱,都会影响语言的节奏。

广播广告比较特殊,还有赖于播音员发挥播音技巧,可以通过语调的高、低、强、弱,节奏的快、慢表达丰富细腻的感情。广告播放时应速度适中、节奏分明、有起有落,这样才能吸引听众的注意。

广播是一种被动收听媒介,施诸受众的听觉,一瞬即逝。再加上广播具有伴随性的特点,受众收听时比较随意,所以为了听得清楚,广播广告应尽量选用开口大、发音比较响亮的字,使声音清晰明朗、洪亮悦耳。

现代汉语的语音有阴平、阳平、上声、去声四个声调。阴平、阳平合称平声,上声、去声合称仄声。声调与字音的高低、长短、强弱有直接关系。平声字音调长,好比敲钟击鼓,声音传得远,如“发”“光”等。仄声字音调短促,传不远,如“住”“供”“聚”等。广告中反映主题的重要字词应选用发音响亮的字词。音调短促的仄声字用多了会影响收听效果。

广播是用电波传递声音的一种传播工具,也是我国最大众化的广告媒体之一。一秒钟能环绕地球七周半的电波,通过通信卫星,便能把发生在天涯海角的奇闻轶事及时迅速地传达给世界上无数的听众。无论听众是在城市或乡村,在空中或陆地,在工作或休息,他们只要打开收音机就可以收听到广播中的广告。

广播广告利用人声刺激人的听觉。优美的人声具有一种温暖感人的说服力,使听众在不知不觉中深深陶醉,自然地理解商品。有人试验过,收听广播广告的"遗忘曲线"比看电视广告要低,也就是说收听广播广告的记忆效果要好些。

广播广告以听觉取胜,广播广告中的语言运用就像音乐中的音符组合一样决定着一则广告的优劣成败。因此,学习好广播广告的语言特点,可以更好地创作广播广告。

在广播广告中,要避免使用同音词,多用双音词。

人们听广告时见不到字形,只能根据字音来理解判断语义。如果使用引起歧义的同音词就会造成误解。比如,"艾青诗选"容易混淆成"爱情诗选"。可将其改成异音的同义词,也可以通过加减音节来避免误会。例如:"食油"易与"石油"混同,应改为"食用油";"治癌"易与"致癌"混同,可改成"治疗癌病";"向钱看"与"向前看"混同,可改为"向金钱看";等等。

单音节词音波短,音感低;双音节词音波长,音感强,读起来上口顺耳,把单音词改为双音词或多音词,能听得更清楚。例如:

现——现在　较——比较

但——但是　将——将要

或——或者　如——例如

达——达到　后——以后

知识拓展：关于广播广告的语速

播音员的语速以前是180字，后来是200字，现在有很多播音员每分钟能达到220字甚至300字。语速变快的原因是现在生活的节奏明显变快了。所以广播广告文案的播音速度要根据具体的作品要求来决定。

本章作业与思考题

1. 什么是押韵？除了本书中举的这些押韵的广告语外，还能找到哪些例子？

2. 试用押韵的语言技巧，创作几例广告语。

3. 什么是谐音？除了本书中举的这些谐音的广告语外，还能找到哪些例子？

4. 谐音与双关结合的例子，还能找到哪些？

5. 试用谐音、谐音加双关这些语言技巧，创作几例广告语。

第二章　广告语言技巧(二)
词汇方面的技巧

"词汇是一种语言里所有的词和固定短语的总和。"(黄伯荣,廖序东 2007a)[216] 按照词义、词的结构等可以对词进行不同的分类。按照词义之间的关系,可以将有相同关系的一组词称为同义词,有相反关系的一组词称为反义词;按照词的结构形式,可以分为单纯词和合成词,而叠音词属于单纯词。

本章我们将讨论广告语言中词汇使用方面的技巧:(1) 分别就同义词、反义词在广告语中的使用技巧进行讨论;(2) 讨论熟语在广告语中的巧妙运用;(3) 虽然叠音词属于词汇中的一类,但词的重叠形式属于语法范畴,为了方便对比,我们将在广告语中运用词的重叠形式的技巧也放在本章讨论;(4) 数字、符号及字母(或字母词)这些特殊语言形式,使用口语词、方言词以达到广告宣传的特殊表现力等词语使用情况,我们也一并放在本章讨论。

第一节　同义词、反义词的运用

指称事物的不同的词,其词义间可以存在各种关系,在广告语中常出现的是具有两类词义关系的词:具有同义关系的同义词和具有反义关系的反义词。

一、同义词

据《现代汉语词典》第7版，同义词是指“意义相同或相近的词”。广告语中的同义词，多出现在对举、对偶性质的句子中。如：

（1）今世有缘，今生无悔。（今世缘酒）

“今世”与“今生”是同义词，前一个词与此酒的品牌“今世缘酒”有关，是“今世”有缘才得以与“今世缘酒”相识，选择“今世缘酒”令您“今生”也不会后悔；此广告语设计巧妙，耐人寻味。“今”的重复也使广告对仗工整，韵律感增强，读起来朗朗上口。

（2）天天到兴浦，日日有新意！（兴浦商场）

“天”与“日”是同义词，广告分别用了这对同义词的重叠形式，表述了这样一个理念：每天到兴浦商场，每天都给您新的感受，引导消费者常来兴浦商场。“天天”“日日”，同义不同词，增添了广告语言的美感和变化。

（3）纯正好口味，鲜活好滋味。（大家乐花生油）

“口味”与“滋味”是一组同义词，宣传了“大家乐花生油味道新鲜、纯正”这一理念。

（4）构中华品牌，筑梦想之家。（诺立欧陶瓷）

除了词与词存在同义关系，在广告语句中，有时词与构成词的语素可构成同义关系，这时语素临时升级到相当于词的地位，起到词的作用。这则广告就是由词与语素构成同义关系。广告中“构”是语素，义为“构造；组合”，而“筑”是词，义为“建造；修建”，

“构”和“筑”都有“造”这个意义,因而存在近义关系,此广告语宣传了诺立欧陶瓷是中华品牌,既树立了民族品牌的意识,又表达了诺立欧陶瓷用于家庭装饰的实用价值。

(5) 钻石恒久远,一颗永流传。(戴比尔斯钻石)

该广告和上则广告一样,都是由词与语素构成同义关系。广告中“恒”是语素,义为“永久;持久”;“久”是副词,义为“永远;久远”,二者在“永远”这一意义上有同义关系。戴比尔斯钻石的这句广告语不仅道出了钻石的真正价值和品质恒久不变,而且也从另一个层面把爱的价值提升到足够的高度,象征了爱情如钻石般尊贵、永恒。这的确是最美妙的感觉。经典的广告语总是丰富的内涵和优美的语句的结合体。

汉语词汇系统中存在着大量的同义词、近义词,这些词对语言表达有积极的作用,可以使语言表达更加准确、严密,可以使文句生动活泼、富于变化;如果是同义词连用,还可以加强语势,是语义完足。(黄伯荣,廖序东 2007a)[247—248]

由以上的例子可以看出,使用同义词可以使广告语句语义更为完整,还隐含着语义强调的作用。同义词在广告语表达中所起的积极作用,提醒我们要注意辨析同义词的细微差别,认真学习同义词词义,掌握同义词的使用技巧,在广告创作中正确地使用同义词以达到理想的广告宣传目的。

二、反义词

据《现代汉语词典》第 7 版:反义词是指“意义相反的一组词”。广告语中常出现一组反义词的对举使用。

某空调的广告是:“狂热中追求冷静,冷漠中渴望热情。”狂热对冷漠,冷静对热情。两对反义词,把空调同时具有的制冷制热功能描述得极为准确。

把对立的事物或事物的不同方面放在一起比较,这种修辞手法有助于鲜明地揭示事物间的矛盾,让美好更美好,丑陋更显丑陋,具有强烈的说服力。“潮汐”洗衣粉广告说“潮汐进去,污垢出来”,显示了潮汐洗衣粉的特殊功效。臭豆腐广告说“臭名远扬,香飘万里”,用互相矛盾的成语惟妙惟肖地揭示臭豆腐“闻着臭吃着香”的特点。

许多企业形象广告也采用对照手法,使人印象深刻。芬兰韦齐莱工业集团的一则公关性广告说“不求急进,只求踏实”,诚挚谨慎的广告词旁配以象征着踏实、稳当、长寿的乌龟照片,相得益彰。某公司以“百万的企业,毫厘的利润”为广告语,树立企业经济实力雄厚,技术过硬而盈利微薄的形象,增强消费者对产品的信任感,获得了良好的社会效益和经济效益。

再如:

(1) 让梦想接入现实。(中国电信宽带)

“梦想”是虚幻的东西,“现实”是客观实际存在的事物,广告语中使用“梦想”与“现实”这组反义词,表达了中国电信宽带可以影响或改变人们的生活,让人们实现自己的梦想。宽带和互联网,在普通百姓的心目中是高技术的象征。中国电信的这则广告软化了高技术的生硬形象,向用户传达了人性化的品牌内涵:宽带网是充满神奇色彩的,它帮我们实现生活中很多的梦想,梦想变成了现实的载体。通信并不是冷冰冰的,它有感觉、有激情,从这句广告语的身上,折射了中国通信业塑造全新品牌的不懈发奋。

(2) 昨日的梦幻,今天的现实!(卡莱空调器)

“梦幻”是“如梦的幻境”,是非真实的东西;“现实”是客观存在的事物,广告语中使用“梦幻”与“现实”、“昨日”与“今天”两组反义词,表达了卡莱空调器能将人们以往幻想的舒适生活变成真实的生活。

(3) 北有古长城,南有金鹏城。(金鹏城酒)

“南”与“北”是一组方位反义词,金鹏城酒将北面的长城与南面的金鹏城(金鹏城酒)对举,是想表达这样一个信息:金鹏城酒与长城一样有名气且历史悠久。这是一种比附的创意手法。通过与知名度高、美誉度好的事物进行比较,来提升自身品牌的形象。广告将金鹏城和古长城进行比附,借助人们对古长城的熟知度来加深对金鹏城的记忆。但是需要提出的是,比附的事物最好和产品是同品类。金鹏城酒更好的选择是和酒类中的佼佼者比附,更能加深人们对产品属性的认知。如内蒙古宁城老窖曾将自己定位为“塞外茅台”,以提升品牌形象。当然,金鹏城选择和古长城比附,二者尾字都为“城”,押韵提升了广告的韵律感和美感,读起来朗朗上口。

(4) 大石化小,小石化了!(治胆结石病药品)

这则广告仿用“大事化小,小事化了”这个成语而成。利用现存的熟语、成语等,更换其中一字或一词,以表达新的意思。仿用后的词句使得仿造语不仅具有原语句那顺口流畅、通俗易懂的特点,还产生新鲜、幽默的效果。成语是语言中经过长期使用、锤炼而形成的固定短语,它是比词的含义更丰富而语法功能又相当于词的语言单位,而且具有深刻的思想内涵,是广告仿用的主要对象。

这则广告的仿用成语非常巧妙。其一，它十分自然、贴切。“大石化小，小石化了”作为治疗胆结石药品的广告语，简洁明了地表述了药物的功能，也符合胆结石药物治疗的通常程序，非常贴切，又不显得牵强做作。其二，在语义上仿造语与原语之间保持对应性。对患者来说，“大石”就是“大事”，“小石”则是“小事”。广告“大”与“小”是一组反义词，广告语中将这一对反义词对举，从大石到小石再到完了，这与从大事到小事再到完了，二者在患者的感情上方向是一致的。仿造语与原语如此吻合，实不多见，真是奇妙。其三，由于原语“大事化小，小事化了”具有轻松随意的意味，仿造语“大石化小，小石化了”因之也带上了这种轻松不在意的语气。广告语中将“大”与“小”这一对反义词对举，宣传了这家医院能治结石病，小的结石能直接治愈，大的结石能将结石变小再慢慢治愈，总之不管结石大小，结石病都能治。这种语气用在药品广告语上，不仅是对患者的一种安慰方式，而且显示出治愈患者的信心和能力。

(5) 中国人不敢谦虚的骄傲。(泛亚瓷砖)

“谦虚”与“骄傲”是一组反义词，通过使用这一组反义词，宣传了作为中国国货品牌的泛亚瓷砖的上乘质量，连习惯谦虚的中国人也不由得为它感到骄傲与自豪。

(6) 帮助你的朋友，消灭你的敌人！(艾克森化学品公司)

广告语中用了两对反义词：“帮助”与“消灭”、“朋友”与“敌人”，说明了艾克森化学品公司的产品消灭有害物质，对消费者有益。

(7) 好天气的朋友，坏天气的敌人！(拉斯戈公司门窗)

广告语中也用了两对反义词:“好”与“坏”、“朋友”与“敌人”,说明了拉斯戈公司门窗在天气晴好的时候能让采光更好,在天气不好的时候能隔绝风雨雪雾等。

(8) 她工作,您休息。(凯歌全自动洗衣机)

广告语中的“工作”与“休息”是一组反义词,传达了这样一个理念:使用凯歌全自动洗衣机,可以减轻你的家务劳动,它在工作时,你可以惬意地休息。家务劳动繁杂辛苦,家庭主妇们每天似乎有做不完的家务事。我们经常会听到这样一句话“我今天都顾不上坐下”“我今天都没顾上刷牙”“我忙到快中午了才有时间洗脸”……久而久之,精致、休闲的生活成为众多家庭主妇心中的奢望。

这则广告虽然只有6个字,但却非常有画面感。人们头脑中不自觉地就会营造出洗衣机工作,自己有更多的时间享受生活的场景。这是每个家庭主妇的期盼。这不仅仅是因为洗衣机解放了主妇们的双手,更是因为这是人们的愿望。

(9) 有限的投资,无穷的收获!(计算器)

广告中的“有限”与“无穷”是一组反义词,说明购买此款计算器的价格很实惠,但此款计算器能带来的好处却很多。

(10) 今日借君一杯水,明天还您一杯油!(磁化杯)

广告中使用了“今日”与“明天”、“借”与“还”两组反义词,表明用此款磁化杯饮水,可以产生瘦身等养生的好处。

(11) 昼也明,夜也清!世界第一名表——劳力士!(瑞士劳力士表)

广告中“昼”与“夜”是一组反义词，表明瑞士劳力士表的表盘无论是在白天、还是在晚上都能清晰地显示时间。

(12) 昨天在果园里，今天在餐桌上！(米尔顿水果)

广告中的“昨天”与“今天”是一组反义词，表明米尔顿水果从被采摘到上餐桌的时间很短，由此可见米尔顿水果很新鲜。

(13) 皮张之厚无以复加，利润之薄无以复减！(上海鹤鸣皮鞋厂)

这是一则设计巧妙的广告语，其中的“厚”与“薄”、“加”与“减”分别是两组反义词，宣传了上海鹤鸣皮鞋厂的皮鞋的质量好(用最厚实的皮子)、价格实惠(利润薄)。

(14) 贵族的咖啡，平民的价格！(卡拉希饮料)

广告中的“贵族”与“平民”是一组反义词，表达了卡拉希饮料品质高贵(贵族)而价格低廉(平民)。

(15) 书与酒，价格相同，价值不同！(台湾地区编纂的某企业管理丛书)

广告中的“相同”是词，“不同”是短语，“相同”与“不同”在此广告语中临时构成反义关系，宣传了书与酒的价值不同，书能提供更高的价值，由此吸引人们购买台湾地区编纂的某企业管理丛书。

(16) 苦苦的追求，甜甜的享受。(伊利雪糕)

“苦”与“甜”是一组反义形容词，“苦”是一种令人不喜的滋味，而“甜”则是一种令人感觉、美好的味觉，广告中用了这一组反义词的重叠形式，宣传伊利雪糕味道好，值得去购买、品尝。

(17) 多一些润滑，少一些摩擦。(统一润滑油)

“多”与“少”是一组反义词,广告阐明了使用统一润滑油后可以减少摩擦。

(18) 少一份忧愁,多一份安逸!(清洁灵)

广告通过“少”和“多”宣传了使用此款清洁灵可以减少污秽带来的忧愁,并使生活多一份安逸。

(19) 昔日帝王宫殿,如今豪华宾馆!(北京贵宾楼饭店)

“昔日”与“如今”是一组反义词,北京贵宾楼饭店用此广告语宣传了这样一个理念:我们的宾馆很豪华,入住如此古色古香的饭店,可以获得如同住在昔日帝王宫殿般的享受。

运用反义词可以揭示事物的矛盾,形成意思的鲜明对照和映衬,从而把事物的特点深刻地表示出来。(黄伯荣,廖序东 2007a)[252—253] 由以上的例子可以看出,广告语句中使用反义词多是为了对比,在对比中表现事物的特点,突出强调所要宣传的理念。

反义词可以构成对偶、映衬的句子,使语言更加深刻有力;(黄伯荣,廖序东 2007a)[253] 因而在第四章我们讨论修辞格时,将会发现反义词在对偶、对比等修辞格中会被更多地使用。

反义词在语言表达中的作用让我们认识到,有时利用反义词的对比作用,能更好地宣传产品,凸显广告宣传的理念。

三、同义词、反义词连用

贫者因书而富,富者因书而贵。(永汉国际书局)

此广告语中的“贫”与“富”为一组反义词;“富”的意义为“财产多”,“贵”的意义为“地位优越”,“富”与“贵”在“人的境遇好”

这一意义上又构成近义关系。此广告语中同时使用了一组反义词和一组同义词,对比后突出强调了书的重要作用,宣传了读书的重要性。

同义词和反义词的连用,可以在对比中突出事物的特点,补足语义,使广告宣传意义加深,更有说服力。

第二节　巧用熟语

“熟语是人们常用的定型化了的固定短语,是一种特殊的语言单位。”(黄伯荣,廖序东 2007a)[266] 熟语具有丰富的内容和精练的形式,大都源远流长,运用普遍,极富有表现力,是词汇宝库中的重要成员。熟语包括成语、惯用语和歇后语。(黄伯荣,廖序东 2007a)[266] 有的学者认为谚语、俗语因其语词固定、语义表达完整也应归入熟语,故我们在此一并讨论广告语中谚语、俗语的使用情况。

广告语中使用成语的例子比比皆是,使用谚语、俗语的例子也不少,但是使用惯用语和歇后语的例子却较少。

一、成语

广告语中的成语会以不同的形式出现,有时是以成语的原型出现,但是在广告语中却不一定使用其原义,而是利用成语的谐音、书面字形或字义而使得成语有了临时的“变义”;还有时候是仿用成语,即利用成语在书面形式上的变形。这些都是为了达到广告创作者想要的宣传效果。

运用中国文化中的汉语成语作为创作的材料,加以发挥和合理改动,产生出一种新的美感,让受众既能依据成语加深记忆,又能根据新意获得信息。

(一) 用成语原型

广告语中使用成语原型就是不改变成语本来的书面形式,但是这些以原型出现在广告语中的成语,在广告语中可能用的是其基本义或原义,也可能利用语境使得这些原型的成语产生临时的"变义"。

1. 本义

以原型出现在广告语中的成语,可能用的是其本来的意义。这样的例子很多。例如:

(1) 永远的可口可乐,独一无二好味道。(可口可乐)

可口可乐从进入市场时,打动消费者的诉求点就是神秘的配方、独特的味道。广告中"独一无二"的意思是"没有相同的,没有可以相比的",突出了"可口可乐的好味道"绝佳到"没有可以与之相比的"。

(2) 雪中送炭家家暖,锦上添花户户春!(煤店)

广告中"雪中送炭"的意思是"在别人急需时给以帮助","锦上添花"的意思是"使美好的事物更加美好",这一煤店的广告语用了这两个成语,不仅"雪中送炭"的"炭"与"煤炭"有关,而且表达了因为煤店的煤炭能在冬天给顾客带来温暖,会使顾客的生活"更加美好"的意思。

(3) 劳力士手表,举世无双的挑战!(瑞士劳力士表)

广告中“举世无双”的意思是“全世界都没有第二个。形容很稀有、少见，没有与之可以相比的”，突出了瑞士劳力士表的品质。

(4) 小巧玲珑，携带方便，一物多用，物美价廉！(收音笔)

广告中“小巧玲珑”的意思是“小而精致”，“物美价廉”的意思是“东西价钱便宜，质量又好”，有这两个特点，这一收音笔实在值得购买。

(5) 珠联璧合，相映成辉！(电器)

广告中“珠联璧合”的意思是“比喻美好的人或事物凑在一起”，“相映成辉”的意思是“互相映衬，焕发出光芒”，这一广告语表达了这一电器拥有很多优点，品质高。

(6) 内病外治，独树一帜！(药品)
(7) 食药同源，独树一帜！(营养液)

这两则广告中“独树一帜”的意思是“比喻与众不同，自成一家”，药品广告中表达了这一药品因为能“内病外治”而“与众不同”，营养液的广告也引用“独树一帜”来表达与其他同类产品的区别：药食同源。

(8) 立竿见影！(治肝炎药)

广告中“立竿见影”的意思是“比喻立见功效”，这一广告语表达了这一治肝炎药“疗效快”。

小提示：《广告法》中关于医药广告的特殊规定

根据《中华人民共和国广告法》规定，医疗、药品、医疗器械广告不得含有下列内容：表示功效、安全性的断言或者保证；说明治愈率或者有效率。如XX药品治愈率为××%，这是绝对不行的。

(9) 消失得无影无踪！(祛痱一滴灵)

广告中“无影无踪”的意思是“没有一点踪迹。形容完全消失,不知去向”,这一广告语表达了祛痱一滴灵“使用一滴就可以让痱子完全消失”,这样的祛痱产品怎能不引起想尽快为孩子去除痱子的妈妈们的注意?

(10) 以无微不至的爱,创科学之奇迹！(医药)

广告中“无微不至”的意思是“没有一个细微的地方没有考虑到,形容待人非常细心周到”,这一医药广告语表达了对消费者细心周到的爱。

(11) 从第一口到最后一口……赞不绝口！(清凉茶)

广告中“赞不绝口”的意思是“赞美的话说个不停,形容对人或事物十分赞赏”,这一广告语表达了“清凉茶品质高、味道好,受到很多人的赞美”。但是这种广告需要有良好的品质做支撑。

(12) 始终如一才明智！(食品)

(13) 好味道始终如一！(瑞拉伯咖啡)

广告中“始终如一”的意思是“自始至终都一样,多用于形容人能坚持,做事从不间断”,这两则广告语表达了“食品”“瑞拉伯咖啡”的生产商自始至终都坚持保证产品的好味道、好品质,值得消费者信任而选择购买。

(14) 全中华眼镜魁首,东南亚首屈一指！(亮晶晶眼镜)

广告中“首屈一指”的意思是“表示位居第一”,这一广告语表达了“亮晶晶眼镜”的品质在同类产品中位居第一。

小提示：最高级等形容词慎用

根据《中华人民共和国广告法》规定：任何广告都不得使用“国家级”“最高级”“最佳”等用语。所以很多商家会选择其他的方法来表述品质，如首屈一指。但是，真正优秀的广告文案很少用到形容词，用事实打动消费者才是最能经得起检验的。

(15) 出类拔萃，非一般洗衣机所能比拟！(洗衣机)

广告中“出类拔萃”的意思是“形容超出同类”，这一广告语表达了这种洗衣机的品质超出同类产品。

(16) 要华丽腰带，得满面春风！(腰带)

广告中“满面春风”的意思是“形容愉快和蔼的面容”，这一广告语表达了用了这一腰带令人心情愉快。该广告是一个因果复句，有了“华丽腰带”，就可以“满面春风”，广告具有一定的号召性。

(17) 愿您足下生辉，前程似锦！(狮力皮鞋)

广告中“前程似锦”的意思是“前程像锦绣那样，形容前途十分美好”。“足下生辉”不是成语，这一词语的意思是“脚部增彩，脚更加漂亮”。这一广告语表达了“穿上狮力皮鞋能令您的脚更漂亮，让您的前途美好”。但“足下生辉”“前程似锦”联合使用，不仅有因果、递进的关系，顺应了大众的逻辑思维，丰富了大众的想象，而且还增加了广告的节奏感，朗朗上口，易记易传播。

(18) 金声玉振，集其大成！(乐器行)

广告中的“金声玉振”形容“音韵响亮、和谐”，乐器行用这一并不常见的成语与意义为“集中某类事物的各个方面，达到相当完备的程度”的词语“集大成”,表达了“此乐器行相当完备地集中了各种音韵响亮且质量上乘的乐器”的意思。

(19) 一诺千金。(某银行广告)

银行提供的是服务,是一种无形产品。所以一般情况下,其广告诉求点都是良好的信用、美好的体验、优秀的服务、悠久的历史、光明的未来等。广告中“一诺千金”的本义是“形容说话算数,所许诺言真实可信”,这一广告语真诚实在,没有花言巧语,其中的“金”又与银行的业务有关,以这一成语来宣传银行服务宗旨,对用户做出承诺和保证,可谓曲尽其妙。

(20) 皇位至尊,群雄仰盼,凤毛麟角,求之不易!(皇位饮料)

广告中“凤毛麟角”的意思是“比喻稀少而可贵的人或事物”,这一广告语表达了“皇位饮料稀少但品质可贵”。

(21) 走遍天涯海角,忘不了艾伦堡!(艾伦堡饮料)

广告中的“天涯海角”并不是大众熟悉的旅游胜地,而是其本义“极远的地方或形容彼此之间相隔极远”,这一广告语表达了“艾伦堡饮料品质好、味道佳,无论你走到哪里都忘不了它”。

(22) 穿上风度翩翩,与同伴“争芳斗艳”!(时装)

广告中“风度翩翩”的意思是“形容举止洒脱,气质不凡”,这一时装广告表达了“穿上我们生产的时装可以令您气质潇洒、不凡”。但广告略显不足之处在于“风度翩翩”和“争芳斗艳”在格式上对仗并不工整,所以一定程度上影响了广告的节奏和韵律感,读起来稍显拗口。

(23) 东方珠宝,独领风骚!(成都东方珠宝公司)

广告中"独领风骚"的意思是"形容超群出众,没有谁可与之相比",这一广告语表明了成都东方珠宝公司的珠宝品质出众。

(24) 踏上轻骑,马到成功!(轻骑摩托)

广告中"马到成功"的意思是"形容事情顺利,很快取得成果",这一广告语表达了"骑上轻骑摩托车,让你万事顺利、快速成功"。东方文化圈有一定的趋吉心理,如果广告包含了美好的寓意在其中,会对大众有较强的吸引力。

(25) 对我而言,过去平淡无奇;而未来,却是绚烂缤纷。(轩尼诗酒)

广告中"平淡无奇"的意思是"指事物或诗文平平常常,没有吸引人的地方","绚烂缤纷"虽不是成语但其意思是"光彩耀眼",整个广告语表达了"轩尼诗酒让您平平常常的平淡生活产生光彩耀眼的辉煌"。这也是一则对比式广告,通过比较使用产品前后的情况,描绘两种截然不同的情境,加深大众对产品或品牌的印象。

(26) 弹指一挥间,世界皆互联。(《互联网周刊》)

广告中的"弹指一挥间"本指"时间过得飞快",在这个广告语中用来形容"时间短",表达了"互联网周刊可以瞬间就让世界各地的信息与你相连"的意思。

(27) 雨过天晴的感受!(康泰克缓解胶囊)

广告中"雨过天晴"的意思是"天气上指雨后转晴,比喻政治由黑暗到光明",这一广告语宣传了服用"康泰克感冒灵"后,身体由难受到变得舒服,就像天气由阴雨天到变成阳光明媚的晴朗天的感觉。

(28) 合璧中西,驰骋天下!(中国工商银行牡丹国际卡)

广告中“合璧中西”的意思为“比喻在某种事物中中国和西洋的精华合在一起”,“驰骋天下”不是成语,其意思为“策马奔驰天下”。中国工商银行牡丹国际卡广告用这两个“高大上”的词语表明了其宣传理念:此银行卡在国内外皆可使用,可以助持卡者驰骋天下。

(29) 刀枪不入!(防弹衣)

广告中“刀枪不入”的本义是“刀杀不进枪刺不死”,正应了“防弹衣”的作用。产品和成语之间找到了巧妙的关联点,加深了大众对产品的认识。

(30) 身临其境!(某电视广告语)

广告中“身临其境”的意思是“指亲身面临那种境地”,这一广告语表达了电视广告制作精良,让观众有亲身置于那种境地的真实感,广告简洁却富有内涵,给人以无限遐想。

(31) 谷乃国之宝,民以食为天!(粮店)

广告中“民以食为天”的意思为“人民以粮食为自己生存的根本,指民食的重要性”,粮店以此成语作为广告,是强调粮食的重要性,吸引人们来购买粮食。广告运用了对偶的修辞手法,整个广告格式工整,用字简单却寓意深刻,体现了汉语的凝练美,给人带来美好享受的同时也易于传播。

(32) 让你垂涎三尺!(鲜荔枝)

广告中“垂涎三尺”的意思是“嘴边挂着三尺长的口水，形容嘴馋到极点。亦形容羡慕到极点，极想据为己有”，这则鲜荔枝的广告宣传了荔枝的美味让人嘴馋到极点。“垂涎三尺”很有画面感，大众看到这个词汇的同时就会通过联觉效应，产生对美味的想象，口中甚至会不自觉生津。确实比说“口味极佳”“甜美可口”要动人得多。

(33) 一步到位，步步到位！(中国重型汽车)

广告中的“一步到位”指“一次就达到预定的目标”，表达了拥有中国重型汽车可以让您马上达到预定目标。“一步到位，步步到位”运用了递进复句的形式，包含了反复、对偶的修辞手法，节奏感强，令人印象深刻。

(34) 没想到洪水竟会发到我头上，亡羊补牢，未为晚也！(美国灾害保险)。

广告中“亡羊补牢”的意思是“比喻在受到损失之后想办法补救，免得以后再受类似的损失”，这一成语非常契合广告语中提到的已经遭受到一次灾害的家庭的情况，告诉人们如今购买美国灾害保险就能“免得再受类似的损失”。广告营造了“洪水发生到我头上”的情境，引起人们的恐惧心理，紧随其后给出解决办法，解决之道一定是产品，这就是我们常说的恐惧诉求。

恐惧诉求一般需要预先构建某种灾难、困境、损害、危险、痛苦等威胁消费者的情景，然后有两种不同表现手法：一是告诉人们这种不利情景正是由不购买某种产品、不接受某种服务或某种错误行为导致的必然结果；二是告诉人们购买某种产品、接受某种服务就会摆脱这种令人恐惧的情境。很明显，这则广告采用的是第二种方法。需要注意的是，运用这种广告，应当符合法律和社会道德风俗习惯,否则可能产生相反的结果。相较而言,受文化因素的影响,恐惧广告在中国并不多见,在西方广告中会多一些。

(35) 运筹帷幄,决胜千里,从您拥有长城卡开始!(中国银行长城信用卡)

广告中"运筹帷幄"的意思为"称在后方决定作战策略,泛指筹划决策",这一广告语实际上表达了使用中国银行长城信用卡是筹划决策人士决胜千里的开始。从另一个角度看,这句广告也是一句祈使句,含有命令、敦促的口吻在其中,广告有一定暗示性。主要提醒的是,使用这样的文案应考虑消费者的接受心理,语气应尽量婉转、客气,避免引起反感。

(36) 白雪阳春传雅曲,高山流水觅知音!(乐器商店)

广告中的"白雪阳春"让人联想到"阳春白雪"这个成语,最早出自战国楚宋玉《对楚王问》,"阳春白雪"原指战国时期楚国一种较高级的歌曲,后泛指高深的不通俗的文学艺术,乐器商店以这个成语入广告语,是想宣传自己商店的乐器可以演奏出高雅的乐曲。

(37) 勿临渴掘井——储蓄有益国家也有益个人!(银行储蓄)

广告用了义为"感到渴了才掘井,比喻平时没有准备,事到临头才想办法"的成语"临渴掘井",银行储蓄广告提醒存款人注意储蓄而不要到了需要钱的时候才着急。从广告创意策略上讲,这也是恐惧诉求的表现。

(38) 欲善其事,先利其器!(卡西欧电脑)

广告中的“欲善其事,必先利其器”是一个常用的成语,意思是“工匠想要使他的工作做好,一定要先让工具锋利。比喻要做好一件事,准备工作非常重要。常用于强调准备工作的重要性”,卡西欧电脑提醒消费者,要想取得成就,就要购买卡西欧电脑为工作做准备。

(39) 英雄所见略同!开创眼部护理新纪元!(治疗仪)

广告中“英雄所见略同”的意思是“指有见识者所持见解大致相同,是对意见相同的双方表示赞美的话”,广告是对所有选择此治疗仪的消费者的明智选择的赞美。广告将品牌和消费者比作“英雄”,抬高了自己又恰到好处地恭维了消费者,同为“英雄”,自然会做出同样的选择。

(40) 求人不如求己!(银行储蓄)

广告中“求人不如求己”的意思为“央求别人帮忙不如自己努力去做。指自力更生,不仰仗他人”,银行储蓄用这一广告提醒储户通过储蓄备下存款,关键时期需要钱的话就不用去求别人。这则广告和上文中的“勿临渴掘井”实属异曲同工。

(41) 民生保管箱,固若金汤!(中国民生银行)

广告中民生银行用义为“形容城池或阵地坚固,不易攻破”的成语“固若金汤”来说明民生银行的保险箱是多么安全。

(42) 未雨绸缪,居安思危,保险保险!(中国人民保险公司)

广告中中国人民保险公司用义为“天还没有下雨,先把门窗绑牢。比喻事先做好准备工作处在安定的环境而想到可能会出现的危难"的成语"未雨绸缪"来说服民众处在安定的环境中要想到可能会出现的危难而购买保险。

(43) 金诚所至,金石为开!(金城摩托车)

广告中"金诚所至,金石为开"的意思是"人的诚心所至,能感动天地,使金石为之开裂。比喻只要专心诚意去做,什么疑难问题都能解决",金城摩托车用此成语作为广告语是表明自己诚心专注摩托车制造,那么其产品品质自不必多说。

(44) 人靠衣装,佛靠金装!(西服)

广告中用成语"人靠衣装,佛靠金装"指"衣着打扮对展示人的外貌、仪表十分重要",提醒消费者购买西装。

(45) 开开衬衫,领袖风采!开开衬衫,多姿多彩!(开开衬衫)

广告中用义为"形容颜色形态多样,很多种形状,很多种颜色"的成语"多姿多彩"来宣传开开衬衫颜色、式样多样,可以提供给消费者各种不同的选择。

(46) 一旦拥有,爱不释手,赞不绝口!(小天鹅洗衣机)

广告中用义为"喜爱得舍不得放下"的"爱不释手"和义为"赞美的话说个不停,形容对人或事物十分赞赏"的"赞不绝口"两个成语来宣传小天鹅洗衣机,表明了小天鹅洗衣机用户对此洗衣机的喜爱,也侧面反映了小天鹅洗衣机品质好、深受消费者喜爱。

(47) 万水千山任君行!(金杯运动鞋)

(48) 万水千山,近在咫尺,网络天空,任你翱翔,轻松面对,应付自如。(中国电信)

广告中“万水千山”的意思是“很多的山和水,形容路途遥远险阻”,前一个广告语表达了“穿上金杯运动鞋走多远的路、多艰难的路也不怕”;后一个广告表达了纵然“相隔很远,路途遥远险阻”,用了中国电信互联网,阁下就能轻松面对工作,对困难的事情应付自如。

(49) 市外桃源。(别墅广告)

广告中的“市外桃源”,令人联想到“世外桃源”,“世外桃源”的意思是“指环境幽静生活安逸的地方”,这一广告语宣传了“此别墅位于环境幽静生活安逸的地方——闹市之外”。

从以上的例子可以看出,使用成语来宣传的广告语非常多,成语在广告语中如果用得恰当确实可以给广告语加分,可以言简意赅地宣传广告理念。

2. 变义

广告语言由语词、短语、句子、段落组成,每个语词都有相对独立的意义,经过长期使用,其语义在认知与交流中逐渐固定。语义有多义性,词语的确切意义要在句、段构成的特定的环境中确认。受众对广告文案的审美理解发生在相关意义单位的联系中,要经由语义的发现、沟通与重建来达到。

广告语中的成语,由于脱离了原有的成语语境,其意义就会发生变化,获得变化后的临时的意义。而这些临时意义的获得,可能是利用了成语中某一个字(词)的谐音或成语中某一个字的字面意义而巧妙地产生的“变义”。

如:

(1) 自讨苦吃!(药店)

广告中的“自讨苦吃”本指“本来没事,自己却偏去惹麻烦”,药店用这一成语特别是成语中的“苦”字幽默地表达了买药是“自己找苦东西吃”,呼吁大家注意身体健康。

(2) 当之无愧!(当铺)

广告中的“当之无愧”本指“完全当得起,没有惭愧和不足的地方。意思是接受某种荣誉或称号等是完全够条件的”,当铺用这一成语主要凸显了“当(典当)之(东西)无愧(没有什么惭愧和后悔)”的意思,打破消费者的犹豫的心理,文案非常精彩。

(3) 顶天立地!(柱石牌千斤顶)

“顶天立地”本“形容形象高大,气概雄伟豪迈”(《现代汉语词典第7版》),柱石牌千斤顶的广告语主要用了其中的“顶”字,凸显了柱石牌千斤顶的质量上乘,甚至可以“顶天立地”,适度的夸张结合成语的使用,使广告的主题更加明确。

(4) 风华正茂!(丰华牌钢笔)

广告中的“风华正茂”本指“正是青春焕发、风采动人和才华横溢的时候。形容青年朝气蓬勃、奋发有为的精神面貌”。丰华牌钢笔用此成语中的“风华”谐音钢笔的品牌“丰华”,暗含了品牌名称。“风华正茂”在这里还有双关的意思,暗指丰华牌钢笔发展势头强劲。

(5) 华硕品质,坚如磐石!(华硕电脑)

广告中成语“坚如磐石”本指“坚固得像大石头。形容非常坚固,不可动摇”,华硕电脑用此成语来形容其质量过硬。

(6) 一往无前,所向披靡!(推土机)

广告中的“一往无前”本指“不怕困难，奋勇前进”，“所向披靡”本义为“比喻力量所到之处，一切障碍全被扫除”。这一推土机广告语用两个成语表达了这款推土机能推倒一切障碍，奋勇前进。广告将成语的意义和产品的特性巧妙连接起来，丰富了人们的想象空间，增强了广告的感染力。

(7) 梁新记牙刷，一毛不拔！（梁新记牙刷）

这则广告是1949年前梁新记牙刷的广告语，堪称经典广告。“一毛不拔”原“形容人极端吝啬，一根汗毛都不愿拔”，在此广告语中的“一毛不拔”却毫无贬义，而是艺术化地夸赞了牙刷质量上乘，使用寿命长且不会脱毛。典型的幽默的用法，令人会心一笑的同时又印象深刻。

(8) 蒙桑图公司专做表面文章！（蒙桑图公司广告）

广告中的成语“做表面文章”本来“比喻浮夸或不切实际，敷衍塞责的做法”，蒙桑图公司广告却用此成语幽默地表达了“我们专做的图文是表面文章”。需要注意的是，这样的文字虽然幽默，但也容易引起歧义，需要广告正文信息的配合，否则会适得其反。

(9) 女人千姿百态，一切从头做起！（广州秀丝丽发制品）

广告中的成语“千姿百态”本义是“形容姿态多种多样，各不相同”，“从头做起”的本指“从最初、最开始的地方做起”。广州秀丝丽发制品广告语用这两个成语，巧妙地表达了“我们可以让女人姿态多种多样，各不相同是从头（头部）开始的”，巧用了“从头”，但意义却不是“开始”而是“从头部”，构思奇巧。从创意的角度看，广告运用了双关，产生了“言在此而意在彼”的奇妙效果。一方面，广告是在说女人变美，从头发开始，有好的发型可以更好地修饰女性的美;另一方面,广告是在说女性想要“千姿百态”,任何时候都不算晚,任何时刻都可以开始。美没有年龄的限制。

(10) 一网打尽!(互联网广告)

广告中的“一网打尽”本“比喻全部抓住或消灭”,互联网广告用此成语表达的却是“在互联网这一个网域内你可以尽情打尽你想打的一切电话”。

(11) 灵动愉悦,一触即发!(LG手机)

广告中的“一触即发”原“形容形势非常紧张,马上会发生严重的事情”,LG手机却用此成语表达了手机触屏灵敏,一触碰就可以将信息发出去,简单的操作给消费者带来的好的体验,所以“灵动愉悦”。

(12) 可试穿无须削足适履,任选购决不鱼目混珠!(鞋店)

广告中的“削足适履”原指“鞋小脚大,为了穿上鞋把脚削小,比喻不合理地迁就现成条件,或不顾具体条件,生搬硬套”。“鱼目混珠”本指“拿鱼眼睛冒充珍珠,比喻拿假的东西冒充真的东西”。此鞋店广告语用这两个成语的变义表达了“鞋店中的鞋子号码全,可以供消费者选择号码合适的鞋,而且质量上乘,绝不会拿假货、劣质货欺骗消费者”的意思。

(13) 与“狼”共舞!(狼牌鞋)

广告中的“与狼共舞”这一成语是“比喻和坏人在一起”,狼牌鞋变用这一成语的形(“狼”加了双引号)和义,表达了“你可以穿着狼牌鞋跳舞”的意思。

(14) 真材实料,面面俱到。(方便面广告)

广告中的“面面俱到”本指“各方面都照顾到、没有遗漏”，这一方便面广告用此成语不仅表达了生产商照顾到了消费者各方面的需求，而且成语中的“面面”正与方便面契合。

(15) 一面之交，一生难忘。（方便面广告）

广告中的“一面之交”本指“只见过一次面的交情”，此方便面广告语用此成语不仅表达了“哪怕是只吃过一次，这款方便面的好味道也会令人终生难忘”的意思。

(16) 出手不凡钻石表。（手表广告）

广告中的“出手不凡”本指“开始做某件事情时表现出不同凡响”，成语中的“手”与“手表”的“手”相合，这一手表广告表明了手表品质高、戴在手腕上就能显示不同凡响的气质。

(17) 一“石”激起千层浪！（钻石首饰）

广告中的“一‘石’激起千层浪”本“比喻一句话或一个小行动，引起了强烈的反响”。但这则广告中的此“石”非彼“石”，钻石凭借其独特的品质和稀缺性，具有极大的观赏价值和收藏价值。这则钻石首饰广告借用成语表达了佩戴漂亮高贵的钻石首饰会引起强烈的反响，非常贴切。

(18) 在这炎热的夏天，请去一宫鹊桥会，趁热打铁，一谈即成！（天津《今晚报》鹊桥会）

广告中的“趁热打铁”本“比喻做事抓紧时机，加速进行”，天津《今晚报》鹊桥会用这一成语中的“趁热”是指趁着这炎热的夏季时光，抓紧时机，加速进行“脱单”行动。

(19) 不打不相识！（佳友牌英文打字机）

(20) 不打不相识,相识方恨晚!(佳友牌打字机)

(21) 百闻不如一键,不打不相识。(爱普生打字机)

“不打不相识”本指“经过交手,相互了解,能更好地结交、相处”,佳友牌英文打字机、爱普生打字机等用这一成语是借其中的“打”字与打字机的“打”相结合进行宣传。

(22) 民以食为天,食以味为先!(风味小吃)

广告中的“民以食为天”本指“人民以粮食为自己生存的根本,指民食的重要性”,这一风味小吃广告用“食以味为先”与“民以食为天”对偶,强调了“食”与“味”的重要性,表明了自己的小吃味道极佳。

(23) 火眼金睛是假,点珍珠明目液是真!(珍珠明目滴眼液)

广告中的“火眼金睛”本“借指能洞察一切的眼力”,珍珠明目滴眼液借这一成语表明了其功效可以让使用者拥有好眼力。

(24) 君子动口不动手!(语音系统)

广告中的“君子动口不动手”本指“君子只用口来说理争辩,而不以拳头相向”,语音系统用这一成语巧妙地说明了“客户(君子)只要动动口(用语音)就可以完成以前动手才能完成的事情”,通过成语幽默地强化了广告诉求。

(25) 三十六计走为上!(鞋)

“三十六计走为上”中的“走”是避走,成语原指“无力抵抗敌人,以逃走为上策。指事情已经到了无可奈何的地步,没有别的好办法,只能出走”。广告中的“走”是走路,指出走路是生活中重要的组成部分，要想走得好，鞋就要好。广告用“走”与“鞋”产生联系，给人们带来别样的思考角度。

（26）天天丝织——丝丝入扣！（天天牌丝织服装）

广告中的“丝丝入扣”本指“织绸、布等时，经线都要从扣齿间穿过，形容每一步都做得十分细腻准确（多指文章、艺术表演等）”，天天牌丝织服装用此成语，不仅因为成语中的“丝丝”与丝织服装相合，而且宣传了自己的服装每一个步骤都做得十分好，质量上乘。

（27）轻车熟路，“明星”是保证！（明星轻型摩托车）

广告中的“轻车熟路”本指“赶着装载很轻的车子走熟悉的路，比喻事情又熟悉又容易”，明星轻型摩托车用此成语巧妙地宣传了自己的摩托车是轻型（轻车）的，驾着此轻型摩托车走熟悉的路，事情容易成功，以此吸引消费者购买。

（28）有眼不识泰山。（旅游广告公司广告）

广告中的“有眼不识泰山”本“比喻认不出地位高或本领大的人”，旅游广告公司用此广告引导人们去泰山旅游。

（29）真金不怕火炼。（金正广告）

广告中的“真金不怕火炼”本“比喻正确的事情经得住考验”，金正用这一广告语宣传了自己经得住考验。广告文案构思精密，“金”是双关用法，既指“真金”又指品牌“金正”。

（30）遗臭万年，流传百世！（王致和臭豆腐）

王致和臭豆腐是老北京的传统小吃，属于豆腐乳的一种。颜色呈青色，闻起来臭，吃起来香。发明人是安徽人王致和，流传已有300多年。广告中的“遗臭万年”本指“不好的名声永远流传下去”，王致和臭豆腐用人们熟悉的这一成语中的“臭”凸显了臭豆腐的“臭”。对于臭豆腐来讲，应该是越臭越能“飘香万里，流传百世”。但这句广告只能在知晓臭豆腐的地方才能发挥其广告效果，否则会让人们觉得莫名其妙。

(31) 万事俱备，只欠东风！(东风汽车)

广告中的成语“只欠东风”出自《三国演义》，本“比喻一切准备工作都做好了，只差最后一个重要条件”，东风汽车的这一广告语可以说是构思奇巧，不仅将汽车品牌名“东风”嵌入了广告语中，还宣传了“做好一切准备工作后，只差东风(汽车)了”，刺激消费者购买东风汽车。

(32) 四海之内皆兄弟。(日本兄弟牌办公设备)

广告中的“四海之内皆兄弟”本义是“天下的人都像兄弟一样，指亲如一家”，日本兄弟牌办公设备用这一成语创作广告语，表达了公司想与所有(“四海内”)的客户友善相处、形成亲如兄弟般关系的理念。

(33) 四海一家的解决之道。(IBM)

原文是“no business too small, no problem too big”，IBM在处于低谷时，提出这么一句极具煽动性的口号，表明IBM不仅希望能成为一家知名的跨国企业，还要真正成为为高科技提供一条龙解决方案的企业。广告语中用成语“四海一家”来形容全世界的人如同一家人一样。

从以上这些广告语实例可以看出，广告创作者巧妙地利用成语中某一个或几个字的字音、字形去创造成语的临时新意，应和广告所宣传的产品的某一方面的特性，会产生特别的宣传效果。

（二）成语的“变用”

为了配合广告宣传的目的，广告语中可能会使用成语的变形，就是将成语变化出不同于原形的书面形式，这种变形可能是在书面形式上改变成语中的某个字，变形了的成语形式与原来的形式相比，会出现三种情况：一是成语的词义保持不变；二是成语临时变出一种新的意义；三是因为改字或改变成语的形式，使得新的形式与原成语的意义正好相反。这三种情况在广告语中都能找到相应的例子。如：

1. 利用谐音，改字

A. 改字后的“类成语”形式有了临时的新义

（1）默默无蚊的奉献。（某灭蚊器广告）

（2）默默无“蚊”！（驱蚊剂）

这两则广告中的“默默无蚊”让人想到义为“不出名；不为人知道”的“默默无闻”，将“闻”与“蚊”谐音，利用大家熟悉的成语宣传了“灭蚊器”“驱蚊剂”的功效。

（3）“闲”妻良母！（洗衣机）

广告中的“闲”妻良母让人联想到意义为“既是丈夫的好妻子，又是子女的好母亲。用来称赞妇女贤惠”的“贤妻良母”，广告语改变成语中的一个字，宣传了使用此款洗衣机可以让妻子从繁重的洗衣家务活中解放出来而成为“闲”妻。

（4）大石化小，小石化了！（胆舒胶囊）

广告中的“大石化小，小石化了”仿自“原指变大事为小事，变小事为无事,即事情最终得到解决;也指以折中调和的方式息事宁人”的“大事化小,小事化了”,此广告语巧妙地用大家已经熟悉的成语宣传了治结石药——胆舒胶囊的疗效是可以将“大的结石化小,小的结石消除”。

(5) 油备无患!(驱风油)

(6) 有杯无患!(磁化杯)

广告中的“油备无患”和“有杯无患”都让人联想到成语“有备无患”,其义为“事先有准备就可以避免祸患”,驱风油的“油备无患”宣传了准备好“驱风油”就可以缓解病痛;磁化杯的“有杯无患”表达了有了这款磁化杯就可以“没有忧患”。

(7) “脑”当益壮!(健脑药)

广告中的“‘脑’当益壮”让人联想到意义为“年纪虽老,志向更高、劲头儿更大”的“老当益壮”,这款健脑药广告利用大家耳熟能详的成语,宣传了自己的疗效。

(8) “食”者不拒!(小吃)

广告中的“‘食’者不拒”义为“对来人或送来的物品等一概接纳,不予拒绝”,是对“来者不拒”的仿用,这一小吃广告宣传了小吃味道好、让人不能拒绝。

(9) “酱”出名门,传统好滋味!(酱菜)

广告中的“‘酱’出名门”利用谐音仿成语“将出名门”,这一酱菜广告宣传了此酱菜也是由名牌厂家生产的好货,拥有“传统好滋味”。

(10) 用中意空调,不怕“冷嘲热风”!(中意空调)

广告中的“冷嘲热风”令人联想到义为“尖刻地嘲笑和讥讽”的“冷嘲热讽”,仿用成语的中意空调广告语中的“冷嘲(冷潮)”与“热风”正与空调的制冷、制热功能相应和。

(11) “泉”心“泉”意!(甘泉天然矿泉水)

广告仿用了义为“用全部的精力”的成语“全心全意”,而改字后的“‘泉’心‘泉’意”正应了甘泉天然矿泉水是“泉”水。

(12) 随心所“浴”!(热水器)

广告中的“随心所‘浴’”让人联想到义为“一切都由着自己的心意,想怎么做就怎么做”的“随心所欲”,热水器仿用成语作为广告语,宣传了“拥有了这款热水器后想怎么沐浴就怎么沐浴”。

(13) 白燕步步为赢的法术:信·实·慎!(白燕百货公司)

(14) 步步为赢!(李宁鞋)

以上两则广告都利用谐音仿用了义为“军队前进一步就设下一道营垒,形容行动谨慎,防备严密”的“步步为营”,百货公司的广告强调了白燕百货公司一步步走向成功的法术为“信·实·慎”,李宁鞋的广告宣传了李宁鞋能帮您一步步走向成功。

(15) 食全食美,食新食异!(饭店)

这则饭店广告语中的“食全食美”,是利用谐音仿用了义为“各方面都非常完美,毫无缺陷”的“十全十美”,宣传了此饭店的饭菜品种全、味道美、菜品新颖等理念。

(16) 岂有此履!(皮鞋)

广告中的“岂有此履”仿自义为“哪有这样的道理(对不合情理的事表示气愤)”的成语“岂有此理”,“履”与皮鞋相关,这一广告语表达了“哪有这样的鞋”的意思,暗指此款皮鞋品质上乘。

(17) 望眼欲“穿”,爱健服装!(爱健牌服装)

广告中的“望眼欲穿”本义为“快把眼睛望穿了,形容盼望殷切”,用变形的成语“望眼欲‘穿’”,特别用双引号突出了“穿”,表达了爱健牌服装品质好、式样新,消费者殷切盼望能穿上爱健牌服装。

(18) 百衣百顺!(电熨斗)

广告利用谐音将“形容在一切事情上都很顺从”的“百依百顺”仿造为“百衣百顺”,表示了电熨斗能让衣服平顺板正。

(19) 衣衣不舍!(服装店)

广告利用谐音将“形容留恋,不舍得离开”的“依依不舍”仿造为“衣衣不舍”,表达了此服装店里的服装品质好、款式美,让人不舍得不买的意思。

(20) 衣帆风顺!(服装店)

广告利用谐音将“形容非常顺利,毫无波折或挫折”的“一帆风顺”仿造为“衣帆风顺”,不仅因为该成语耳熟能详能让人记住服装店名,也寓意着自己的服装买卖事业能非常顺利。

(21) 汾酒必喝,喝酒必汾!(山西汾酒)

广告中的“汾酒必喝,喝酒必汾”利用谐音仿自“指人或事物变化无方,分合不定”的成语“合久必分,分久必合”。山西汾酒利用这一广告语不仅让人加深记忆,而且宣传了“汾酒是大家必须喝的酒,喝酒就必须选择喝汾酒”的理念。

(22) 趁热拿铁。(咖啡店名)

广告中的“趁热拿铁”是仿自义为“比喻做事抓紧时机,加速进行”的“趁热打铁”,咖啡馆取这一名字,不仅巧妙地仿用了成语而且宣传了其店里售卖热的拿铁咖啡。

(23) 苁通一刻,上行下笑!(苁通药品)

广告中的“上行下笑”让人联想到义为“上面或上辈的人怎样做,下面或下辈的人就学着怎样做”的“上行下效”,苁通药品这一广告语用谐音宣传了药品的疗效好,使用这一药品而康复的患者会开心地笑。

(24) 天涯海饺。(烟台海鲜水饺馆)

广告中的“天涯海饺”利用谐音仿用了义为“指极远的地方或形容彼此之间相隔极远”的成语“天涯海角”,烟台这一海鲜水饺馆仿用人们耳熟能详的成语让自己的店名奇特新颖,其中的“海”字也与店中供应的海鲜水饺相合。

(25) 端午,愿所有美好接粽而来。(端午节宣传广告)

广告中的“接粽而来”利用谐音仿用了义为“指人们前脚跟着后脚,接连不断地来,形容来者很多,络绎不绝”的成语“接踵而来”,其中的“踵”改为近音的“粽”与端午节的节俗食品有关,而仿用成语“接踵而来”义为“祝愿人们在端午节收到的美好接连不断”。

(26) 一呼天下应。(润讯通讯)

广告中的“一呼天下应”利用谐音仿用了义为“指一人召唤,百人响应。形容响应附和的人众多”的成语“一呼百应”,用“天下”代替“百”,数量上有了更具象的激增,语义气势上也更上一层楼。

从以上这些广告语的实例中可以看出,广告创作者、店家巧妙地利用成语中某一个或几个字的字音、字形变用成语,应和广告所宣传产品的某一方面的特性,产生了意想不到的效果。

B. 改字后的形式与原成语意义相反

为了广告宣传的需要,临时改变成语中的某一个字或添加一个否定词,形成与原成语意义相反或相对的意义。这样的例子在广告语中并不少见,如:

(1) 六神有主,一家无忧。(六神花露水)

成语"六神无主"形容"惊慌或着急而没有主意",六神花露水的广告将"六神无主"改为意义相反的"六神有主"意为"有了六神花露水就不再惊慌、着急了"。

(2) 一举两失,蚊虫污垢齐消灭!(美国必扑电蚊香)

成语"一举两得"义为"做一件事情,得到两种收获",美国必扑电蚊香的广告改成语中的"得"为"失",让人"一举两失"的是蚊虫和污垢,这怎能不让人喜欢而去购买?

(3) 专食人间烟火!(厨洁牌抽油烟机)

"不食人间烟火"义为"比喻人有出世之想,或诗画立意高超不凡凡俗",广告巧妙地改了成语中的一个字,宣传了厨洁牌抽油烟机的功能是吸油烟,即"专食人间烟火"。

(4) 水火相容,一起来发电!(浙江机械设备进出口公司)

"水火不相容"原指"水和火两种性质相反的东西,根本不相容",这个成语也可以用来"形容双方矛盾尖锐,不能相互容纳的情况",广告语去掉原成语中的一个"不"字,"水火相容"语言惊人,宣传了浙江机械设备进出口公司的机械设备能让“水与火一起来发电”。

(5) 客到心常热,客走茶不凉!(佳韵茶业)

成语“人走茶凉”本“比喻世态炎凉,人情淡漠”,佳韵茶业的这一广告语在原成语中加了一个否定词,宣传了佳韵茶业热情待客、热心服务客户的诚心。

2. 拆分成语

除了上面谈到的改变成语中的某个字的书面形式的成语变形,将成语拆分再组合也可能使得“成语”表达一种的新的、临时意义,以配合广告宣传。如:

(1) “捕风”“捉影”非难事!(德国禄来照相机)

成语“捕风捉影”本“比喻说话或做事时用似是而非的迹象做根据”,德国禄来照相机的广告语拆开此成语,用“捕风(景)”“捉影(像)”来说明照相机的功能。

(2) 玩物岂能丧志,居奇原只为陶情!(古玩店)

成语“玩物丧志”本指“沉迷于玩赏所喜好的东西而消磨掉志气”,古玩店用拆分这一成语的广告语不仅宣传了自己“古玩可以让人玩物”,还贴心地劝诫消费者不要“沉迷于玩赏古玩而丧失意志(丧志)”。

(3) 口不服,心服!(楚天舒心护心贴)

成语“心服口服”本指“心里嘴上都信服,指真心信服”,广告巧妙地利用这一成语的拆分形式“心服”“口服”,意在表达“楚天舒心护心贴不用口服(口不服),是用于护心(心服)”,其中“心服”还可以理解为“楚天舒心护心贴疗效好,让人真心信服”。

(4) 宝宝口服,妈妈心服!(龙骨壮骨冲剂)

这里的“口服”是服用方式,“心服”是态度表现。龙骨壮骨冲剂这则广告表达了药是宝宝吃的(宝宝口服),因为疗效好,妈妈“真心信服它(妈妈心服)”。

(5) 聪明何必绝顶,慧根长留!(生发精)

“聪明绝顶”本指“有着无人能及的聪明才智”,但这则广告说“聪明不必绝顶”,“绝顶”与原义分离,借用为“秃顶”,这样的借代幽默诙谐,传达了产品有助护发、生发的信息。

(6) 美容容令羞花,整形形令闭月!(美容小屋)

成语“闭月羞花”本“形容女子容貌美丽无比”,美容小屋将这一成语拆分,以形容女子的美貌,且利用对偶语句创作广告语。

综上,我们看到广告中利用成语、仿用成语的现象非常普遍。但我们并不提倡这样的做法。因为这样的做法不利于现代汉语的使用规范,会对受众(尤其是年龄较低的儿童)产生误导。

据网络媒体报道,某市一小学三年级语文老师请 6 位同学在黑板上写学过的成语,竟有 5 个同学把“随心所欲”写成“随心所浴”,老师批评并更正时,写错的同学理直气壮地说:电视和报纸上的广告都是这么写的。原来是生产热水器的厂家在大众媒介上做广告时套用了“随心所欲”这个成语,把“欲”改成“浴”。音同字不同,辨别能力不强的小学生信以为真。

有试验证明,不规范广告语的确会误导学生。《北京日报》社会新闻采编中心对北京市前门小学五年级某班进行谐音广告纠错测试时发现,该班30名学生对内含40个错别字的37条谐音广告纠错的成绩是：发现30个以上错别字的有17人,发现30个以下错别字的有13人,最少的一个学生只发现21个错别字。

近几年,广告作为新的行业在我国有了突飞猛进的发展,电视、报刊上的广告形式五花八门、色彩纷呈,策划者和制作者费了很大脑筋。但用“篡改”后的成语为产品做广告,虽然由于形式新颖、富有幽默味道,又显得朗朗上口,确实能强化受众的接受意识,广告效果较好,但其给社会带来的副作用也不可低估。尤其是对于小学生来说,看到电视、网络上这些具有吸引力的广告,会加深他们错误使用成语的几率。

改造成语还会助长广告创作中的抄袭。广告相互模仿抄袭,变成模仿或套用的营销术,带来恶劣影响;恶性循环,抄袭成风,还会扼杀创新意识和创造力。语言文字既是一个民族文化传承的基本载体,也是人类心灵外化的重要符号。汉语言文字具有源远流长的历史,是中华民族的精神瑰宝,成语、繁体字等更是蕴含着宝贵的文化基因。但有些招牌、广告词不规范用字,实际上是对汉语言文化的一种污染。

要减少直至杜绝广告中乱改成语的现象,一方面,需要广告策划和制作者以社会大局为重,摒弃这种不正常的做法;另一方面,国家的语言文字管理部门也应加大管理力度,制定相应的法规,规范广告用字。

二、惯用语

惯用语是一种在口语中广泛使用的固定词组,通常由三个或

更多的汉字组成,具有简明、生动、形象的特点。广告语中使用惯用语的例子不多,如:

爱车"正"好没电? 爱车证还您超常光明,万事不求人! (爱车证)

上例中的"万事不求人"指"一切靠自己,不用别人帮忙","正"与"爱车证"中的"证"谐音。

惯用语来源于人民群众在长期劳动生活中的口头创造,多在口语中运用,自然、简明、生动、有趣,并且比较短小。表义精练准确,活泼生动,常用来比喻一种事物或行为,其意义往往不能简单地从字面去推断。看似简短的寥寥数字,却内有乾坤,富含哲理和文化内涵。

美国著名广告大师李奥·贝纳在自己的备忘录中提道:"不要在任何面向大众的平面媒体中使用一个智力正常的16岁孩子看不懂的语言。成功的广告,不论是在平面媒体还是在电视中,看起来都应该是简单易懂的。它总是给人一种平易近人的感觉,而不会让人觉得商家是高高在上的。"(涂画 2022)[24] 简短的惯用语更接近人们的生活,在广告中能发挥更好的作用。

三、谚语

广告语中使用谚语主要有三种情形:一是不改变谚语的原有形式,我们将这种情形称为"引用谚语";二是改变谚语的书面形式以配合广告宣传,我们将这种情形称为"仿用谚语";三是改变谚语的书面形式,但表达了与谚语本义不同的特殊意义,我们将这种情形称为"变用谚语"。

1. 引用谚语

(1) 病来如山倒,病去如抽丝,药到病去!(康泰必妥片)

谚语“病来如山倒,病去如抽丝”义为“形容得病时快而猛,病愈却十分慢;也形容得病时快而猛,病愈却十分慢”。康泰必妥片用人们熟悉的谚语直接表达了产品的效果,强调此药品起效快,让本来病愈缓慢的病“药到病除”。

(2) 条条大路通罗马,款款白羚乐万家!(白羚餐具)

谚语“条条大路通罗马”指“做成一件事的方法不止一种,人生的路也不止一条等着我们发现。比喻采用许多不同的方法办事,都可以收到同样的效果”。白羚餐具用此谚语表明了会用各种办法走入千万家庭。广告用了对偶的修辞手法,结构工整,节奏感强,易于记忆。广告中包含了品牌名称“白羚”,进一步加深了品牌在受众心中的印象。

(3) 好马配好鞍,好机用靓粉!(复印件粉)

(4) 好马配好鞍,好车用风帆!(风帆电瓶)

(5) 骏马千里配好鞍!(佳美墙纸)

谚语“好马配好鞍”义为“有了好的主体,还需要有好的陪衬才能显得协调”。上述三则广告语都完美地利用了这一谚语的含义。复印件粉广告宣传了有了好的复印机还需要有好的复印件粉;电瓶车广告宣传了有了好车还要有好的电瓶——风帆牌电瓶就是能配您的好车的好电瓶;墙纸广告虽然对原谚语做了一定的改动,但还是利用此谚语的意义宣传了有了好房子还应该有好的墙纸——佳美墙纸——相配。虽然商家不同,用法不同,但谚语表达的意思却没有变化。

(6) 时间就是金钱,效率就是生命!(办公自动化设备)

谚语“时间就是金钱,效率就是生命!”指“珍惜时间,就能产生高的经济效益;提高生产效率,就能保证事业的生存与发展”。这则广告语使用这一谚语宣传了使用此款办公自动化设备可以提高工作效率。产品和谚语的结合非常巧妙,起到了点睛的作用。

(7) 不怕不识货,就怕货比货!——冰箱买美菱就是买放心!(美菱冰箱)

谚语“不怕不识货,就怕货比货”指“只有进行比较以后才能分出好坏,显出差别”。美菱冰箱用此谚语做广告语,展现出品牌的自信。自信的背后是优秀的质量的支撑。它坚信,消费者经过比较可以发现美菱冰箱的质量就是好,所以说“冰箱买美菱就是买放心”。

(8) 红花还需绿叶来扶!(围巾)

谚语“红花还需绿叶来扶!”比喻“一个人能力再好,也需要周围人的支持,否则难以取得成功”。广告用这一谚语讲述了围巾的价值。围巾是配件,往往被人们所忽视,认为围巾是可有可无的东西。但广告却赋予了围巾更好的意义——绿叶。看似放低了姿态,实则表明了围巾的重要性。广告宣传了“一个人的服装穿得再好,如果有漂亮的围巾作为配饰,就可以锦上添花”。这句广告语来自生活,富有生活的智慧和哲理,既是产品的诉求,也是企业的信念,更是对消费者的善意提醒和关爱。

(9) 头痛医头,脚痛医脚。(香港神怡牌镇痛冰带)

“头痛医头,脚痛医脚”是谚语,比喻“被动地应付所出现的问题,而不是从根本上去解决”。香港神怡牌镇痛冰带用这一谚语创作广告语,利用其字面的意义,表示人体哪个部位疼痛就可以将其用于哪个部位进行镇痛,有效解决了人们的烦恼。

(10) 千里马常有,而伯乐不常有。(公司招聘广告)

这句谚语的本义是“指能够发现选用人才的人,比人才本身更难得”,招聘公司借助谚语表达了招聘人才、求贤若渴的主题。该则广告还使用了比喻的修辞手法,把公司比作“伯乐”,把应聘者比作“千里马”,给予应聘者美好的情绪体验。

2. 仿用谚语

采用仿用谚语的方式创作广告语的例子不太多,但是这些中国人耳熟能详的、被仿用的谚语能比较容易地被识别出来。例如:

(1) 在亚太,条条大道通往假日旅馆!(亚太宾馆)

亚太宾馆广告仿用“条条大道通罗马”这一谚语,提出“条条大道通往假日旅馆”,引起人们的注意,选择交通方便的亚太宾馆入住。

(2) 谁跑到最后,谁笑得最好!(F. B. 古德里希轮胎公司)

谚语“谁笑到最后,谁笑得最好”比喻“成败胜负要看最后结果才可下定论”。广告将“笑”改为“跑”,一字之差,却使得人们熟知的谚语和产品轮胎产生了恰到好处的关联。仿用这一谚语作为广告语,F. B. 古德里希轮胎公司宣传了轮胎质量好、经久耐用。谚语的仿用可以说是“点石成金”。

3. 变用谚语

变用谚语的例子更少。仅举一例:

水往高处走!(淄博市潜水泵厂)

谚语“人往高处走,水往低处流”指“人总是攀高向上,向高处好处奔,向往美好生活,而水的习性则是往低处流动”。淄博市潜水泵厂变用了这一谚语。“水往高处走”与传统的谚语正好意义相反,这种反常使用谚语的情况,可以抓住人们的眼球,吸引消费者注意,宣传了淄博市潜水泵厂生产的水泵可以使自来水被引往高处的楼层的作用。

四、俗语

俗语通俗易懂,口语化强,朗朗上口,识记便利,内涵丰富,是老百姓日常口头交流中常见的固定语句;利用俗语入广告语,能让广告语起到容易理解、便于记忆的作用。如:

(1) 吃不了,兜着走。(某餐馆广告)

俗语“吃不了,兜着走”比喻“惹出了事或造成了不良后果必须自己承受。也指出了问题,要承担一切后果”。某餐馆用这一俗语入广告,却表达了另一个意思:餐馆食物味道好、分量大,食客“吃不了”可以“兜着走(打包带走)”。如此幽默的广告语,吸引人驻足,会心一笑后就会有人走进餐馆品尝饭菜。这既是餐馆的广告,也是在重塑消费者的饮食习惯——光盘。

(2) 车到山前必有路,有路必有丰田车!(日本丰田汽车)

俗语“车到山前必有路,船到弯头自然直”“比喻事到临头,自然会有解决的办法,不要被困难吓倒,一定会有办法克服”。日本丰田汽车的这一则广告是中国人创作的,用中国人耳熟能详的俗语入广告,让受众能很容易地记住广告语。此广告语表达了“丰田汽车克服各种困难,让每条道路上都有丰田车在驰骋”,表现出丰田的自信与霸气。广告之所以获得消费者的认可,是因为良好的产品性能和卓越的市场占有率给了丰田广告强大的底气。20世纪80年代,丰田汽车作为日本最大的汽车公司,在中国市场上占据很大份额,这句精彩的广告语很符合当时的情况。如今,市场环境已发生了变化,但很多中国人还是记住了这句广告语。

(3) 树老根先老,人老脚先衰!(双乐脚踏磁力按摩器)

俗语"树老根先老,人老脚先衰"义为"大树老了,它的根部会先衰竭,而人若是老了脚部就会出现一些异常情况,因此我们平时通过脚部的一些变化,可以看出身体的一些健康状况"。双乐脚踏磁力按摩器用此俗语作为广告语,是提醒老年人要预防脚部问题,应该购买并使用此按摩器。

(4) 不到长城非好汉,不去长城准遗憾!(长城电脑)

俗语"不到长城非好汉"指"不登长城关口绝不是英雄。比喻不能克服困难,达到目的,就不是英雄豪杰"。长城电脑用此俗语作为广告语,不只是将俗语中的"长城"与电脑品牌名相合,而且表达了长城电脑制造者克服困难、终达成功的决心。

(5) 远在天边,近在眼前!(理光传真机)

俗语"远在天边,近在眼前"义为"形容寻找的人或物就在面前。"在广告语中人们巧用俗语是很多的,但像理光传真机运用得这样贴切的却不多见。传真机最基本的功能是把远处的文件资料传到眼前。理光传真机使用此俗语创作广告语,想向消费者传达两个信息:一是不需要到处去寻找,好的传真机——理光传真机——就在眼前;二是传真机可以做到相距很远传输文件、图片等,就如这些文件、图片等在眼前一般。广告借用这条俗语的内涵把产品的特性完全反映出来了。俗语本身的紧迫节奏又表达了传真机快速逼真的特性。

(6) 天有不测风云,我有人民保险!(中国人民保险)

俗语“天有不测风云,人有旦夕祸福”比喻“有些灾祸的发生,事先是无法预料的”。中国人民保险用人们熟知的俗语恰当地进行表达:灾祸的发生事先无法预料,但平时购买了中国人民保险可以在灾祸后的重建中弥补你的部分损失。风险无处不在,无法避免,生活困难时雪中送炭,生活美满时锦上添花。保险让生活更美好。

(7) 金窝银窝,不如自己的安乐窝。(房地产广告)

俗语“金窝银窝,不如自己的安乐窝”义为“无论多么豪华的环境,相对于自己熟悉的环境,家里才最舒适”。房地产广告运用这一俗语,吸引人们购买房产而建立自己的安乐窝。广告可借助情感来达到目标,狄德罗说:没有感情这个品质,任何笔调都不可能打动人心。(陈培爱 2008)[26] 广告语必须富于情感,有感染力,才能打动消费者。感情必须亲切自然,不虚伪造作。这则广告语直达人心、打动消费者,文案简单又真实,极易引起消费者共鸣。

(8) 麻雀虽小,五脏俱全。(微型摄像机广告)

俗语“麻雀虽小,五脏俱全”本“比喻事物的体积或规模虽小,具备的内容却很齐全”,此广告语宣表达了摄像机的体积虽小,但是其功能却很齐全。广告文案形象生动。形象生动是广告语言艺术性的重要标志,干瘪呆板、枯燥无味的广告语言令人生厌,即使是好的商品也会因语言缺乏吸引力而失去竞争力,而生动、形象的语言可以激发消费者的联想,极富鼓动性与感染力。但要注意的是,生动形象要以真实可信、合情合理为基础,仅玩文字游戏,反会弄巧成拙。

从本节的讨论可以看出,在广告语中无论是使用成语、谚语和俗语,或者是创造性地仿用或变用成语、谚语和俗语,都可以起到语言新奇、意义耐人思考的作用,最终可能起到意想不到的宣传效果。由此,利用熟语创作的经典广告语也越来越多。

第三节　运用叠音词或词的重叠形式

叠音词和单音节词的重叠形式,都是音节的重复,虽然我们把两种形式放在一起讨论,但是它们分别属于词汇、语法两个范畴。

曹炜先生(2009)[59] 认为:所谓叠音,是指“将相同的音节(通常为两个)无间隔地重复相叠起来使用的一种语音现象。”

现代汉语普通话中词的重叠形式有:AA 式、AAB 式、ABB 式、AABB 式、ABAB 式等五种形式。从词的词性和音节结构看:AA 式,用于单音节词的重叠形式;AAB 式、ABB 式多用于形容词性的词语;AABB 式多为双音节形容词性词语的重叠形式,ABAB 多为双音节动词性词语的重叠形式。

一、叠音词

广告语中运用叠音词的例子虽然有,但是不如词的重叠形式出现得多。例如:

(1) 清清的,香香的,枣茶情意绵绵!(北京枣茶)

这句广告语中既有叠音词“绵绵”,又有形容词的重叠形式“清清”“香香”;“情意绵绵”义为“情意悠长,连绵不断”;吸引人去品尝“北京枣茶”。

(2) 悠悠舐犊情——宝宝一贴灵!(宝宝一贴灵)

广告中的“悠悠”有“长久”的意思,表达了“宝宝一贴灵对宝宝的不断呵护像父母对宝宝长长久久的舐犊之情”。

(3) 拳拳赤子心,难忘母乳情!(长春东宝制药厂婴得乳)

广告中的“拳拳”形容恳切。

(4) 人人都为礼品愁,我送北极海狗油。(北极海狗油)

例(4)中名词性叠音词“人人”指“所有的人;每人”,每个人都为送什么礼物发愁的时候,选择送北极海狗油是最明智的选择。

(5) 洁净处处,备受注目。(汰渍360度全能洗衣粉)

例(5)中副词性叠音词“处处”指“各个地方;各个方面”,用汰渍360度全能洗衣粉可以使衣服每一个地方都干净。

(6) 声声相关,时时相伴!(音响)

例(6)中副词性叠音词“时时”是“常常”的意思,音响常常伴随着你。

(7) 款款深情,充满爱妻蜜意!(爱妻牌洗衣机)

例(7)中形容词性叠音词“款款”是“诚恳、忠诚”的意思,表达了对妻子“忠诚的深情”。

二、词的重叠形式

(一) 名词的重叠

(1) 但资火食家家旺,便是财源日日兴!(煤炭)

(2) 家中送炭家家暖,锦上添花户户春!(煤炭)

(3) 家家乾隆御井,日日天磁矿泉!(天磁矿泉磁水器)

(4) 事事因你而精彩。(雀巢咖啡)

(5) 天天穿,日日顺!(皮鞋)

(6) 食华丰,路路通!(华丰方便面)

(7) 岁岁平安,三九胃泰的承诺。(三九胃泰)

以上所列的广告语中名词的重叠形式“岁岁”“日日”“天天”“时时”“事事”“户户”“路路”“人人”都为AA式,而且这些广告语中能重叠的名词都为“带有量词性质的名词”。现代汉语普通话名词性词语重叠的语法意义为“逐一”“每一”或“很多”等,以上所举的广告语中的名词重叠除了表达一般名词重叠的语法意义外,还起到了强调作用,使语义更突出。

(二) 动词的重叠

(1) 看看舒服,扇扇快乐。(舒乐牌电风扇)

(2) 想想:实用!品品:实在!算算:实惠!(《现代家庭报》)

(3) 走走,看看,比比,谈谈,IBM个人电脑是最好的!(IBM公司电脑)

(4) 想想还是小的好。(大众甲壳虫汽车)

(5) 蚊子杀杀杀。(雷达牌驱虫剂)

(6) 上上下下的享受。(AABB 三菱电梯)

例(1)到例(4)广告语中的动词重叠形式“看看”“想想”“扇扇”“品品”“算算”“走走”“比比”“谈谈”都为 AA 式,例(5)中的“杀杀杀”为三重重叠 AAA 式,例(6)的重叠形式为 AABB 式。现代汉语普通话动词重叠的语法意义为“表示只是尝试性动作”“表示动作量少”“动作的持续时间短”或有“在语气上表示轻缓、委婉”等作用。例(1)到例(4)广告语中的动词重叠形式都有“表示动作量少”“动作的持续时间短”的作用;例(5)中的三重重叠“杀杀杀”是起强调作用,例(5)和例(6)中的重叠形式“上上下下”都是在加强语气。

(三) 形容词的重叠

形容词表示事物的形状、性质和状态等,即一个事物是什么样的。一般情况下,广告中常见的形容词的重叠形式有 AA、ABB、AAA、AABB 等几种。

1. AA 式

(1) 只需轻轻一按!(全自动洗衣机)

(2) 小别意酸酸,欢聚心甜甜。(某酸汁饮料)

(3) 尝一颗甜甜的余姚杨梅,增一份深深的友谊之情!(浙江余姚杨梅)

(4) 福气多多,满意多多。(福满多方便面)

(5) 清清的,香香的,枣茶情意绵绵!(北京枣茶)

(6) 晶晶亮,透心凉。(雪碧)

2. ABB 式

三全凌汤圆,味美香甜甜。(三全食品)

3. AAA 式

凉凉凉！热热热！一步到位,冷暖空调机！(双菱空调)

4. AABB 式

(1) 每天一杯,白白嫩嫩,天然营养好！(海南椰树椰汁)
(2) 正宗椰树牌椰汁,白白嫩嫩。(椰树牌椰汁)
(3) 碧浪——真真正正,干干净净！(碧浪洗衣服)
(4) 舒舒服服入睡,清清爽爽醒来！(舒乐安定药)
(5) 凉凉爽爽,夏天不可缺少的食品！(凉粉)
(6) 酸酸甜甜就是我。(蒙牛酸酸乳)
(7) 清清爽爽每一天。(娇爽卫生护垫)
(8) 漂漂亮亮做女人,健健康康百消丹！(百消丹)
(9) 高高兴兴上班去,平平安安回家来。(公益广告)

一般认为形容词重叠可以加强语句中所传达的意义,表示程度的加深,起强调作用。以上所举的广告语中使用了形容词的重叠形式,使得广告语句更具意义感和表现能力。

广告语言描写商品、表述观念,选用形容词是关键。细腻逼真、惟妙惟肖的形容词,可获形真、传神之功,使广告不同凡响。雪碧饮料“晶晶亮、透心凉”,韵味十足,朗朗上口,雪碧高级品质、纯净色彩的完美形象跃然眼前。

小提示:理性诉求广告尽量少用形容词

在理性诉求广告文案中应多用数据和事实,用平实的语言凸显产品个性,增加可信度。尽量少用形容词,尤其是最高级形容词。

(四) 副词的重叠

(1) 让您体会到什么是彻彻底底的干净!(ZEST 香皂)

(2) 实实在在的疗效!(鹅掌疯药粉)

上面举的两个例子中分别是“彻底”“实在”两个副词的重叠形式“彻彻底底”“实实在在”,都为“AABB”式。许多研究者认为,副词重叠可以增强句子的语义,从而提高句子的表达能力。我们认为广告语句中的副词重叠后可以表达强调的意义。

(五) 量词的重叠

(1) 涓滴之水成海洋,颗颗爱心变希望。(“希望工程”公益广告)

(2) 刻刻催人资警醒,声声劝尔惜光阴!(钟表商店)

(3) 清雅品味,高贵气质,滴滴清透,丝丝娇柔!(珍珠茶)

(4) 片片醇香可口,时时健康陪伴!(牡蛎片)

(5) 丝丝如意,缕缕称心。(大家乐花生油)

(6) 粒粒精选,滴滴尽精华。(花生油广告)

(7) 留下丝丝甜蜜的回忆!(照相机)

(8) 滴滴香浓,意犹未尽。(麦氏咖啡)

(9) 款款“神州”,万家追求。(神州热水器)

以上所举的例子中的量词重叠都为单音节量词 AA 式重叠。一般认为,量词重叠后可以表示“每一”“逐一”或“数量多”等多种语法意义。以上例子中的量词重叠形式不仅强调“每一”的普遍性或“数量多”,还有一种叠字的语韵美。

(六) 数词的重叠

陶瓷千千万,质量我领先。(某品牌陶瓷)

数词的重叠形式在广告语中也常运用,上例中的"千千万"是"AAB"式重叠,而且起到了强调作用,表示数量极多的意思。

(七) 重叠式拟声词

(1) 小鸭,小鸭,顶呱呱。(小鸭牌洗衣机)

(2) 龙城自动压力锅,饭甜菜香乐呵呵!(龙城牌压力锅)

一般认为,拟声词的重叠形式是为了更好地模仿声音,使声音非常逼真。"顶呱呱"本为形容词,"形容最好";"乐呵呵"是状态词,"形容高兴的样子";但是我们也可以把这两个 ABB 式词看作是拟声词"呱呱""呵呵"的重叠形式,把"呱呱"看成是拟声词的重叠,是模仿鸭子的叫声,这就与这一洗衣机品牌"小鸭"有关系了;把"呵呵"看成拟声词的重叠,是模仿人的笑声,描述了龙城牌压力锅做的饭菜味道好,让使用者高兴的样子。

(八) 多类词重叠形式的结合使用

有时,在同一个广告中,会使用多个词的重叠形式,而这些不同的重叠形式涉及不同词性的词语。

(1) 徐徐微风,带来阵阵凉爽!(空调)

广告中使用了形容词重叠形式"徐徐"和量词重叠形式"阵阵"。

(2) 条条暖人心,人人更称心!(丝巾)

广告中使用了量词重叠形式“条条”和名词重叠形式“人人”。

(3) 平平淡淡生活,丝丝缕缕情怀。(圣罗兰香烟)

广告中使用了形容词重叠形式“平平淡淡”和量词重叠形式“丝丝缕缕”。

(4) 轻轻一撒,美味沙沙。(太太乐鸡精)

广告中使用了形容词的重叠形式“轻轻”和拟声词重叠形式“沙沙”。

(5) 踪迹息风尘满地江湖仆仆
萍逢征会后一肩行李匆匆(某宾馆春节对联)

广告中的“仆仆”是形容词的重叠形式,“匆匆”是动词的重叠形式。前后两句是典型的对句,并且存在着一种承接、递进和因果关系,对句的使用使整个广告优美和谐,增强了语言的感染力。

多种词性词语的重叠形式在广告语中结合使用,使广告语更形象、更富有表现力。

使用叠音词或词的重叠形式的意义,正如曹炜先生(2007)[59—60]所说:“广告语言中恰当地运用叠音,不仅能增强语言的音乐美,而且能增强语言的形象性和表现力。”以上所举的广告语中词的重叠形式的运用,很多是为了起强调作用,加强语义;同时还增强了语言的韵律感、节奏美,使广告语读起来朗朗上口,富有音乐美。

第四节　巧用数字

数字在广告语中常常被使用,使用数字可以使广告语更快或更有效地吸引受众的注意力，更准确地说明问题，让受众信服并更容易接受广告宣传的信息，比用平铺直叙的语言更能达到理想的宣传效果。

在广告语中被使用的数字形式有：整数、分数、百分数，其中有的纯表示数字，有的表示数量等；另外还有序数词及表示年份、时间等的词语。

一、整数

（一）纯数字

某些广告语中的纯数字，可能只是表示商品品牌名、型号、电话号码、年份、月份等。如：

（1）拨通95588，工行服务到您家。（工商银行）

（2）2008，让世界分享中国的精彩！（中国通信）

（3）有了太空棉，没有三九寒！（太空棉衬衣）

（4）要想头发好，去找章光101！（章光毛发再生精）

（5）省时，省力，超浓缩——活力28！（高浓缩洗衣粉）

（6）晴天雨天，入水上天，西铁城防水100型！（西铁城手表）

最经典的，使用数字（年份）技巧的广告非派克钢笔莫属。

19世纪末，柯南道尔爵士以他心爱的派克笔塑造了闻名世界的神探福尔摩斯，编写出不少引人入胜的侦探小说。

1945年，盟军总司令艾森豪威尔将军在法国以派克笔签署条约，结束在欧洲的第二次出界大战。

1954年,富豪亨利嘉以派克笔签约,买下当时世界最高的帝国大厦。

1972年,美国总统尼克松历史性访华,将两支加入月球尘土制成的派克75型墨水笔馈赠当时的中国领导人。

1984年,美国太空穿梭机"发现号"特别把雕刻过的派克古典笔送上太空以做测试。

1992年6月,美国总统布什和俄罗斯总统叶利钦签署多项限武及合作协议,同样选用派克"世纪"笔。

1993年11月,曼德拉亦以派克"卓尔"笔签署南非和平宪章。

1994年,美国世界杯赛事指定用派克笔。

在风云变幻的世界现代史上,派克笔总与重大事件、重要人物紧密相关。一个个重要历史结点的年份的展示,深深地震撼了消费者。想一想,世界上还有哪一支笔能如派克笔这样声名显赫呢?这也是最让其他商家又嫉妒又羡慕的地方。在社会普遍关注的历史事件中,我们总能看到派克笔的身影。派克笔利用社会关注焦点和政治名人做广告的技巧由来已久:他们曾经用罗斯福总统在文件上签字的照片做广告,广告词是"总统用的是派克"。

一句"总统用的是派克"当然给"派克"钢笔增添了名贵高雅的风采,成功的广告也使得"派克"在世界上几乎无人不知、无人不晓。现在,谁不以送人一支"派克"而感到自豪,收人一支"派克"而觉骄傲呢?

(二)表示数量

数字在广告语中可以只表示数量,也可以隐含表示数量的多

或少的意思,这样的例子很多。如:

1. 单纯表示数量

(1) 一日三杯竹叶青,越活越年轻!(竹叶青酒)

(2) 一年365天,天天做饭无油烟!(老板牌抽油烟机)

(3) 56个民族56朵花,56种语言汇成一句话:请说普通话。(推广普通话宣传广告)

2. 表示数量多

(1) 奇瑞三月销量44 568,销量首次夺魁。(奇瑞汽车)

(2) 紫光网络——1000M高换机。(清华紫光网络)

(3) 让一亿人先聪明起来。(巨人脑黄金)

(4) 一亿五千人爱上的eBay。(eBay网)

(5) 一百万家庭主妇的明智选择!(摩尔电器公司微波炉)

(6) 抗衰老佳品!50亿人的健康卫士!(505神功元气袋)

(7) 连获七次世界金奖!(101毛发再生精)

(8) 一万次撞击,精工表依然精确无比!(日本精工石英表)

(9) 27层净化。(乐百氏纯净水)

(10) 质量追求100分。(圣罗兰瓷砖)

(11) 30米!海霸超级防水型东方表!(海霸手表)

(12) 每星期七班,快捷舒适抵清莱!(泰国航空公司)

(13) 您希望在50岁时还年轻吗?(少女化妆品)

(14) 万水千山,近在咫尺,网络天空,任你翱翔,轻松面对,应付自如。(中国电信)

(15) 隔壁千家醉,开坛十里香。(某白酒广告)

(16) 骑车九十九,还是骑永久。(永久自行车)

(17) 银河倒挂三千尺,安酒开坛十里香。(安酒)

(18) 步步高无绳电话,方便千万家。(步步高无绳电话)

(19) 美丽不打折,漂亮一百分。(某化妆品)

(20) 2 000 万柔光双摄,照亮你的美。(VIVO 手机)

(21) 三亿人都在拼的购物。(拼多多)

(22) 千万妈妈信赖之选。(贝贝网)

(23) 40 000,中国人坐中国车,4 万万同胞请打 4 万号电话!(旧时周祥生独资汽车公司)

(24) 46 道工序,道道都是爱。(中之杰香粽)

(25) 30 米!海霸超级防水型东方表!(海霸手表)

(26) 东方新世界——4 个阳台的 4 种幸福时光。(房地产广告)

(27) 做足一百!(益佰药业)

(28) 杯装奶茶开创者,连续八年销量领先。一年卖出十亿多杯,杯子连起来可绕地球三圈。(香飘飘奶茶)

(29) 58 013 261 名美国司机中,有 14 654 231 人驾驶的是进口车。平均 4 名美国司机中,就有 1 人驾驶进口车。(美国进口车广告)

广告中需要灵活地使用数字。如果想突出自己的产品销量好,就可以表示"一年销售额多少多少",从宏观上给予一个惊人的数据。这样会让消费者产生非常深刻的印象。如例(1)用数字说明奇瑞汽车三个月的销量,显示其受欢迎的程度,引导用户加入奇瑞汽车消费者的队伍。例(2)通过数字表明清华紫光网络的品质高。例(3)至例(6)通过人数表明产品质量高、受消费者欢迎,使用人数多。例(7)和(8)通过次数,表明产品质量高,经得住考验。例(9)强调经过 27 层净化的乐百氏纯净水的品质定能令消费者放心,但其实每一种合格的纯净水出厂前都要经过复杂的消毒和过滤,只是消费者对这个过程并不了解,其他生产商也没有想到要把一个司空见惯的工序拿到广告里来大加宣传。乐百氏则抓住了这个数字大做文章,很快得到了消费者的认可。当然,如果乐百氏水不用27这个数字,只是喊口号"乐百氏,就是纯净的水",也能起到一定的作用,但不会在消费者心中留下如此深刻的印象。例(10)表明"圣罗兰瓷砖"追求质量完美,广告用"100分"表明"圣罗兰瓷砖"追求质量完美,但这种广告并不一定能赢得消费者的认可。文学家威廉·斯特伦克和埃尔文·布鲁克斯·怀特说过,抓住读者注意力最可靠的方法就是使用详细、明确而具体的语言。(涂画 2022)[16] 比起感性诉求手法,瓷砖广告更适合用理性诉求的手法感染消费者。而在理性诉求广告文案中应尽量少用形容词,尤其是最高级形容词,避免使用一般化字眼和陈词滥调,多用数据和事实,用平实的语言凸显产品个性,增加可信度。例(11)表明"海霸手表"的防水性非常好,深入水下30米都能确保不渗水。在广告中用数字直接指出能够给消费者带来的利益,是打动消费者的有效策略之一。但要注意的是必须保证这些数据的真实性和准确性,千万不要胡编乱造,否则就失去了使用数据的意义,甚至会让人产生被欺骗和愚弄的感觉。例(12)实际上是说明泰国航空公司飞抵清莱的航班很多,每天一班,令旅客出行方便。例(13)这里提出的数字"50"是指年龄,是想表明此款化妆品能令中老年消费者50岁时仍拥有年轻的容颜,以表现其产品的优秀。这是一则典型的广告标题,在标题中指出目标消费群体,引起有关受众的注意。例(14)中的"千""万"是表述相隔很远。例(15)中"千"和"十"都是表述数量多。例(16)中的九十九,表达了骑过很多品牌的自行车。例(17)中"三千"和"十"都是表述数量多。例(18)中的“千万”表示数量多。上述几则广告中的数字“千”“万”和“十”“九十九”“三千”“一百”并不指具体的数量,而是一种虚指,形容数量多。例(19)中的“一百分”表明了此品牌化妆品的美容效果是无懈可击的。例(20)中的“2 000 万”表明了 VIVO 手机的像素有多高,由此可见拍出来的照片会有多么清晰,吸引喜欢拍照的人士去购买。例(21)中的“三亿人”表明了拼多多的客户数量较多及受欢迎程度,吸引更多的人加入拼多多客户。例(22)中的“千万”表明了贝贝网是如何受到妈妈们欢迎的。例(23)连续用 40 000 和 4 万及 4 万万,表明汽车公司的汽车销售量大,受国民欢迎。例(24)用数字 46,表明中之杰香粽的生产工序多,产品品质好。例(25)用“30 米”表明“海霸手表”在如此深的水下还能保持防水功能,可见此款手表的性能优越。例(26)用“4 个阳台的 4 种幸福时光”表明了“东方新世界”房地产项目与众不同之处——4 个阳台能让采光更好、与外部空间的接触更方便。例(27)中的“一百”是满分的意思,而且“一百”与“益佰(药业)”同音,表明了益佰药业想要努力做到最好的决心。例(28)用惊人的数字“一年的销量十亿多杯”和“杯子连起来可绕地球三圈”来表明香飘飘奶茶的惊人销量,这则广告产生了不俗的广告效果。例(29)这则广告中的数字都是表达使用人数多,先公布两个很大的数字以显示数量多,最后使用“4 和 1”两个简单的数字进一步说明问题。但有时候过大的数字看起来很抽象,会让消费者发懵,一时反应不过来,造成适得其反的效果。所以这种类型的广告可以换一种表达,即“用小数字说大话”。

小提示:巧用小数字

广告中的数字越小,越容易被记住。比如连获七次世界金奖！（101毛发再生精）要比说"销量高达×××"更容易让人记住。

3. 表示数量少

如果说上面的27例广告语例句中的数量实际上是暗含"多"这一寓意，那下面的例子则是通过数字暗中表明"少"这一含义。

（1）你的家庭医药专家，年薪48元。（《家庭医药》）

（2）去除皱纹，60天见效！（碧丽去皱美容霜）

（3）只需服用一包，30分钟停泻！（小儿泻速停）

（4）只要一贴，一贴就灵！（一贴灵）

（5）不用不知道，五次就见效！（保妇康栓）

（6）两片！（史可"肠虫清"）

（7）安乐士驱虫，一片见效！（安乐士驱虫药）

（8）一年一次好机会，不难下此小决心！（《现代家庭报》征订）

（9）非洲到南极，一步之遥。（格力空调）

（10）我与梦想只有一杯之遥。（伊利乳业）

（11）零墨水，零碳粉。（手机打印用汉印）

（12）一晚低至1度电。（美的空调）

例（1）用一个价格，表明《家庭医药》这一杂志的实用、实惠；例（2）用一个准确的天数表明"碧丽去皱美容霜"见效快；例（3）至例（7）都是医药广告，用数字表示时间短或用量少，但却见效快；例（8）通过数字表明"机会难得，机不可失，失不再来"；例（9）"一步"表示距离近；例（10）"一杯"表示数量少，也可以表示距离梦想很近；例（11）用两个"零"表明了手机打印用汉印环保、卫生的特点；例（12）用"1"表明了美的空调省电、环保的特性，吸引消费者购买。

二、分数

尽管例子不多,但是使用分数说明问题的广告语例子还是有的,如:

七分之一的人类必须每天刮胡子!(美国吉列刀片)

看似分母只是“七”,但是全世界人口的七分之一那就是十亿左右人,说明有如此多的人必须每天刮胡子,美国吉列刀片可以为如此多的人服务,运用从众心理,刺激消费者加入消费大军。

三、百分数

广告语中的百分数多为100%,以表达完美、完满、无可挑剔;但是也有精确的数字,表明纯度、质量、成分含量等。如:

(1) 快速服务100%。(杰克控股集团有限公司)

(2) 百分之一百的纯洁!(象牙肥皂)

(3) 纯度百分之九十九点四四!(宝碱象牙香皂)

(4) 麦氏为您带来百分之一百纯天然的满足,绝妙的感受!(麦氏咖啡)

(5) 维佳——100%的新感受!(维佳饮料)

(6) 五分钟杀灭乙型肝炎病毒100%。(清洗消毒剂84消毒液)

(7) 你的胸部发育是50%,还是100%? 告别平胸,找到真正属于自己的曲线美。(三源美乳霜)

(8) 百分之一百的纯洁!(象牙牌香皂)

(9) 从某年某月起,大西洋将缩短百分之二十。(荷兰航空公司)

(10) 加量30%,加量不加价。(某品牌洗衣粉)

(11) 人体的70%是水,你污染的水早晚也会污染你,把纯净的水留给下一代吧!(“节约用水、保护水资源”公益广告)

(12) 祛斑美白百分百,皇家秘方安格娜。

例(1)到例(6)中都有100%,这个数字是完美、完满的标志。例(1)表明了服务的快速;例(2)和例(3)都是表明产品的纯度,“百分之九十九点四四”虽不及100%,但如此精确的数字显示了厂家的诚实和追求完美,赢得了消费者的信任及赞誉;例(4)和例(5)通过数字来说明产品给消费者的绝妙感受,侧面表现的是质量、品质的完美;例(6)用两个数字“五分钟”和“100%”,表明了84消毒液见效快、功效值得信赖;例(7)列出了两个百分数,让消费者思考自身的情况,传达了广告语所要表达的“无论是哪种情况”“三源美乳霜”都会助你“找到真正属于自己的曲线美”的理念;例(8)用“百分之一百”,表明了象牙牌香皂的用料纯、品质高、几乎完美;例(9)用“百分之二十”表示缩短的距离比例(实际上是飞机提速而造成了飞行时间的缩短);例(10)用“加量30%”表明此品牌洗衣服的实惠;例(11)表明水在人体中所占的比例,以此证明了水的重要性,让读者有保护水源、节约用水的紧迫感和主动性。例(12)用“百分百”来证明安格娜祛斑的有效性。

提醒一下:100%用多了,消费者就不会对产品或品牌产生好感和信任,反而会产生一种虚伪感。这就违背了我们做广告的初衷。所以,比起虚伪的“质量100%”,不如用具有价值可视化的数据。

在广告中经常被提及的是消费者人数或者是满意的消费者比例，比如“10 个消费者中有 9 个都会向您推荐七喜”，“90%的加拿大人都选择了阿司匹林止痛药”，“十个明星九个使用力士香皂！”，“十个妈妈八个爱——孩儿面大王！”(孩儿面化妆品)，这是数字在广告中的常用手法。而且这种类型的广告总能被消费者接受，屡试不爽。这种做法实际上都传达出了一个信息：我的产品深受大众的喜爱。如果做到了这一点，那么广告一定会大受欢迎。洛德托马斯广告公司的克劳德·霍普金斯曾写道：“人有时就像绵羊，他们无法正确判断价值的大小，包括你和我。大部分情况下我们会受别人的影响，会跟着大潮流走。所以我发现做广告最有效的手段就是利用流行趋势，人们会受流行风格和大众偏好的影响，这一点是不容忽视的。大多数情况下我们很难靠自己做出正确的决定，因为我们无法同时掌握所有的信息。因此当我们看到人潮在向某个方向移动时，我们通常都会紧随其后。”(涂画 2022)[37]

四、序数词

(1) 开始了第二个世纪的统领！(雀巢咖啡)

(2) 犹如第二层皮肤！(牛仔裤)

(3) 全网销量第一的精油品牌。(阿芙精油)

(4) 中德合作，健龙电动车——华尔兹第三代！(江苏健龙电动车)

(5) 法国第一夫人——雪铁龙轿车与您同行！(雪铁龙轿车)

用序数词的广告语例子不多，例(1)表明了“雀巢咖啡”存在的时间长，一直受消费者欢迎；例(2)表明了此款牛仔裤穿着犹如人体的一部分般舒服；例(3)用“第一”表明阿芙精油的销量力压同类产品，受消费者欢迎，而吸引消费者消费；例(4)用“第三”表明“健龙电动车”更新了，吸引对健龙电动车感兴趣的消费者去购买；例(5)以“第一”幽默诙谐地说明“雪铁龙轿车”在法国高贵的地位。

五、表示时间的词

其实上面的一些运用数字的广告语中也有表明时间的例子，下面的一些广告语更是直接用数字表明时间的长久或短暂。

(一) 表示时间长久

(1) 你不妨尝一口十二岁的苏格兰威士忌！(格兰维特牌苏格兰威士忌)

(2) 千年景阳冈，今日酒更香！(景阳冈酒)

(3) 600岁五粮液，万古流芳！(四川宜宾五粮液酒厂)

(4) 三百二十年盛誉不衰！(海格牌苏格兰威士忌)

(5) 传奇品质，百年张裕。(张裕葡萄酒)

(6) 在两个世纪中颇得人们的厚爱！(雀巢咖啡)

(7) 被一个世纪的新娘所戴！(戒指)

(8) 一百年润发——奥妮洗发香波！(奥妮洗发香波)

(9) 80年来美国家庭的守护神！(美国守护神家庭财产保险公司)

(10) 七十五年来，东西方交流的热线！(美国总统航运

公司)

(11) 风雨七十载,不变齐鲁情!(太平人寿)

(12) 四十年真诚岁月,中华在我心中——中华牙膏。(双关)

(13) 三十年好风味,大白兔与您共成长!(上海大白兔奶糖)

(14) 有百万台冰箱已经工作十年了!(通用电器冰箱公司)

(15) LG鲜鲜冰箱为您营造8年绿色长城!(天津LG冰箱)

(16) 一滴沾唇,三月犹香!(河北衡水老白干)

(17) 一分代价,七天留香!(法国毒药香水)

(18) 停电24小时,依旧冷若冰霜。(上海航天电冰箱广告)

(19) 自从1820年以来,从未有过丝毫变化!(格兰维特牌苏格兰威士忌)

(20) 1856年以来,她就是美国领袖们的象征!(美国全国手表公司)

(21) 自1860年以来,它一直是美国上层餐桌上的佳酿!(四玫瑰牌威士忌)

(22) 常饮银杏酒,活到九十九。(银杏酒)

(23) 人生百年,难忘湘泉。(湘泉酒)

(24) 你能听到的历史136年,你能看到的历史174年,你能品味的历史440年。(国窖1573)

(25) 创于清朝道光年间,已逾百年历史。(凉茶品牌王老吉)

(26) 旭景家园——70年代家园。(旭景家园宣传广告)

(27) 五粮春:名门之秀五粮春,香醉人间三千年。(五粮春广告)

(28) 草本百雀八十年,华夏女子展笑颜。(百雀羚化妆品)

(29) 中国隐形眼镜发源地,30 年佩戴无一差错!(大光明眼镜)

例(1)表明“格兰维特牌苏格兰威士忌”的年份久远,符合中国人都知道的“酒越陈越香”的认识。例(2)至例(5)都是酒类广告,加上例(6)到例(13)通过不同的数字分别表明产品、品牌历经数百或数十年,仍然屹立不倒的原因是其品质经得住时间考验。例(14)和例(15)分别用数字表明这两种冰箱的质量过硬,经历数年仍能正常工作,销量不衰。例(16)、例(17)表明香味保留时间久。例(18)表明停电哪怕一整天,“上海航天电冰箱”的制冷效果仍不失效,这也从一个侧面说明这一品牌的冰箱的质量好。例(19)、例(20)、例(21)没有具体的数字但是用“‘××××’(年份)以来”,仔细算下来也可以知道产品的存在时间很长,产品质量及受消费者信任的程度可见一斑。例(22)“九十九”表示长寿。例(23)“百年”表示时间长。例(24)通过不同的数字,表明了国窖1573 的历史是多么悠久。例(25)用逾“百年”历史,表明凉茶品牌王老吉的历史悠久,经受了时间的考验,仍受消费者欢迎。例(26)以“70 年”表明旭景家园产权时间长。例(27)以“三千年”表明五粮春酒历史悠久,愈久醇香。例(28)以“八十年”表明百雀羚化妆品经历漫长的时间保存至今,仍是国货精品,受到消费者喜爱。例(29)以“30 年佩戴无一差错”,表明大光明眼镜经历时间的考验,仍然质量绝佳。

(二) 表示时间短

(1) 驶上 30 分钟肯定能赢得你的心!(埃塞克斯轿车)

(2) “8分钟,8分钟”省时省力又轻松!(八分钟洗衣粉)

(3) 五分钟杀灭乙型肝炎病毒100%。(清洗消毒剂84消毒液)

(4) 三分钟就可以烧好吃的蔬菜!(罐装蔬菜)

(5) 牙痛灵,一分钟止痛!(牙痛灵)

(6) 六十秒举手之劳,永葆青春美发!(美国克列莱护发膏)

(7) 一分钟买到所需,一小时看到世界。(北京赛特购物中心)

(8) 脚癣一次净,30分钟治愈脚癣,无效退款。(贵州神奇制药厂)

(9) 去除皱纹,六十天见效!(碧丽去皱美容霜)

上述的九则广告,都是用数字表明时间短,以此传达了“省时”或“见效快”的信息。

六、数字对比

(1) 十大功能集于一身!(文字处理机)

(2) 一分心意,十分真情!(“山叶”推拿按摩器)

(3) 一分投入,十分安全!(防盗门)

(4) 一张光盘在手,千册图书拥有!(光盘)

(5) 一窍通,百窍通!(医药)

(6) 经穿,耐洗,易藏,一件顶三!(牛仔服)

(7) 新型电饭煲,一煲——三用!(电饭煲)

(8) 一个顶三个!(万宝自动热水开水瓶)

(9) 十个明星九个使用力士香皂!(力士香皂)

(10) 十个妈妈八个爱——孩儿面大王!(孩儿面化妆品)

(11) 一个月的误差不超过一秒!(汉密尔顿手表)

(12) 喝上一口你就准会买上一箱!(太平洋啤酒)

(13) 六点下班回家,六点半享受热气腾腾的晚餐!(微波炉)

(14) 一二元吃饱,一二十元吃好!(餐馆)

(15) 以前每片刮十人,后来可刮十三人,如今可刮二百人!(美国丽明顿刀片)

(16) 积千家之毫厘,消一家之灾难!(某保险公司)

(17) 今年二十,明年十八。(白丽美容香皂)

(18) 3 500 元,2 天 3 夜畅游海南!(海南旅游广告)

(19) 充电 5 分钟,通话 2 小时。(OPPO 手机)

(20) 平时买一件的钱,现在能买两件。(某品牌服饰)

(21) 买××手机可以多喝两杯星巴克,和朋友边刷抖音边喝咖啡。(某品牌手机)

(22) 连续五年销量翻番。(三棵树漆)

(23) 40 多岁的女人看似有 30 多岁的肌肤,逆转时光,年轻就是有可能。从细胞逆转多年老化,减退皱纹,紧致肌肤,深层滋润。效果媲美千元面霜。(某面霜广告)

例(1)至例(3)用数字“一”与“十”对比,表示功能多(“文字处理机”)或品质好等意思。例(4)用数字“一”与“千”对比,表明光盘容量大、使用方便。例(5)用数字“一”与“百”对比,表明这种药可以使“一窍通”而达到“百窍通”的效果。例(6)至例(8)用“一”与“三”对比,表明产品功能多、质量好。例(9)用数字“十”与“九”对比、例(10)用数字“十”与“八”对比,表明产品好,受很多人喜爱、欢迎。例(11)用“一个月”与“一秒”相对比,让消费者能明白地理解“汉密尔顿手表质量好、误差小、计时准确”。例(12)以“一口”与“一箱”对比,表明“太平洋啤酒口味好,受消费者欢迎”。例(13)用“六点”与“六点半”对比,短短半个小时的时间差,表明用此品牌的微波炉烹饪“省时,方便”。例(14)用“一二元”与“一二十元”相对比,展示了此餐馆的价格等级情况,消费者从中可以看出“实惠”是此餐馆的特点。例(15)从“十人”到“十三人”再到“二百人”,通过三个数字的对比,说明“美国丽明顿刀片的质量越变越好,越来越结实耐用”。例(16)用“千”与“一”对比,表明保险公司集合社会散户力量集中帮助受灾家庭的事实。例(17)中用“二十”与“十八”相对比,表明了白丽美容香皂奇妙的美容效果。例(18)中有表示价格的“3 500 元”和表示时间的“2 天 3 夜”,不仅实际上把海南游的时间和报价展示了出来,而且让人感觉到价格的实惠。例(19)通过“5 分钟”与“2 小时”表明了 OPPO 手机的超省电、待机时间长。例(20)通过“一件”与“两件”表明了此品牌服饰价格的实惠。例(21)通过“多喝两杯星巴克”表明了此品牌手机价格的实惠,省下来的钱可以和朋友们喝咖啡。例(22)通过“五年”与“翻番”表明了三棵树漆的销量好,受消费者欢迎。例(23)“40 多岁”与“30 多岁”对比,表明此面霜有逆龄、抗衰的神奇效果,刺激爱美女士去购买。

例(1)、例(16)、例(17)这三则广告的数字对比,将较大的数字放在前面,起到吸引受众注意的作用;较小的数字放在后面,点明广告主旨;通过数字大小的强烈反差加深受众对广告的认知。在广告中,数字越小越容易被记住(这里说的是整数)。

例(2)至例(8)、例(14)至例(15)这几则广告也运用了数字对比,但是小数字在前,大数字在后。这种表达方式如果出现在广告标题或广告口号中,往往是表达产品能够带给消费者的利益。在广告标题和广告口号中要承诺给潜在消费者带来什么利益,或给他们提供最新的信息,尽量不要用空泛的、大家都见过很多遍的陈词滥调。要用具体的、可以量化的数字,将抽象的利益形象化,变成能够被消费者感知的利益。一个包含对比、反差等因素的文案标题能够让其更具刺激感,使文案的效果被放大。比如:“让你的职业生涯更进一步”不如“从月入 3 000 到年薪百万”。

七、表示其他意义

有时广告语中会同时使用多个数字,表示特别的意义。

(1) 三个太太三个喜!三个太太二个黄!三个太太一个虚!(太太口服液)

广告用“一、二、三”三个简单的数字表明了一个信息“很多太太们都体虚、面黄,而太太口服液能让所有的太太摆脱这些烦恼而令太太们喜欢”。

(2) 无论是一步还是两步,总是带动健康的脚步!(驰誉鞋)

通过“一”“两”两个数字,表达了“穿驰誉鞋,每一步都带动健康的脚步”。

(3) 一饮心舒畅,二饮心窍灵,三饮步履健,四饮寿年增,五饮多朋友!(五粮液烤酒)

这则广告通过数字“一、二、三、四、五”,传达了饮五粮液烤酒的诸多好处。广告形式很特别,类似于曲艺表演形式。“曲艺法”也是广告文案创作的一种常用手法,借助相声、快板、评书、顺口溜等形式通过说话、唱词或说唱结合阐述产品的相关内容。

(4) 一闻,二尝,三糖,四牛奶——品尝咖啡的一贯作风!(麦氏咖啡)

广告通过“一、二、三、四”四个数字,展示了品尝“麦氏咖啡”的绝妙香醇滋味的四个步骤。

(5) 费劳里克香水:一滴是为了美,两滴是为了情人,三滴可以招致一次风流之事!(费劳里克香水)

广告用“一、二、三”三个简单的数字递进,就表达了费劳里克香水独特品质,并为费劳里克香水营造了一种充满浪漫风情、能引发风流遐想的奇妙功效。广告内容简单却意蕴丰富,引人遐想。这种手法在广告创意中也叫作留白法。留白是中国艺术作品创作中常用的一种手法,指书画艺术创作中为使整个作品画面、章法更为协调精美而有意留下相应的空白,留有想象的空间。后来经过发展,留白在很多领域都有运用。在文学和哲学领域。“留白”被用来形容一种简洁、含蓄的表达方式,如“此时无声胜有声”。

(6) 七公里龙泉洞藏,天地滋养,三千日朱陶封坛,岁月生香,温润如玉,泸州老窖,年份特曲。(泸州老窖)

广告用“七公里”“三千日”两个数量词组,表明了泸州老窖严格的酿造环境和酿造工序,从而印证了泸州老窖的高品质。

(7) 一次不买你的错,二次不买我的错。(水果摊)

水果摊主用“一次”“二次”表明自己的水果新鲜、物美,消费者终究会购买此水果摊上的水果。

(8) 一个人,分享寂寞的味道;两个人,分享爱情的味道;三个人,分享友谊的味道;金帝巧克力,分享真心的味道。(金帝巧克力)

金帝巧克力的这则广受到了消费者的一致好评,品牌想传达的核心理念是“分享真心的味道”。广告中“一人”“二人”“三人”的数字运用也很巧妙,将人生哲理蕴含其中。广告浩如烟海,平庸落俗的广告很难打动受众,要讲究创意和表现。广告以新为贵、以奇制胜,要打破常规。这则广告运用意象激发受众的感觉经验,巧克力象征“友谊”“真心”“分享”,调动消费者的想象,传达产品的精神意义,最终让消费者实现购买行动。

(9) 曾经山鹰都飞不过的山峰,现在十分钟就能翻越。

这是纪录片《辉煌中国》中对川藏公路北线的描述,同样是使用对比法,用过去的不方便突出了现在的方便快捷。

(10) 如果每月吸烟花费 5 元,30 年将有 1 800 元化为烟雾。如果每月把 5 元参加零存整取储蓄,每年到期转为定期,30 年后得到本息 4 900 多元。劝君戒烟,机不可失。

这则中国人民银行上海市分行储蓄业务的推广广告,也运用了数字对比,将 5 元的作用阐述得清晰明了。每月 5 元用于抽烟,会产生恶劣的环境污染问题;每月 5 元用于储蓄,30 年后能得到近 5 000 元的利益。聪明的消费者一定会做出聪明的选择的。

一般来说,当广告中出现带可量化的名词,如月薪、点击量、方法等元素时,我们可以选择为之添加上数据,利用对比的方法使效果最大化。试看下面几组对比:

案例 1:(1) 8 000 月薪到手,一名文案新手的成长过程。

(2) 半年时间内月薪连翻3倍,一名文案新手的成长过程。

月薪8 000本质上是一个结果,会受到多方面的影响,在缺乏对比的情况下,读者不能对这种薪资产生具体的概念。如果加入对比,就能够让数据的分量变得可观,给读者惊讶或疑惑的感觉,进而产生阅读欲望。

案例2:(1) 7步教你打造吸引百万点击的剪辑视频

从剪辑新手到行业大牛:7步教你制作吸引百万点击的剪辑视频

(2) 新手运营必备的9种高效方法

从零走向专业:新手运营必备的9种高效方法

"从小白到大牛""从零走向专业"的两级反转式的改变会引起读者的好奇,想一探究竟。

但要注意的是,广告中的数字必须是真实、准确,而且要保证数字和文案的观点或者说卖点,有直接的关联性。与文案卖点无关的数据,顶多叫数字,没有任何意义。它不但不能产生任何促进作用,反而会干扰读者的视线,混淆重点。

使用多个数字的广告语很多。如鲁花花生油的广告也通过数字对比表达了产品的品质:

(1) 一颗,两颗,三四颗,五颗花生米呀。

(2) 由五颗花生米才能提炼出一滴鲁花花生油。

近几年,植物油进入了工业化生产阶段,并形成多个品牌竞争市场份额的局面。如何使自己的品牌脱颖而出,是所有厂家都必须面对的问题。仅仅强调炒菜好吃已经不能在广告大战中吸引消费者的眼光,因为大家都在这样说。鲁花花生油从数字入手,强调

5∶1 的关系,具体生动地说明了花生油的品质。

数字对比比较典型的例子应该是 OPPO 的广告:

充电五分钟,通话两小时。

OPPO 手机洞察到年轻人既希望手机轻薄好看,又不希望电池续航能力差。但手机轻薄就意味着电池板不能加厚,OPPO“充电五分钟,通话两小时”解决了轻薄美观的手机续航能力差的窘境,让人瞬间体会到这个手机充电快,用起来很方便,直接戳中现代人对电量恐惧的痛点。仅说明手机充电快,读者无法有直观的感受,所以效果不大;数据对比产生的冲击性,使读者自发地进行脑补,进而产生强烈的阅读欲望。

下面给大家介绍一个数字对比的经典案例,它是一则葡萄酒的长文案:

三毫米的旅程,一颗好葡萄要走十年

三毫米,
瓶壁外面到里面的距离,
一颗葡萄到一瓶好酒之间的距离。
不是每颗葡萄,
都有资格踏上这三毫米的旅程。
它必是葡园中的贵族,
占据区区几平方公里的沙砾土地。
坡地的方位像为它精心计量过,
刚好能迎上远道而来的季风。
它小时候,没遇到一场霜冻和冷雨,
旺盛的青春期,碰上了十几年最好的太阳。
临近成熟,没有雨水冲淡它酝酿已久的糖分,甚至山雀也从未打它的主意。
摘了三十五年葡萄的老工人,
耐心地等到糖分和酸度完全平衡的一刻才把它摘下。
酒庄里最德高望重的酿酒师,
每个环节都要亲手控制,小心翼翼。
而现在,一切光环都被隔绝在外。
黑暗、潮湿的地窖里,
葡萄要完成最后三毫米的推进。
天堂并非遥不可及,
再走十年而已。

这一段广告里用了多个表示数字或数量的词语,如:三毫米、一颗(葡萄)、一瓶(好酒)、几平方公里、一场(霜冻和冷雨)、十几年(最好的太阳)、三十五年、十年。“三毫米”是葡萄酒瓶的厚度,“一颗葡萄到一瓶好酒”代表了葡萄酒酿造的整个过程,“几平方公里”表明优质葡萄的出产地面积不大,从“没遇到一场霜冻和冷雨”到“碰上了十几年最好的太阳”表明了酿酒用葡萄对生长环境、生长过程中气候等条件的严格要求,由“摘了三十五年葡萄的老工人”的熟练工人摘下葡萄,再由最德高望重的酿酒师亲手酿造,这些都是葡萄酒品质上乘的保证,酿好的葡萄酒被灌入“三毫米”厚的葡萄酒瓶中,要等到最终成熟还要“再走十年”。从这么多数字、数量的罗列,我们看到这款葡萄酒的酿造过程的复杂和漫长,更容易体会到这款葡萄酒的品质是何等优秀。

八、数字的特殊表现意义

广告中经常使用数量词。“口红”广告“集中一点,博取永久的印象”，集中诉求“一点”，制造出“万绿丛中一点红”的意境。20世纪30年代上海一汽车出租公司为其电话号码30189加注“三拳一杯酒”，很快妇孺皆知。下面这两则广告，读者会觉得哪个更好呢？

(1) 三人成群，两人成伴。(澳大利亚某航空公司)

(2) 不会让您一路拥挤到美国。(西北航空公司)

澳大利亚某航空公司机座由三人座改为两人座，其广告语突出座位宽敞的主题，广告文案富有魅力，耐人寻味。与之相比，西北航空公司的广告词就稍显逊色。

各种表示数字、数量等的词语在广告语中的使用，使得广告语信息传达更准确而具有权威性或说服力，信息表达更直观，表现力更强。

小提示1：帮助人们解决问题的广告更吸睛

创作一篇文案的第一步就是明确目的，也就是帮助人们解决什么样的问题。只有完成这一步，才能找到产品特点、用户诉求点，进而吸引用户的眼球，唤醒人们的情绪。精准地找到用户迫切需要解决的问题，并提出切实可行的解决方法。

基本上，用户不会将太多时间浪费在广告上，所以一份优秀得体的文案必须去其糟粕，取其精华，将最好的解决方法献给用户。从产品上满足他们的实际功能需求，或者从精神上满足他们的心理需求。人们能够轻松获得自己想要的信息，并且这些信息切实解决了自己的问题，才会对产品更加青睐。

小提示2：广告中运用数字的技巧

对于文案而言，对数据的运用最好要记住四条原则：

(1) 以精准传达信息为重心；

(2) 数字使用优先选择阿拉伯数字；

(3) 避免使用模糊、抽象的数字；

(4) 犹豫不决时，以第一条为准。

第五节　外语词、字母词或数学符号的运用

有些广告语中会出现外语词、字母词或数学符号等，这些形式不同于汉字记录的词汇的符号形式有其特殊的意义和特别的表现力。

一、符号

(1) 牛奶+鸡蛋+麦片(三元牛奶)

(2) 博士伦+太阳镜——舒适的夏季(大光明眼镜)

(3) 钻石+爱心=永恒！(钻饰)

(4) 煤中掺水=火上浇油！(正阳牌JPSY型煤炭助燃剂)

(5) 1+1=2，一棵树+一棵树=一片树林(植树公益广告)

(6) 在它的价值上还得再加上一个“+”！(通用化学品公司)

(7) 金龙鱼1∶1∶1，比出新天地。(金龙鱼调和油)

从上面的六个广告语例子可以看出，广告语用常用的符号是数学运算符，如"+""=""："等。"+"常用来表达"增加""融合""结合"等意义；"="表示"等于""是""成为"等意义；金龙鱼调和油创造性地用"："来说明这种调和油的各成分的比例；使用这些运算符号，比用语言的词语来表达更显直接、简洁而含蓄。

二、字母词或外文词

外文词即外语中的单词，因为英语的普及性，所以广告语中的外文词多为英语单词。字母词即"由字母构成或其中包含字母的词语的通称"(《现代汉语词典》第7版)，广告语中也会有字母词的运用。如：

(1) SONY 这是你第一次见到的名字吗？(SONY 相机)

(2) 生活要有 ideal。(爱迪尔汽车)

(3) 打字太累，长途太贵，SKYPE 最实惠。(TOM SKYPE)

(4) 使用过 DOVE 的女性，是 DOVE 的最好广告！(DOVE 香皂)

(5) 走走，看看，比比，谈谈，IBM 个人电脑是最好的！(IBM 公司电脑)

(6) 奇瑞 A5，赏"芯"悦目。(奇瑞 A5)

(7) 真正意义的 SUV，骨子里的 SUV。(帕杰罗 Sport)

(8) 开源节流——中小型办公环境最佳 e 化方案。(email 网络产品)

(9) e 时代 e 车。(福莱尔"福星")

(10) 紫光网络，凭 e 近人。(紫光 e 网站)

(11) 爱上达芙妮,爱上 S. H. E。(达芙妮少女系列)

(12) 趣味相投,N 多快乐。(网易)

(13) 游江西,识 CHINA。(江西旅游)

(14) 越学越 FUNNY。(文曲星复读机)

(15) 长颈 XO,高人一等!(XO 法国白兰地)

(16) 透过 CD,原唱歌星地位由你代替!(音响)

(17) 真东西:产品添加符合美国药典 UPS 标准的优质进口深海鱼油;

真含量:1 瓶 5 L 金龙鱼添加海洋鱼油 DHA+EPA 含量相当于 60 粒海洋鱼油胶囊;

真可以:富含脑黄金 DHA+EPA,有助于大脑健康,便捷补充一日所需 DHA+EPA。

例(1)至例(5)中的字母词,是品牌名。例(6)是奇瑞 A5 的型号名。例(7)中的 SUV 是 suburban utility vehicle 的缩写,指运动型多用途汽车的意思,是爱车一族都熟悉的。例(8)至例(10)中的 e 代表的是电子、互联网等。例(11)中的 S. H. E 是中国台湾地区女子流行演唱组合,这一青春靓丽的少女演唱组合,正可以提升"达芙妮少女系列"的名气。例(12)中的 N 在口语中经常用来表示特别多的意思。例(13)和例(14)中分别用了英文单词,例(13)中的 CHINA 还有利于使"江西旅游"的宣传走出中国,例(14)中的 FUNNY 符合年轻人的语言特点,而且更有利于点明"文曲星复读机"的主要功能是学习外语。例(15)中的 XO 是指顶级的最上乘的白兰地。例(16)中的 CD 是 compact disc(激光唱盘)的缩写,是来自英语的字母词。例(17)中所用的字母词和外文词最多,金龙鱼调和油的广告用这些看似晦涩难懂、实则有科学含义的字母词、外文词来宣传了调和油这种新的食用油，只要消费者能弄清楚这些字母词、外文词其中的含义，就能更加清楚地了解金龙鱼调和油的成分、营养价值及对健康的好处，引导消费者购买。

利用外语词、字母词或数学符号做广告宣传，可以起到含蓄而富有内涵、言简意赅的作用，字母词和英文单词的使用，使广告宣传的受众不再限于国内，还有利于国际宣传推广。

第六节　嵌入产品名称

广告文案创作者为了巧妙地突出广告宣传信息，吸引受众眼球真是绞尽脑汁，煞费苦心，但是优秀的广告语确实有其过人之处，值得回味，也值得学习。

在广告语言中嵌入被宣传的产品或者服务的名称，以整体或拆散的形式分别嵌入到文案的某些部分（标题、正文或广告语）之中，会产生一种兴味盎然、巧妙无比的效果。不仅能起到强调产品或服务的作用，还能使消费者容易记住，起到加强记忆且不易遗忘的作用。有了在广告中融入产品名称的这种巧妙方法，广告创作者们便不断地使用和模仿，使得这一类广告语的例子越来越多。

一、直接嵌入商品、品牌名称

（一）嵌入的商品、品牌名称但无双关意思

一种情况是直接将产品等的名称巧妙地嵌入广告语句中。这种嵌入与简单地将产品或者服务的名称展示出来不同，像“有汇源

才叫过年呢！(汇源果汁)”,“孔府家酒,叫人想家！(孔府家酒)”等例子,不是我们所说的“嵌入产品或者服务的名称”;我们认为的“嵌入产品或者服务的名称”是指将表示“产品或者服务的名称”的词语与句子中的其他词语巧妙地融合在一起而使句子的语义完整。如:

(1) 美的,原来生活可以更美的。(美的空调)

美的电器的广告宣传语一向构思巧妙且宣传效果极佳,广告中有两个“美的”,前一个是直接宣传产品的品牌名,后一个“美的”可以理解为:用了“美的”电器可以让生活更美。

(2) 得力燃具真得力！(得力牌燃具)

广告中有两个“得力”,前一个是直接宣传产品的品牌名,第二个“得力”可以理解为“得力”牌燃具真的很好用。

(3) 伊人一身,完美一生！(伊人牌牛仔服)

广告中的“伊人”为“伊人牌牛仔服”的品牌名,“伊人一身”表明穿上一身伊人牌牛仔服,就可以让人生更为完美。

(4)《家庭》进家庭,幸福满家庭！(《家庭》杂志)

广告中的《家庭》为“《家庭》杂志”的杂志名,此广告语宣传了《家庭》杂志走进百姓家庭后能让家庭生活更为美满。

(5) 包罗一切还是新闻的新闻！(《每日新闻》)

广告中有两个“新闻”,前一个是《每日新闻》的缩略名称,后一个指报纸上报道的有关社会上新发生的事情的消息,此条广告语说明《每日新闻》上面有包罗一切的新闻。

(6) 欲知南国事,打开南风窗！(《南风窗》杂志)

广告中的“南风窗”是《南风窗》杂志的杂志名，创刊于 1985 年的《南风窗》杂志，主要对国际尤其是国内社会热点问题和社会发展趋势进行深度再分析，在改革开放初期，阅读该杂志可以很好地了解处于改革开放前沿的南方特区的很多情况，所以说“欲知南国事”就“打开南风窗（杂志）”。

（7）用“爱好”来写作，写作就会成为你的爱好！（爱好牌铅笔）

广告中有两个“爱好”，前一个是“爱好牌铅笔”的品牌名，后一个指“对某种事物所具有的浓厚兴趣”（《现代汉语词典》第 7 版）。此广告语说明“爱好”牌铅笔好用，用其写作能让写作者喜爱写作，对写作产生浓厚的兴趣。

（8）买了金奖放心，用了金奖称心！（金奖电器）

广告中有两个“金奖”，都是“金奖电器”的品牌名的简称；此广告语用“放心”“称心”两个词宣传了金奖电器的品质好。

（9）中意冰箱，人人中意。（中意冰箱）

广告中有两个“中意”，前一个是中意冰箱的品牌名，第二个“中意”可以理解为“中意冰箱让每个使用者都满意”。

（10）伊人思丽，伊思丽！（伊思丽化妆品）

广告中，“伊人思丽”（伊人想要美丽）巧妙地解释了“伊思丽化妆品”品牌名称的含义。

（11）大哥大西服，西服中的大哥大！（大哥大牌西装）

广告后半句“西服中的大哥大”，不仅嵌入了品牌名而且起了强调作用，还表达了“大哥大西服在西服中位于首位”。

(12) 做光明的牛,产光明的奶。(光明牛奶)

广告中的两个“光明”都强调了光明牛奶的品牌名。

(13) 今年过节不收礼,收礼只收脑白金。(脑白金)

(14) 人人都为礼品愁,我送北极海狗油。(海狗油)

广告中的“脑白金”和“海狗油”是品牌名称。这两则广告有惊人的相似性。看上去似乎品位不高,有把人际关系庸俗化之嫌。但民族文化中既有根深蒂固的“礼尚往来”的传统,人们的“经济”意识和“交换”观念又空前高涨,这种广告语的诞生顺理成章,客观上也能促进商品销售。可以说,脑白金的这句广告口号传播力极强,为脑白金的销售立下汗马功劳。

(二) 利用嵌入的商品、品牌名称达到双关的目的

我们知道双关是一种修辞格。据黄伯荣、廖序东主编的(2007b)[197]《现代汉语》对双关的定义为:“利用语音或语义条件,有意使语句同时关顾表面和内里两种意思,言在此而意在彼,这种辞格叫双关。”在第一章第二节中我们谈到了“利用语音条件”即“谐音”造成的双关;这里我们再谈双关,是利用商品名称或品牌名称而造成的“语音(谐音)”和“语义”两种条件造成的双关。

广告语中“嵌入产品或者服务的名称”的另一种情况是不仅将产品等的名称嵌入广告语句中,而且巧妙地利用表示“产品或者服务的名称”的词语在句子中产生两种句义,以达到语义双关的目的。这样的例子,如:

(1) 世界一定是美的!(美的制冷设备公司)

(2) 共创美的前程,共度美的人生。(美的电器)

这两则广告中的“美的”既是美的电器的品牌名，也是“美好的”的意思，在宣传品牌的同时，还宣传了用了美的电器后会令人感到“世界美好”并祝愿美的电器的消费者的事业、前程、人生都是“美(好)的”，美的电器的广告语因其构思巧妙、意蕴美好而成为经典。

(3) 走过时光岁月，中华在我心中。(中华牌牙膏)

广告中的“中华”既是中华牙膏的品牌名，也是“中国”的意思，配合电视广告画面，一位两鬓斑白的先生将中华牙膏放入行李箱，眼中的坚毅与眷恋让人不禁联想到中华牙膏一直受到这位先生经年不变的喜爱，也可以理解为这位先生对祖国的热爱、眷恋之情“走过时光岁月”未曾改变。

(4) 人类失去联想，世界将会怎样？(联想电脑)

联想电脑的这一广告语也很经典，其中的“联想”既是联想电脑的品牌名，也是一种“由某人或某事物而想起其他相关的人或事物”的能力，此广告语用一设问句引发人们的思考：人类失去了“联想(电脑/能力)”后世界将会怎样？借联想对人类的积极作用，表达企业的地位和价值。问句的形式引人思考、触发联想，短句铿锵有力、容易记忆。

(5) 非常可乐，非常选择！/全家团圆，非常可乐！(非常可乐饮料)

面对可口可乐和百事可乐等跨国公司在中国饮料市场的称雄，中华民族饮料的第一巨头娃哈哈集团推出了中国人自己的可乐——非常可乐。其实，中国市场上曾有很多自己的可乐，比如重庆的“天府可乐”、北京的“昌平可乐”、河南的“少林可乐”、杭州的

“中国可乐”，还有“天天可乐”“天然可乐”“崂山可乐”等，但大多都是昙花一现，只有“非常可乐”在可口可乐和百事可乐的夹击中站稳了脚跟。广告语中的两个“非常可乐”既是饮料品牌名，也表达了“非常快乐、非常开心”的意义。

(6) 让一切自由联通！(中国联通)

联通的标志是一个中国结的形象，本身就充满了亲和力。联通的诞生，对于推动中国通信行业的发展做出了巨大贡献。它们一次次向中国电信发起挑战，以优质的服务和低廉的价格在竞争中逐渐发展壮大，联通把自己的标志和品牌名称自然地融入广告语中，从外表到精神做到了和谐统一，反映了企业的精神理念。

(7) 幸运与您的事业相伴！(《幸运》杂志)

中国人普遍存在趋吉心理，期待万事如意、一切顺遂。《幸运》杂志的广告中的“幸运”既是杂志名，也表达了对读者事业有“幸运相伴”的祝愿。读者不会拒绝《幸运》杂志，毕竟没有人会拒绝“幸运”。这样的广告案例还有人头马酒的广告“人头马一开，好事自然来”，二者的创作手法相同。

(8) 比黄金更宝贵的是人生的黄金时代！(《黄金时代》杂志)

广告中的“黄金时代”既是《黄金时代》杂志的杂志名，也寓意着“人生的黄金时代比黄金更宝贵”。

(9) 人生难得一知己，生活岂能无《知音》！(《知音》杂志)

“知音”既是《知音》杂志的杂志名，也表明《知音》杂志是读者的知音。《知音》文风活泼轻松，语言简明易懂，很多涉及家庭生活的重头文章，给人留下了深刻的印象。《知音》杂志用动人的故事与读者交心，用真情真爱扣动读者心门，带给读者情感治愈，确实无愧“知音”二字。

(10) 我说最好是神州！(神州牌热水器)

广告中的“神州”既是神州牌热水器的品牌名，也有另外两个寓意：一是指“最好的热水器是神州牌热水器”，二是表达了“最好的是我们祖国的神州大地”，既宣传了神州牌热水器质量好，让消费者对牌热水器有好感，也赞美了祖国，让消费者的爱国之情油然而生。

(11) 每天都有旭日升！(旭日升饮料)

广告中的“旭日升”既是旭日升饮料的品牌名，也说明了“每天都有旭日升起”的事实。在电视广告播放时配合着旭日东升的画面说出这一广告语，让人感觉气势磅礴，给人以希望，马上加深了对旭日升饮料的印象，记住了这一品牌，达到了广告宣传的目的。

(12) 弹指一挥间，世界皆互联。(《互联网周刊》)

这里的“互联”既是《互联网周刊》中所指的“互联网”，又有因为有了互联网，所以“弹指一挥间，世界皆互相联系相通”的意思。

(13) 款款深情，充满爱妻蜜意！(爱妻牌洗衣机)

广告中的“爱妻”既是爱妻牌洗衣机的品牌名，也宣传了购买了爱妻牌洗衣机的丈夫心中对妻子“充满爱妻蜜意”。

(14) 现在是好太太了！(好太太晾衣架！)

广告中的“好太太”是好太太晾衣架的品牌名，配合着电视画面中林心如说出“现在是好太太了”这一广告语,宣传了使用好太太晾衣架可以帮助新婚妻子成为“好太太”。

(15) 立得靓丽容颜!(立得消斑灵)

广告中的“立得”既是立得消斑灵的产品名,也宣传了使用立得消斑灵“立得(立刻获得)靓丽容颜”的理念。

(16) 山亲水亲不如老地方亲,千好万好还是老地方好!(老地方酒店)

广告中两次出现的“老地方”,既可能是老地方酒店的店名,也可以是经常去、经常待的地方;这则广告语用语义双关,既宣传了“老地方”酒店好,又宣传了此酒店是顾客常去、感觉亲切的“老地方”。

(17) 人间处处是江南!(江南空调)

广告中的“江南”是“江南空调”的品牌名,也寓意着“江南空调”会让人们感觉处在美好的江南。

(18) 飞驰在“好年景”!(好年景轮胎公司)

广告中的“好年景”是“好年景轮胎公司”宣传的其轮胎的品牌名,而且该广告语还寓意着在现在的“好年景”中“好年景轮胎”让车辆飞驰。

(19) 使娃娃一出世就感受到“向阳”的温暖!(“向阳”婴儿系列用品)

广告中的“向阳”是“向阳”婴儿系列用品的品牌名,此广告语还宣传了“向阳”婴儿系列用品能给刚出生的婴儿以温暖。

(20) 像阳光照耀那么容易!(阳光复印件)

广告中的“阳光”正是“阳光复印件”的品牌名；也表明了阳光复印机具有操作简便的优点。

二、分散性嵌入

分散式嵌入是将商品（服务）或品牌名称要素进行适当分拆，分别组成完整的句子，但整体上又能将各个部分予以还原。例如：

（1）惠天下宾客，罗中外名品。（惠罗公司广告）

（2）年年岁岁雪相似，岁岁年年豹不同。（雪豹皮衣广告）

（3）家家获益，事事利民。（益民百货股份有限公司）

（4）壹次爱上它，顿顿不离口。（壹顿牛排）

（5）一林一世界，一语一人生。（林语山庄广告）

例 1 至例 3 是将公司名、品牌名拆开，分别放入前、后两个句子中；例（4）将“壹顿”牛排的名字中的两个字拆开，各作为一句话的开头第一个字，将“壹顿”牛排名嵌入到广告语中。例（5）将“林语”山庄的名字中的两个字拆开，各作为一句话的开头第二个字，将“林语”嵌入到广告语中。

以上案例皆是在广告文案中分散式嵌入了品牌名称，很多读者不仔细看的话可能注意不到。

三、藏头式嵌入

藏头式嵌入是指将品牌名嵌入广告口号内。比如第一短句的尾字，和第二短句的首字，连在一起正好是品牌名；也可以让“两句的首字”或者“两句的尾字”产生关联。相对而言，藏头式广告更容易让受众产生品牌联想,效果也更好,多见于广告标语中。

知识拓展:广告口号

广告口号也叫广告标语,一般是企业精神高度浓缩的经典口号或是能对消费者产生亲和效果的诉求提炼。在很多情况下,广告口号将广告信息和销售主张压缩成短句,通过简洁的表达,加深受众对广告的印象。广告口号有以下特点:富有内涵、新颖独特、简洁凝练、通俗易懂、突出特点、号召性强、适应市场需求。

例如:

(1) 轻松上网,易如反掌。(网易)

上一个短句的最后一个字与下一个短句开头的第一个字合起来正好是"网易"的品牌名称。"网易"的名字很有韵味,揭开了互联网神秘面纱的精神。互联网刚进入中国人民生活的时候,人们总是感觉上网很难,有一定的技术门槛。但"网易"却巧妙地运用了传统中国文字的技巧减轻了人们对上网的心理压力。结合广告口语"轻松上网,易如反掌"的广泛传播,网易迅速被广大网民记住并认可。

(2) 心随我驰,鹏尊天下。(斯巴鲁驰鹏)

广告中第一短句的尾字和第二短句的首字,合起来是"驰鹏",两个短句之间还有递进关系,意义相通,毫无违和感。广告语简单大气,气势恢宏,符合产品特性和定位。

(3) 你不理财,财不理你。(理财周刊)

"你不理财,财不理你",强调了投资理财要积极主动,广告语给我们的投资启示是要转变投资观念,变被动等待为积极主动,这也正是理财周刊一直以来的宗旨。

(4) 因为百变,所以美丽。(百丽)

百丽的品牌名称有“美丽的女人”的意思,1992 年在深圳成立。百丽“百变所以美丽”的态度是中国消费者一直认同的时尚理念。百丽一直强调都市环境不断在变,时装潮流不断在变,生活内容不断在变,女人在一生中的角色不断在变;百丽在变化中展现内在与外在的完美气质,以百变应万变。

在广告语中嵌入商品名是对语言的一种创造性、新颖的使用,广告创作者应该多学习相关的广告语实例,开阔自己的视野,思考如何让广告语更新、更奇、更巧。如何尽量让品牌名出现在广告标题或者广告口号中。全球著名的信息服务供应商麦格罗·希尔公司曾经做过一个关于工业广告的研究,结果表明,比起那些没有出现产品品牌名称的广告,标题中出现产品品牌名称的广告的平均阅读人数要多出 20%。(涂画 2022)[18]

但也要注意的是,无论是哪一种镶嵌方式,都要自然妥帖,不露人工斧凿的痕迹,任何牵强附会必然会导致广大消费者的不快,其结果很可能是弄巧成拙,达不到好的广告效果。

知识拓展:好的品牌名称的标准

对于品牌或者企业来讲,好的命名可以使广告效果事半功倍。如何衡量一个名字的优劣呢?提供几个标准,仅供参考。

1. 好念好听

好的品牌名称一定是好念的,如娃哈哈、王老吉等,却使用简单的、大家熟悉的字,不用生僻字。另外还要好听。读起来朗朗上口,发音简单,不拗口。为什么一首歌曲听几遍就能记下来,因为听觉记忆很重要。心理学认为,在短时记忆中,人类的记忆主要依靠听觉。

2. 好记

品牌名称应该便于记忆。如果品牌名称不好记,它就得花费更长的时间、更多的资金投入才能建立起广泛的知名度。当然,好记和好念相辅相成。好念的名字一般都好记,好记的名字一般都好念。

3. 独特

好名字一定是独特的,能够张扬自己的个性,区别于竞争对手。有些企业起名字可能会故意仿照一些名牌,起一些相近的名字来混淆视听,如"周佳"模仿"雕"牌,"太白兔""大白免"模仿"大白兔",这样的做法并不可取,而且容易引起法律纠纷。

4. 有内涵

好的名字一定能够让人对产品产生美好的、积极的联想。比如:可口可乐、百事可乐、淘宝、易趣等。

5. 符合产品属性

女性产品的名字往往比较柔和,气质优雅,比如"百丽""娇兰";男性产品的名字稍显刚强,比如"利郎""七匹狼"。

第七节　口语词、方音词、文言词或书面语词的运用

广告语中有时会使用口语词、方言词、文言词等,以达到不同

的宣传效果。口语化是广告语言的一大特色,会产生一些特别的宣传效果。当然,应选取对大众来说不陌生的方言词,否则会减少受众面。由于方言词多服务于方言区人们的口头交际,所以使用口语词或方言词的广告语会产生通俗易懂、朗朗上口、生动幽默等效果。

一、使用口语词使广告更具有口语色彩

广告中使用口语词能使得广告更具有口语色彩。"大宝明天见,大宝天天见"就是因为口语化的语言风格迅速被消费者记住并传播的,起到了很好的广告效果。雀巢咖啡的"味道好极了",虽是口语化的表达却意蕴深远。达克宁霜的"用了都说好",娃哈哈的"妈妈我要喝",这些广告语通俗易懂、容易记忆、上口顺耳。

一家旅馆设计了一则系列广告:第一幅广告,广告画面是蔚蓝的大海和精致美味的佳肴,广告文案只有"享用吧!";第二幅广告,广告画面是看不见尽头的沙漠和飞驰的骏马,衬托柠檬饮料,广告文案是"到了"。两个口语化的广告语,简单但巧妙地引起消费者的联想,给消费者留下深刻印象。

知识拓展:广告语言的口语化

口语化的语言来自生活。广告语言生活化,反映出生活中的点点滴滴,大家都很熟悉,接地气,没有距离感。广告语言最忌讳的就是晦涩难懂,最好的广告一定是通俗易懂的,一看即明,一听即知。美国广告创意人鲁道夫·傅乐施博士通过对大量广告案例的调查,提出广告语言越日常化,越口语化,那么就越能引起别人的关注。(涂画 2022)[22]

十个妈妈八个爱。(可蒙孩儿面)

第二天舒服一点。(海王金樽)

用了都说好。(银黄口服液)

喝了娃哈哈,吃饭就是香。(娃哈哈)

早餐奶,早上好。(蒙牛早餐奶)

这些广告中的语言来自生活,营造出的画面都是人们熟悉的,既能读懂又能想象到熟悉的画面场景。这就是广告与消费者共情的基础。

使用令人感到亲切的日常用语可以增强口语化。在广告中直接用人名、人称代词或者非正式用语,像“你”“我”“他”“妈妈”,是口语化的一个小技巧。人们总是对发生在他人身上的事有一种好奇,这种好奇远比人们对物体或者概念的好奇要强烈。比如:

我能!(中国移动通信)

我的地盘,听我的。(动感地带)

神州行,我看行。(神州行)

我知道!我知道!(摩托罗拉 C289 手机)

妈妈我要喝。(娃哈哈)

我的眼里只有你。(娃哈哈)

我就喜欢。(麦当劳)

我们一直在努力。(爱多 DVD)

给车多,给你更多。(嘉实多机油)

我只用力士。(力士)

小提示:交谈式的日常用语经常能产生奇效

研究证明,交谈式的日常用语经常能产生奇效。美国学者丹尼尔·斯塔奇曾对100则广告做过这方面的调查,结果有50则广告得到了高分,而另50则被证明是失败的。这次调查表明,使用交谈式的日常用语的广告能快速拉近产品和消费者之间的距离,使消费者感到亲近,觉得受到了重视,对广告的印象更深,这样的广告就成功了。

需要提醒的是,口头语言也并不是十全十美的。口头语很容易随着话语的行进而消退。这就要求口头语必须配合其他媒介符号共同使用。如平面广告中的图画、照片,电视广告中人物的道具、表情、动作、手势等。配合得不好,或者没有这些元素,广告效果就会大打折扣。

二、使用方言词能使广告宣传达到特殊的效果

方言是一个城市的标识,一个地方的性格。我国民族众多,语言复杂,同一种事物,各地说法不同。红薯,广东人叫番薯,山东人叫地瓜,上海人叫山芋,四川人叫红苕。为红薯做广告,在中央台播出应用“红薯”,其他地区如用当地方言,就会显得更亲近。同样是“妻子”,不同地域叫法不同。除了全国通用的老婆、媳妇外,广东叫衰婆,宁夏、陕西叫婆姨,重庆、成都叫婆娘,河南叫屋里头的,闽南叫厝里,河北叫家里的,湖南叫堂客,台湾地区叫内子,东北地区叫我家老娘们,山西叫那口子……。不同地区、不同风俗、不同的语言环境可使用不同的广告用语,使用粤语的读者能理解威力洗衣机的广告标题“够威够力”,而北方地区的人普遍不理解这样的标题,改用“献给母亲的爱”,就容易理解和接受。

下面介绍一些使用方言词语的广告案例：

(1) 牙好，胃口就好，身体倍儿棒，吃嘛嘛香，您瞅准了，蓝天六必治。(蓝天六必治牙膏)

根据《现代汉语词典》第7版，广告中的“倍儿”“嘛”“瞅”都是方言词，“棒”是口语词，这句广告语因其幽默且口语化，通俗直白，被无数人记住，不仅成为经典广告语，还被百姓拿来作为日常谈话中表明一个人身体健康、胃口好的现成语句。一般情况下，我们是先认识广告代言人，才对他所代言的广告有印象，但蓝天六必治的广告不同，人们先记住了这句脍炙人口的广告语，才认识了广告代言人相声演员李嘉存，可见这则广告的成功。

(2) 美酒乌毡帽，爽口盖了帽。(乌毡帽黄酒)

广告中的“盖了帽”是方言词。

(3) 靓汤煲心愿。(魔厨高汤)

(4) 给我一个美名，送你一部靓车。(伊兰特)

以上两则广告中的“靓”和例3中的“煲”都是从粤方言中来的方言词。

(5) 一使忘不了！——国家级新药冻疮膏！(治冻疮药)

广告中的“使”也具有口语特色，是“使用”的简称。

(6) 日立真棒！(日立电器)

“棒”是口语词(《现代汉语词典》第7版)。

(7) 要想买炉具，最好来睇一睇。(炉具商店)

广告中的“睇”是粤方言词，相当于普通话的“看，瞧”。

(8) 恒源祥,发“羊”财!(恒源祥羊毛衫)

广告中的“发‘羊’财”谐音吴方言词“发洋财”。

(9) 办公自动化,顺意大行家。

生产好拍档,处处可帮忙。(顺意印刷机)

广告中的“拍档”是来自粤语的方言词,指共同合作的伙伴。

“少小离家老大回,乡音未改鬓毛衰。”家乡方言可以拉近人们彼此之间的距离,找到强烈的文化认同与归属感。将方言元素融入广告中,可成为品牌内容营销一种新的创意表现形式。在广东、福建、四川、东北等方言文化强势地区,利用方言做广告宣传尤其适用。

并不是方言中的一切词汇在方言广告中都能使用。一般情况下,方言告需要使用认知度高的词汇,这样即便不是方言区居民,人们也能够理解词汇的意思。比如在粤语中,钟意(中意)、靓女(美女)、慳钱(省钱)、坚野(货真价实)等,是我们比较常用的广告方词汇。

挑选该方言中认知度高的词语,站在第一人称的角度去写广告文案,如同消费者在你面前说出使用产品后的情绪,这样能让消费者对产品产生认同感。用方言嵌入产品使用的情景,能适时引发人们的情感共鸣。

王老吉曾推出“方言萌盒”新装,以“不上火”或者正能量的口头禅说出方言,涵盖四川话、广西话、上海话、湖南话、广东话和东北话六大地区高频使用的词语,引发微博热搜,阅读量一度高达250万。

四川方言:巴适得很(非常好,舒服、合适)

广西方言：嘿撩撩啰(广西山歌中的常用句，相当于汉语中的“啊呀”等语气词)

湖南方言：霸得蛮(霸气十足，不服输)

广东方言：唔好甘燥(不干燥，不上火)

东北方言：杠杠地(好)

这组广告通过一句句各具地方特色的方言瞬间引来年轻消费者的情感共鸣。熟悉的语言带给在外求学、工作的消费者一种归属感，也能让消费者学到其他地方的方言、了解风土人情。

我国方言众多，但也不是所有方言都适合做广告。一般情况下，广告中常用的方言还是粤语、东北话、四川方言、河南方言、天津方言、山东方言，大概是因为粤语是强势方言，特别是在改革开放初期，粤语因经济的影响并在港澳比较通行而使得民众对其有特殊的情感；而东北话、四川方言、河南方言、天津方言、山东方言都属于官话方言，作为普通话的基础方言，这些官话方言不仅比较容易被全国民众听懂，而且因为娱乐节目、明星等的影响而在全国人民中有一定接受度，使用这些方言作广告语，还有一定的娱乐性，可能会产生诙谐幽默的效果。

1. 粤语

(1) 靓汤煲心愿。(魔厨高汤)

(2) 给我一个美名，送你一部靓车。(伊兰特)

(3) 您今日饮咗未？(益力多)

(4) 办公自动化，顺意大行家。生产好拍档，处处可帮忙。(顺意印刷机)

(5) 要想买炉具，最好来睇一睇。(炉具商店)

这些都是典型的粤方言广告。“饮咗未”是“喝了吗”的意思；

"拍档"是指共同合作的伙伴;"睇"相当于普通话的"看,瞧"。

2. 东北方言

(1) 营养不忽悠!(好劲道上汤大骨面)

(2) 哥们儿咋地了?让人给煮了?整点儿易服芬吧!(易服芬)

"忽悠""咋地了"和"整"都带有一股浓浓的东北方言味。

3. 山东方言

嫚儿系列广告

(1) 嫚儿,让嫩家孩子从小拾掇得利利索索。

(2) 嫚儿,嫩想不想知道一个大衣橱最多能盛多少衣裳?

(3) 嫚儿,嫩是不是觉得收拾厨房最草鸡银了?

试试我们的抽屉和内配,绝对好使!

广告中的"嫚儿[mān ér]"也说"嫚子",在方言中是女孩子的意思;"草鸡银"(草鸡人)是山东方言的语气词,指事情让你很无奈。

4. 河南方言

(1) 脚感舒服

让小孩儿放心地在地上耍真稀罕!(短绒地毯)

(2) 恁大,还是不锈钢咧,拌面和馅调面糊,可好用!(碗)

(3) 可升降,随意移动,坐上可舒服!(转椅)

(4) 泡毛尖,冲咖啡,打奶泡真不孬!(咖啡壶/茶壶)

河南地区方言中形容词前常用"真""可""恁"的字眼表程度。

5. 其他地域方言

(1) 美酒乌毡帽,爽口盖了帽。(乌毡帽黄酒)

“盖了帽”是北京方言词。

(2) 恒源祥,发“羊”财!(恒源祥羊毛衫)

广告中的“发‘羊’财”谐音吴方言词“发洋财”。

广告语中使用方言词,一般来说是因为两种情况:一种情况是因为所宣传的商品为本地生产的,或广告宣传只在本地方言区中投放,广告创作者想以本地受众对母方言的亲切感来拉近与本地受众的关系,获得本方言区受众对广告宣传的商品的好感和关注;另一种情况是因为广告创作者想让广告风格更接地气、有幽默感而选用口语化强的方言词。

阿香婆香辣牛肉酱曾风行一时,“阿香婆”成为麻辣酱的代名词。“阿香婆”这个品牌名称看似简单,但颇具匠心。“阿”用在人名或姓的前面,有亲昵的意味,“香”暗示了产品品质,也暗示了女性的秀美,“婆”是对年长女性的尊称。“阿香婆”三个字让人感觉亲切,值得信赖。

说到方言广告,令人印象深刻的还有宜家的广告。

宜家的方言版系列广告

东北方言: 埋汰衣服没地儿放咋整?弄(nèng)个篮子帮你整!(洗衣袋)

这根杆子能嘎哈?能挂衣服能晾晒。(晾衣杆)

天津方言: 介似嘛?仅需8厘米空间,就能多招待一个朋友!(折叠椅)

上海方言: 侬晓得伐?一面照片墙,只需一根无痕钉。(无痕钉)

陕西方言: 宜家App嘹咋咧!(嘹咋咧:美滴狠的意思。)

台湾地区方言: 宜家家居新店店长,有了这个花花草草,

再也不会种死花花草草。(人造盆栽附花盆)

宜家家居新店店长,教你上班想摸摸鱼,就边跷脚脚边喝喝咖啡。(咖啡桌)

四川方言: 办嘎嘎,在重庆话里是“过家家”的意思,安全的儿童玩具陪伴孩子健康成长。(玩偶家具,卧室)

搓甲甲,在重庆话里是“洗澡”的意思,我爱洗澡,皮肤好好。(自粘挂钩)

睡告告,在重庆话里是“睡觉”的意思,选款舒适的床品助眠每日美梦。(夏被)

小提示:方言广告创作的注意事项

必须强调的是,方言广告看似简单,其实很难。需要广告创作者对这个地区的文化和语言有很深的理解。否则,写出来的方言广告很有可能四不像,目标用户觉得不正宗,普通用户看不懂,这就很容易造成无效传播。另外,方言广告还要考虑受众。如果受众并非是一个方言区的人,就要考虑所使用的方言词是否已经为全国人民所熟悉,否则就会起不到“广而告之”的效果。最后,任何广告形式都是外表,核心仍是主题诉求。不要试图去硬写一些方言文案,缺乏主题性的方言文案无法打动用户,很容易形成一种自嗨的心态。

三、使用文言词或书面语词使广告带有文雅、庄重的色彩

在广告语中使用某些带有文言色彩的词语,可以产生文雅庄

重、郑重正式且言简意赅等效果。如：

(1) 清风起半球，半球君悉否？(半球电风扇)

(2) 汲日月灵气，采天地精华！(百龙矿泉水)

(3) 巧装何须衣衫多！(西装)

(4) 乍暖还寒已是春，卸裘勿忘羊毛衫！(羊毛衫)

(5) 敢向风险觅成功！(压缩机)

(6) 刻刻催人资警醒，声声劝尔惜光阴！(钟表店)

(7) 问君哪得貌如许，醉人清风阿美牌！(阿美化妆品)

(8) 谷乃国之宝，民以食为天！(粮店)

(9) 拳拳赤子心，难忘母乳情！(长春东宝制药厂婴得乳)

(10) 品尝新鲜荔枝味，无须等到果红时！(强力牌荔枝汁)

广告语中使用古语词或书面语词，会使广告显示出一定的文雅、正式的风格色彩，一般多出现在诗歌体的广告中。诗歌体广告更强调句式工整、对仗对偶，用词简洁而富有内涵。

在广告语中使用具有不同附加色彩的词语，会产生不同的效果。广告创作者应该根据广告宣传的目标、受众情况、产品特点、宣传发布环境等因素，选用具有不同风格色彩的词语。

本章作业与思考题

1. 什么是同义词？什么是反义词？同义词、反义词的使用对广告语有什么作用？

2. 除了本书中举的这些同义词、反义词的广告语外，还能找到哪些例子？

3. 试用同义词、反义词及同义词和反义词混用的语言技巧，创作几例广告语。

4. 什么是熟语？熟语有哪些类型？熟语在广告语中可以起什么作用？

5. 除了本书中举的这些使用熟语的广告语外，还能找到哪些广告语例子？

6. 试用熟语这一语言技巧，创作几例广告语。

7. 运用叠音词或词的重叠形式对广告语有什么作用？不同词性的词重叠后各会产生哪些不同的效果？

8. 试用叠音词或词的重叠形式这些语言技巧，创作几例广告语。

9. 广告语中使用数字有什么作用？除了本书中举的这些广告语的例子外，你还能找到哪些使用数字的广告语例子？

10. 试用数字创作几例广告语。

11. 除了本书中举的这些使用外语词、字母词的广告语外，还能找到哪些例子？

12. 除了本书中举的这些使用符号的广告语例子，还能找到哪些？

13. 是否同意我们谈到的嵌入产品名称的两种方式？除了本书中举的这些广告语例子外，还能找到哪些广告语例子？

14. 试用嵌入产品名称这一语言技巧，创作几例广告语。

15. 如何利用方言词、口语词、文言特色对广告语的特别表现力？还能找到哪些广告语例子？

16. 下面这三种广告标题，哪个效果更好呢？

A. 半价　　B. 买一送一　　C. 五折优惠

(答案：B。它们所表达的意思是相同的，但是B标题通常会比另外两个带来更大的收益。)

第三章　广告语言技巧(三)
句式上的技巧

前两章我们谈到的是广告创造者利用语音或词汇的技巧进行广告创作的实例。每种语言都有的语言三要素,除了语音、词汇及语义,还有语法这一要素。语法涉及词法和句法。因为现代汉语中缺少词形变化,所以对现代汉语来说,句法更为重要。本章我们谈广告语在语法方面的技巧时,主要论及广告语中的句子形式使用的不同技巧。这一章所讨论的广告语中的语言单位,至少是大于词的句子。据(黄伯荣,廖序东 2007b)[83]:句子根据内部结构的不同,可以分为单句和复句。

第一节　单句

据(黄伯荣,廖序东 2007b)[83]:单句是由短语或词充当的、有特定语调、能独立表达一定意思的语言单位。单句根据不同标准可以分出不同的类别。句型是根据句子的组织结构分出来的类。句类是根据句子的语气分出来的类。句式是根据句子局部特点或整体语义分出来的类。

本小节中,针对广告语中的单句句式,我们只谈“把”字句和“被”字句;关于广告语中的句类,我们讨论陈述句、祈使句、疑问句和感叹句四种。此外,本节还将讨论广告语中问句的不同类型。

一、句式

1. "把"字句

"把"字句是汉语中特有的句式,也称为处置式。这种句式是在谓语动词前用介词"把"(或者是"将")引出受事、对受事进行处置的一种主动句。广告语中有不少使用"把"字句的例子,如:

(1) 把精彩留给自己。(李宁牌服装)

体育用品的目标消费者是年轻人,因此体育品牌必须塑造独特的品牌个性,才能吸引他们。李宁的品牌崛起之路并非一帆风顺,既没有耐克的超级明星,也没有锐步的国际背景。广告语"把精彩留给自己"符合青少年的心态,广告中的"把"引出后文的"精彩",对"精彩"的处置是"留给自己",让自己更为出彩。

(2) 把美味和营养卷起来。(康莱蛋酥卷)

康莱蛋酥卷的这则广告对于广大80后应该记忆深刻,怎么把"营养和美味"卷起来呢?这是多数受众的内心疑惑,再看广告正文,我们就明白了,蛋酥卷强调了人们面对零食时经常忽视的营养。能够兼顾口感和健康的小零食,谁又不爱呢?

(3) 把明天握在你自己手里!(西克投资公司)

西方文明的发源地是古希腊。古代希腊地处地中海东部,这里多山环海,地势崎岖不平,可耕地面积小,特殊的地理条件使得人们不得不向外求索,在此环境下形成的海洋文明也造就了西方人主张个性张扬、勇于开拓、善于求索的民族精神。对自己独特个性的肯定,使他们对自己掌握命运有更大的信心。培根(2008)[5]大声地说“知识就是力量”,贝多芬也喊出了“扼住命运的咽喉”(刘新华,音渭 2022)。西克投资公司提出“把明天握在你自己的手中”实际上是西方人生观的直接体现,也是公司品牌诉求的直接彰显。从语言的角度看,文案中运用了把字句,对“明天”的处置是“握在你自己手里”,西克投资公司的广告宣达了让投资人的未来更有希望的理念。

(4) 把柔媚浇在身上!(香浴乳)

这则香浴乳的广告巧妙地将产品形象化为“柔媚”,制造了极柔极媚的体验,极富诱惑力。

(5) 将最中意的戒指送最中意的人!(A.H 邦德首饰公司)

据说,古希腊公元前400年时的订婚戒指上已出现“爱人”一词。戒指作为一种饰品,经过几千年的风雨洗礼,已在现代生活中扮演着一个不小的角色。它是婚姻的信物,是爱情的象征。“将最中意的戒指送最中意的人!”这正表达了热恋中的情侣的心声。

(6) 您可用刷子把世界变成一个美人!(多乐士油漆公司)

多乐士是世界著名建筑装饰油漆品牌,产品畅销全球100个国家,每年全球有5 000万户家庭使用多乐士油漆。多乐士一直致力于通过为消费者提供专业的环保产品和领先的色彩咨询及涂刷方案,成为人们美好生活的催化剂,焕新人们的生活。多彩是其核心诉求。从语言学的角度讲,广告运用把字句,把对“世界”的处置结果是“变成一个美人”。

(7) 在这里我们将一朵朵棉花铺成一份份暖暖的深情,棉暖你我心,被被(辈辈)永相随。(棉被广告)

随着广告形式的不断多样化，亲情诉求的广告在众多感性诉求广告中脱颖而出。亲情诉求广告与其他类型的广告相比，其独特的优势在于：亲情对于每个人来说，是都有过的情感体验。因而更能感动消费者。长辈给晚辈准备棉被是每个人都有过的经历，棉被承载着他们的爱与情。

(8) 像一位小小的仙女，将你家的一切都洗净！(金粉牌洗涤剂)

"田螺姑娘"的故事相信大家在儿时都听过，可在现实生活中，工作、生活的压力让我们无从喘息，谁又不希望故事中的"田螺姑娘"走进现实呢？金粉牌洗涤剂告诉你，他的产品可以"像一位小小的仙女，将你家的一切都洗净"，这样直击人心的话语当然能够打动众多的消费者。

(9) 像一位小小的仙女，将你家的一切都洗净！(金粉牌洗涤剂)

金粉牌洗涤剂对你家的处置是"一切都洗干净"。

(10) 为了你的健康，请别把头皮当地板擦。(绿野洗发香波)

广告中劝阻对"头皮"做出"当地板擦"的处置。

"把"字句用介词"把"(或者是"将")使受事出现在动词前面，一是让受事更为明确，也强调了处置后的结果，而这突出的处置的结果可能就是广告需要宣传或强调的。

2. "被"字句

在谓语动词前面，用介词"被(给、叫、让)"引出施事或单用介词"被"的句式是被动句。(黄伯荣，廖序东 2007b)[88] 例如：

(1) 被一个世纪的新娘所戴！(戒指广告)

(2) 老大,我被跟踪了。(汽车尾饰)

(3) 被烧毁的绝不只是一张纸！(香港戒烟宣传广告)

例(1)表明了这款婚戒能长久地(一个世纪)受到新娘们的喜爱,用被字句突出施事"新娘",虽然并没有说出受事"戒指",但被动句式突出强调了此品牌的戒指是新娘的婚戒,经典、悠久(一个世纪),一直被新娘们喜爱并佩戴。例(2)用幽默的语言表达了被后车紧跟的不适。例(3)用含蓄的语言表明吸烟的危害,劝导烟民戒烟。

二、句类

根据语气的不同,句子可分为四种类型:陈述句、疑问句、祈使句和感叹句。

(一) 陈述句

具有陈述语气、用来陈述事实的句子叫陈述句。陈述句一般表示命题,是使用最广泛的一种句子。陈述句末尾可以用"了、的、嘛、呢"等语气词来表示不同类别的陈述语气,也可无语气词。(黄伯荣,廖序东 2007b)[97] 陈述句中还可以分为肯定句和否定句。

1. 肯定句

肯定句是对事物做出肯定判断的句子。广告语用肯定句明确地陈述事实,宣传理念。

(1) 娃哈哈是使您慎之又慎的理想选择。(娃哈哈饮品)

杭州娃哈哈集团有限公司成立于1987年,是一家食品饮料生产企业。1988年，针对一些儿童不愿吃饭、偏食、营养不良的状况，娃哈哈在浙江医科大学营养学系朱寿民教授指导下，成功开发出自己的第一支产品娃哈哈儿童营养液。娃哈哈创始人曾多次表示：创办和发展的目的就是为了给广大消费者、给千千万万家庭带去健康和欢乐。健康与快乐，就是娃哈哈企业内心永远的阳光。对于家长们来说，购买饮品不仅要快乐，更要健康。娃哈哈的这则广告使用肯定句的表达“娃哈哈是使您慎之又慎的理想选择”，抓住了消费者的购买心理，有一定的号召力。

（2）激情成就梦想。（青岛啤酒）

说起中国啤酒，大多数人脑海中蹦出来的第一个名字应该就是青岛啤酒。青岛啤酒是中国最早的啤酒生产企业之一。啤酒是青年最喜爱的饮品之一，这是因为年轻人更喜欢喝啤酒的氛围。年轻人本就充满朝气、激情与热血，聚会时，他们并不是单纯地喝啤酒，喝的是激情和梦想。梦想的实现也许不是一朝一夕的事情，但当下的激情却不容错过。青岛啤酒告诉你“激情成就梦想”，那你还能拒绝吗？

（3）地球人都知道。（北极绒保暖内衣）

这则通俗易懂、让人过目不忘的内衣广告，把人们带入了保暖内衣的世界。由于赵本山作为笑星的巨大影响，这句广告词被广大观众熟记，纷纷用在口头和书面语中，特别是在网络上更加流行，成为新世纪最有影响力的广告语之一。

（4）农夫山泉有点甜。（农夫山泉）

大家对于农夫山泉的这则广告可谓耳熟能详，“农夫山泉有点甜”这句广告语在消费者记忆度调研中遥遥领先，入选20世纪中国最有影响力的10大广告语之一。

(5) 用十分好水沏十分好茶。(农夫山泉)

多年来,农夫山泉坚持“天然、健康”的品牌理念,推出多款矿物质水。农夫山泉坚信自己是“十分好水”,必能沏出“十分好茶”,这句广告语对于爱茶人士应该非常有吸引力。

(6) 太平洋保您太平。(太平洋保险公司)

这句广告语蕴含了强大的气势,像是在受众的心里插了一根“定海神针”。肯定的语气加强了广告效果。但是并不是所有企业都可以这样做广告,必须有强大的实力做支撑才能够给受众带来信任感,否则人们只会认为企业在吹牛。太平洋保险公司是中国大陆第二大财产保险公司,是三大人寿保险公司之一。这种无可置疑的实力才是这则广告的底气。

(7) 滴滴香浓,意犹未尽。(麦氏咖啡)

麦氏咖啡,也叫麦斯威尔咖啡,得名于美食家 Joe Cheek 研制出的咖啡,主要在麦斯威尔饭店销售并大受欢迎;该饭店有着100多年的辉煌历史。麦斯威尔在1985年首次进入中国,与雀巢同为中国消费者最熟知的速溶咖啡产品之一。“滴滴香浓,意犹未尽”是麦氏咖啡最经典的广告词。即使你可能没有喝过麦氏咖啡,也应该听过这句话。但你知道这则广告源自美国总统西奥多·罗斯福吗?据说,1907年美国前总统罗斯福访问麦斯威尔工厂时,经理请他品尝一杯咖啡。他一口把咖啡喝完,赞美说:“喝到最后一滴都是香的!”还把杯子倒过来给经理看。总统的灵感立即被经理抓住,所以直到今天麦斯威尔工厂的广告语还是:滴滴香浓,意犹未尽。

(8) 教育是留给孩子们最好的财富。(台湾地区“中国信托银行”储蓄)

对子女的教育自古以来就是家长们最为关心和重视的内容。然而,当下社会很多父母面对孩子的教育问题,要么有心无力,要么事与愿违。一方面家长面对工作与生活压力已经疲惫不堪,无心教育孩子;一方面社会的飞速发展导致孩子要学习的东西太多,而这需要大量资金的投入。这不仅仅是一个家庭的问题,而是整个社会的痛点。台湾地区“中国信托银行”储蓄可以说抓住了家长的心理,引导家长们及时储蓄,为孩子的教育做好充分的准备。

(9) 富有弹性的双脚需要富有弹性的鞋。(凯特莱维制鞋)

表明了凯特莱维制鞋生产的鞋富有弹性,穿着很舒服。

(10) 鸿星尔克,让你的运动更时尚。

年轻人爱运动,也爱时尚。鸿星尔克可以满足年轻人的爱好和需求。

由以上的广告语实例可以看出,广告语中使用肯定句直接明确地向消费者传递商品信息,传达情感诉求。

小提示:尽量使用积极的词汇

美国广告界曾做过一个有关阅读标题的测试。测试结果表明,用词积极的标题所产生的效果要胜过那些用词消极的标题——实验中,两类指定标题的人数比为50%对37%,而大致阅读了广告的人数比为16%对4%。所以这个结果告诉我们:在广告文案的创作中,要尽量使用积极的词汇。

如果你能将产品好的一面展示出来,而避免让人们看到它坏的一面,那么通常它会卖得更好。

2. 否定句

对事物做出否定判断的句子叫否定句。广告语中用否定句，通过否定一些事实，突出强调相反的情况，宣传广告理念。如：

(1) 绝不会影响您的睡眠！(海格牌咖啡)

咖啡因可以使中枢神经系统处于兴奋状态，有提神醒脑的作用，但过量饮用可能导致失眠。但海格牌咖啡广告以“绝不会影响您的睡眠”的保证性话语，否定了人们“喝咖啡影响睡眠”这一传统认识，引起受众的好奇心：到底会不会影响睡眠呢？买回来试一试不就知道了。

(2) 宝宝不再泪汪汪。(婴儿洗发精)

一般的洗发精如果不小心入了宝宝的眼睛，会让宝宝的眼睛“泪汪汪”，但是例(2)广告语中用否定词宣传了“用这款洗发精给婴儿洗头，宝宝不再泪汪汪”，原来是产品的成分无刺激，减少了洗发精给婴儿带来的不适感。广告用否定句是为了突出这款洗发精的特别之处，吸引爱宝宝的妈妈们为宝宝去选购这款洗发精。

(3) 奥琪没有忘记男士们。(奥琪化妆品)

一直以来，化妆品市场主要面向女士。但随着生活质量的提高，男性也成为了化妆品市场的消费者。奥琪化妆品针对男性的这一需求，提出“没有忘记”，肯定了男士对化妆品的消费欲望。

(4) 绝无胆固醇，不含黄曲霉素。(花生油)

广告用“绝无”“不含”强调花生油不包含的物质，紧紧抓住了人们对冠心病和癌症普遍恐惧的心理，从而达到宣传目的。

(5) 学琴的孩子不会变坏。(山叶钢琴)

这是台湾地区非常有名的广告语，它抓住父母的心态，不讲钢琴的优点，而是从学钢琴有利于孩子身心成长、性情养成的角度，吸引孩子父母。这一点的确很有效，父母十分认同山叶的观点，山叶的高明之处也在于此。

钢琴是一种特殊的产品，它的使用者和购买者多数情况下是分离的，钢琴的使用者多为子女，而购买者多为父母。所以广告应该要打动的是父母，而不是子女。搞清楚这一点，广告就有了准确的诉求了。类似的产品还有婴幼儿产品，也是同样的道理。

(6)“你还不够资格到天国。”

日本千代田的人寿保险业务员桂木一朗，常用一段录音对话作为开场白：

车祸死者：我生前勤于行善不做亏心事，死后理当到极乐世界，为何来到这里？

阎罗王：你还不够资格到天国呀！

车祸死者：为什么？

阎罗王：你死后，你的遗属的生活成了问题，你哪有资格到天国呀！

车祸死者：我并非自杀，实在是因为飞来横祸而死的，我没有责任啊！

阎罗王：假如你在生前投入了意外保险，你的家属就不会坐困愁城，日子难过了。(某保险公司)

这是日本的某保险公司的文案。广告标题“你还不够资格到天国”激发读者进一步阅读广告正文的兴趣。正文中短短的对话一步步抽丝剥茧般地引出产品，也给读者解惑：没有资格到天国，是因为你没有购买保险。好的创意往往来自普通的生活，会产生意想不到的结果,这也就是李奥·贝纳一直提倡的“发掘产品与生俱来的戏剧性”。李奥·贝纳强调,广告应挖掘产品本身所包含的创意信息,并认为每件商品都有与生俱来的戏剧性。(蔡嘉清2017)[15] 什么是戏剧性?就是广告元素间巧妙组合、广告对象发展出人意料的变化、文案或画面的冲突性表现等。这些具有戏剧性的广告元素通过感情渠道,使受众发生兴趣、并对其产生影响。整个广告令人叫绝,效果极佳,半年内他就成功地签订了百余份契约,招揽的保险金额竟超过1.6亿日元。

(7) 非可乐。(七喜)

面对可口可乐和百事在可乐市场上的“垄断”,七喜汽水面临尴尬的处境,这时七喜采用逆向思维,把自己定位为非可乐碳酸饮料,与可口可乐和百事可乐建立起区隔,却获得意外的成功,成为碳酸饮料市场上第三大品牌。创造性的定位为七喜创造了一个全新的市场。七喜通过典型的品类定位获得了巨大的成功。类似的还有脑白金,因定位为“保健礼品”而获得了成功。据调查,购买脑白金的消费者很少自己使用,几乎都奔着送礼的。脑白金成为送长辈的“最佳礼品”。

小提示:

广告尽量使用肯定句。广告文案的语言最大的特点就是简单、明确,体现在句法上就是多用肯定句,少用否定句。在英文广告中更是如此。这是因为肯定句更有助于广告信息的有效传达,从而更容易保持受众的注意力,被受众快速接受。广告的目的就是通过吸引和说服受众进而产生销售,使用肯定句更容易达到这一目的。这也是市场上否定句式的广告较少的原因。

（二）疑问句

具有疑问句调、表示提问的句子叫作疑问句。（黄伯荣，廖序东 2007b）[98]

在广告创作中，以疑问句开头可以使你的创作目的明确，思路清晰。因为问题已经抛出，很容易就能保持逻辑清晰，读者读起来不会吃力。比如："你这个月销售指标完成了吗？"典型的疑问开头，把目标指向销售行业的职场人士，针对性强。如此开篇，即使已经完成指标的销售人员也会忍不住阅读这篇文案。因为他们还想知道其他方法让自己变得更强大。

疑问句有很多种句式，但"你有多久……"是经典的疑问句式，也是互动的常用方法。一句简单的提问会使读者的注意力聚焦，然后反问自己，自然而然对下文产生兴趣。以疑问句开头能够直击痛点，不仅可以吸引读者的注意力，更重要的是"留下"寻找某种需求的人。比如：

怎样变得富有？
怎样交朋友？
怎样开始一段爱情？
怎样在生活中获得成功？
怎样减肥？

这类的标题针对性很强，有此需求的读者就会进一步去阅读。

知识拓展："？"不仅仅表疑问

"？"这个符号，在很多时候不仅仅表达疑问。研究表明，很多人在看到"？"时，会下意识地将自己代入到问题中，去思考："如果自己遇到了这个问题该怎么办？"实际上，这也是文案写手的最终目的——让用户参与到问题中去,让读者怀着解答问题的心态来关注文案内容。比如,《百万级大号的第一批粉丝是如何获得的?》《石榴婆报告篇篇 10 万+是怎么练就的?》。如果这两篇文章开篇是“探寻百万级大号首批粉丝活动秘籍”“揭秘石榴婆报告篇篇 10 万+原因”,由于没有明显被加强的语气,就无法吸引读者的注意力。

在广告文案中,使用疑问句最多的是广告标题。广告标题的主要作用就是吸引读者阅读正文。标题本身并不直接介绍产品或劳务,而用迂回曲折的办法来吸引消费者的关注,激发其阅读兴趣从而阅读广告正文。一则方便食品的广告标题是:“丈夫为什么离开家?”画面上,一个男子气呼呼地瞪着眼,很不高兴。广告正文说明:他结束一天紧张的工作回到家里,妻子已经外出,留下一张便条,让他从冰箱中拿食品自己煮。丈夫不善于烹饪,就很不高兴地离开家,到餐馆吃饭。广告推荐这家公司生产的美味方便食品,只要一加热就可以吃,再也不会发生丈夫离开家的现象了。接着详细介绍各种方便食品,文字十分风趣,广告效果极佳。

小提示:广告标题写作注意事项

1. 在创作标题时应注意文辞简洁易懂,具有独特性,要能对目标对象产生刺激性,给予丰富的联想,并让目标对象能够接受。

2. 标题不能写得太长,一般控制在十个字左右,如果文字太多,可以分为主标题和副标题。

3. 标题要承诺给潜在消费者带来什么利益,或给他们提供最新的信息,不要用空泛的、大家都见过很多遍的陈词滥调。

4. 同时还应注意真实、准确、贴切，不要生搬硬套，故弄玄虚。

小提示：广告标题很重要

广告大师大卫·奥格威非常重视标题："标题是大多数平面广告最重要的部分，它是决定读者是不是读正文的关键所在。读标题的人平均为读正文的人的5倍。换句话说，标题代表了一则广告所花费的80%……在我们行业中最大的错误莫过于推出一则没有标题的广告。"（奥格威 1991）[94]

疑问句根据提问的手段和语义情况，可以分为四类：是非问、特指问、选择问、正反问。（黄伯荣，廖序东 2007b）[98]

1. 是非问

是非问的句法结构像陈述句，只是要用疑问语调，句末常用语气词"吗""吧"等，但不用"呢"。它一般是对整个命题提出疑问。回答是非问句，只能对整个命题做肯定或否定回答，用"是""对""嗯"或"不""没有"等答复。（黄伯荣，廖序东 2007b）[98] 例如：

（1）早安！我是玛琪，您的先生出门时，用过早餐了吗？（日本玛琪汤汁）

（2）想知道"清嘴"的味道吗？（清嘴）

（3）你想尝试钓鱼的乐趣吗？（钓具商店）

（4）你想让换洗的衣服马上穿上身吗？（干衣机）

（5）仙灵骨葆问您：腰背腿脚好了吗？（贵州仙灵药业）

（6）妈妈，再喝一支好吗？（口服液）

（7）你想使身材苗条一些吗？（减肥茶）

（8）奶奶，老天爷给您换上了新耳朵了吗？（助听器）

（9）今天，您还在使用昨天的化妆品吗？（雅诗兰黛粉底霜）

(10) 早晨好！你用过梨牌香皂了吗？(梨牌香皂)

由上面的广告语实例我们能够感觉到，广告语中的是非问句虽然表面上是在向受众提出问题，但广告创作者的实际目的是以提问题的方式引起悬念，让消费者在寻找答案时注意到广告中所提供的商品信息，引发受众产生消费理念进而做出消费行为。

小提示：悬念

Facehook(脸书)上有一项统计数据，开头有"谈论它""吓坏了""令人震惊"等词语的文章，点击率会远高于没有设置悬念开头的文章。

悬念是文学中常见的表现手法，悬念的作用就在于使故事结构环环相扣，内容紧凑而集中，既能有效地吸引观众的注意力，又能使他们保持这种状态。最后展示出一个让观众意想不到的结果，达到震撼人心的效果。

悬念的设置，可以是一个场景、一段情节或者贯穿整个文案的具体事物、人物某一时刻的神态描写等。就如某品牌洗发水广告语："是什么让他放弃百万年薪去做洗发水呢？"这句文案采用的就是悬念式，从"放弃百万年薪"到"做洗发水"是悬疑的始末。一句话从起点到终点，成功地引起别人对答案的兴趣。所以，对文案写手而言，悬念就是读者想了解却无从知晓的一个情节；而对读者而言，悬念就是一个等待解释的谜团。

2. 特指问

特指问是用疑问代词(如"谁""什么""怎样"等)或由它组成的短语(如"为什么、什么事、做什么"等)来表明疑问点，说话者希望对方就疑问点作答的句子。(黄伯荣，廖序东 2007b)[98] 例如：

(1) 关键时刻怎能感冒?(999 感冒灵)

(2) 去年来这里的欧洲人有 100 万,你知道为什么吗?(突尼斯旅游)

(3) 需要什么?自己动手!(自选商场)

(4) 最大的"一块"是谁的?(复印件)

(5) 既然你买得起洗衣机,为何不买最好的呢?(本涅克斯牌洗衣机)

(6) 丽珠好在哪里?(丽珠得乐药品)

(7) 为什么客人们对你家总是赞不绝口?(切克劳斯墙纸公司)

(8) 消化不良患者常常抱怨什么?(肠胃药)

(9) 爷爷健康的秘密在哪里?(营养液)

(10) 疼痛时,为什么没有想到芬必得?(芬必得药品)

(11) 吃火锅没有川崎怎么行?(川崎火锅调料)

(12) 您猜,法国第一夫人是谁?(雪铁龙轿车)

(13) 有了哈奇,您还担心什么?(哈奇除臭剂)

(14) 有谁不渴望青春的气息?(春雨香水)

(15) 女人,你追求什么?(宝露化妆品)

(16) 如果五指一样长,怎能满足用户不同需求?

特指疑问中,有一种写法对受众有很大的吸引力,我们也叫作指导性广告文案(标题叫作指导性标题)。指导性质的广告总能使一些消费者着迷:在信息爆炸的当代社会,当人们可以选择通过某种手段或者媒介来获取信息时,他们通常更愿意选择那些有使用价值的信息来指导他们如何行动。所以这类文案都会得到不错的反响。例如:

(1) 如何使一个聪明的孩子变得更聪明?(皇家牌打字机)

(2) 买什么礼物,送给她最合适呢?(上海英雄400型圆珠笔)

(3) 人人都想有个家,家里明天摆什么?(沙发)

(4) 您的皮肤能这么快吸收它,是什么道理?(玉兰油乳液)

(5) 何不买能多用几次的刀片!(美国吉列刀片)

(6) 35岁以上的妇女怎样才能变得年轻?(荷尔蒙香脂)

广告语中的特指问句与是非问句的作用有相似性,也并非真正是要向广告受众提出问题,而是想让消费者在寻找答案时注意到广告中所提供的商品信息,接受广告宣传的信息,最终做出消费行为。

再好的广告,如果没有人看、没有人听、没有人记也难以发挥作用。广告要让人高兴看、乐于听,广告语言必须标新立异、出奇制胜。"千仟玉"手足柔嫩剂为了开拓北京市场,推出广告:"北京人,谁的手足在哭泣?"广告以哭泣暗喻手足布满冻疮、裂口、脱皮,以富有创新性的广告语震动消费者,促使其购买产品。

3. 选择问

用复句形式提出不止一种看法供对方选择,用"是"或"还是"连接分句,这样的问句叫选择问。选择问的末尾常用语气词"呢、啊"。(黄伯荣,廖序东 2007b)[99] 例如:

(1) 是天空映蓝了海洋,还是海洋映蓝了天空?(海洋牌洗衣机)

(2) 枕头治疗失眠是真,是假?(中脉安神枕?)

广告语中的选择问句也并非需要消费者在问题中选择一个作为答案,实际上广告创作者已经为消费者做出了选择,这种选择问句只是将不同的情况展示给消费者,让消费者去比较、思考答案,最终接受广告的影响。

4. 正反问

正反问由谓语中的肯定形式和否定形式并列的格式构成。可大致分为三种疑问格式：1) V不V(来不来)；2) V不(来不)，省去后一谓词；3) 先把一句话说出，再后加“是不是、行不行、好不好”一类问话格式，常带语气词“呢、啊”等。(黄伯荣，廖序东 2007b)[99] 例如：

(1) 今天你喝了没有？(乐百氏)

(2) 睡没睡？醒没醒？(安神补脑液)

(3) 你很想要拥有一件时尚又实用的新衣服，是不是？(服装广告)

与前文上述三种问句相同，正反问句也不需要消费者提供答案，只是广告宣传的一种手段，意在引起消费者关注、引发消费者思考，提高消费者对商品品牌的认识和兴趣。

需要注意的是，疑问虽然能够激发受众的好奇心，但是，这么做也是有风险的。因为广告中必须传达出一种理念，给读者一个承诺或者一些新鲜的东西，必须让受众愿意接受你的观点。并且，受众应该能够看出疑问和内容之间的联系，如果看不懂，那么广告就失败了。

(三) 祈使句

要求对方做或不要做某事的句子叫祈使句。它可分为两大类：一类是命令、禁止，一类是请求、劝阻。例如：

(1) 让世界倾听我们的声音。(中国中央电视台)

(2) 让一部分人先美起来！(美容)

(3) 让你一夜好梦！(睡衣)

(4) 让我们做得更好！(飞利浦)
(5) 令您足下生辉！(鞋)
(6) 让每个小人穿上伟大的鞋！(小阳基童鞋公司)
(7) 当心,这窗子是安了玻璃的！(玻璃清洁剂)
(8) 给孩子一个美好的明天！(中国希望工程)

部分祈使句的广告是为消费者出点子、提建议,这类广告如果让受众感到企业诚恳的态度,往往会收到事半功倍的效果,使受众在信任中自觉消除对广告的排斥心理。这类广告会主动地劝说或强烈地暗示读者去做或去思考,如“要想不慌不忙用早餐,请用上海芙蓉方便面”,或“尽情享受加利福尼亚的阳光吧”。

此类广告还会提出新的消费方式,引发消费者仿效,促成流行。直接或间接地展示品牌利益,能够促成受众的积极行动。在写作时,宜用平缓、礼貌、恭敬的言辞来敦促消费者采取行动。多用“请”“欢迎”等字眼,不宜用惊叹号。

(1) 治肾虚,请用汇仁肾宝。(汇仁肾宝)
(2) 咳嗽,请用急支糖浆。(太极集团)
(3) 保护嗓子,请用金嗓子喉宝！(金嗓子喉宝)
(4) 不要让孩子输在起跑线上！(龙牡壮骨冲剂)
(5) 不要太潇洒！(杉杉牌西装)
(6) 别小看自己。(红牛饮料)
(7) 为了你的健康,请别把头皮当地板擦。(绿野洗发香波)

广告创作使用祈使句时应考虑消费者的接受心理,语气应尽量婉转、客气,避免引起反感。如“勿忘购买 A 毛巾”“聪明人速服用 A 牌口服液”这样的语气,容易引起消费者的抗拒。木工刨床广告说:“为了您的人身安全和家庭幸福,请使用木工安全平床。”

不说“为了避免人身伤亡”,而说“为了您的人身安全和家庭幸福”;不说“购买”,而说“使用”,还加上个“请”字,讲究措辞,让人感觉温暖。

可以看出,广告语中使用祈使句的情况很多。无论是请求、劝阻还是鼓励,广告创作者都是想以直接、明了的方式让消费者与商品信息之间迅速产生关联,达到广告传播的目的。

根据我们的观察,虽然广告语中的祈使句中也有命令、禁止性的,但是不如请求、劝阻或鼓励性的祈使句多,尤其是命令性的祈使句比较少。

所以,在广告创作时,应该注意命令、禁止性的祈使句中词语的选择、语气和表达的分寸,否则会引起消费者的反感,达不到广告宣传的目的,甚至起到相反的作用。

小提示:

广告文案首先要做的就是适合受众的胃口和心理,用受众所习惯的语言去表达,让其理解、喜欢、记得。大卫·奥格威(1991)[46]曾说:“广告文案必须亲切、简单易读,而且瞄准目标市场。针对这个市场的广告,如果出现自我意识浓厚的画面和华而不实的文字,通常只会使消费者产生提防的心理。”

不要吝啬建议

广告大师大卫·奥格威曾经说过,如果一则广告能给人提供一些实用建议,那么它的阅读人数会比普通广告多出75%。由美国知名社会学者布洛克、阿尔伯特和贝克共同进行的一项研究表明,当人们面临不同的信息选择时,他们更愿意选择那些实用的信息。(涂画 2002)[9]

壳牌集团会向消费者提供一些小贴士(如怎样在气泵上省钱、怎样让你的爱车保持良好的运转状态、怎样保养轮胎等),这种广告宣传方式获得了巨大的成功。公司一共分发出6亿本宣传册子,名声大振。

(四) 感叹句

带有浓厚的感情的句子叫感叹句。它表示快乐、惊讶、悲哀、愤怒、厌恶、恐惧等等浓厚的感情。(黄伯荣,廖序东 2007b)[101] 如:

(1) 困了累了喝红牛!(红牛饮料)

这是红牛的一句经典的广告语,深深地植入了大众的心里。红牛作为国内最早一批出现的能量饮品之一被人们熟知,红牛里的B族维生素和氨基酸等营养物质既可帮助补充水分,还能快速消除疲劳、振奋精神、提高工作效率,因此不少人会选择喝些红牛。广告用感叹句是想向大众表达红牛在提神醒脑方面的功效。

(2) 维维豆奶,欢乐开怀!(维维豆奶)

中国是大豆的故乡,有6 000多年的栽培历史和2 000多年的加工历史。维维豆奶被称为中国的“豆奶大王”。维维也是中国豆奶行业标准的制定单位。自1992年开始,维维连续15年把豆奶广告打到了中央电视台及各级卫视最黄金的时段。“维维豆奶,欢乐开怀”的歌声,飞遍了大江南北,长城内外。

(3) 喝孔府宴酒,做天下文章!(孔府宴酒)

我国历史上因酒而成传世诗作的例子俯拾皆是。“李白斗酒诗百篇,长安市上酒家眠,天子呼来不上船,自称臣是酒中仙。”(杜甫《饮中八仙歌》)“醉里从为客,诗成觉有神。”(杜甫《独酌成诗》)“俯仰各有志,得酒诗自成。”(苏轼《和陶渊明》)“一杯未尽诗已成,涌诗向天天亦惊。”(杨万里《重九后二月登万花川谷月下传觞》)南宋政治诗人张元年说:“雨后飞花知底数,醉来赢得自由身。”酒和文章似乎天生就有不解之缘。“喝孔府宴酒”做名扬天下的文章,这是当代人的一种向往吧。

(4) 孔府家酒,叫人想家!(孔府家酒)

中国的传统文化核心就是“家”。比如我们会说“国家”,将“国”与“家”连接起来,“国是最大家,家是最小国”。在东方文化体系当中,“家文化”是其中较为质朴的哲学形态。家,包括婚姻修行、孝道传承、子女教育、家风、家族、家国、国家。家是根源,是我们一切思想情感的发源地。中国的很多广告都通过变现品牌对家的认知而引起受众的内心共鸣。在外的游子想家的时候,来一杯孔府家酒,将品牌、产品与情感连接在一起,广告创意非常巧妙。

(5) 华南煤气具,省气数第一!(华南煤气具)

广告通过感叹的句式强调了华南煤气具的特色——省气。感叹语气增强了广告的气势。美国广告大师瑞夫斯提出“USP”理论,即“独特的销售主张”。(蔡嘉清 2017)[14] 这也是广告发展历史上最早提出的一个具有广泛深远影响的广告创意理论,它的意思是说:一个广告中必须包含一个向消费者提出的销售主张,这个主张要具备三个要点:一是利益承诺,强调产品有哪些具体的特殊功效和能给消费者提供哪些实际利益;二是独特,这是竞争对手无法提出或没有提出的;三是强而有力,要做到集中,这是消费者很关注的。所以在同类产品的竞争中,关键在于为消费者提供其他同类产品所不能提供的好处和功效,这种独一无二的利益承诺就会成为购买理由。很明显,广告中“省气数第一”通过制造对比,抓住目标人群的心理,夺其眼球。

(6) 雀巢咖啡,味道好极了!(雀巢咖啡)

这是人们非常熟悉的一句广告语,也是人们最喜欢的广告语之一。广告语简单而又意味深远、朗朗上口,因为发自内心的感受可以脱口而出,正是其经典之所在。以至于雀巢以重金在全球征集新广告语时,发现没有一句比这句话更经典。

(7) 戴博士伦舒服极了!(博士伦隐形眼镜)

隐形眼镜刚推出市场的时候,作为新生事物还不能被消费者接受。博士伦隐形眼镜消为了除消费者存在的顾虑,打消消费者原来存在的错误观念,提出"博士伦美化您的眼睛,美化您的生活"。广告打开了市场,隐形眼镜也逐渐被消费者所认可。好的市场表现带来了激烈的竞争。众多隐形眼镜品牌都想分一杯羹。与此同时,消费者对隐形眼镜也有了新的需求,不仅要美化眼睛,更要健康舒适。针对市场环境的变化,博士伦提出"戴博士伦舒服极了"。卓越的品质经得起市场的检验。在后来的十几年里,博士伦始终保持市场占有率第一、销量第一,销售额逐年递增,"博士伦"几乎成为隐形眼镜的代名词,深得消费者信赖。

(8) 飞亚达表,一旦拥有,别无所求!(飞亚达表)

飞亚达对制表工艺的钻研始终遵循严格的标准,保持热忱的态度。从手表机芯设计与制造的无数次试验中积累了先进的专有技术,卓越的制表品质获得中国载人航天工程的高度认可。从 2003 年起,飞亚达为中国载人航天事业提供辅助计时装备,随护中国首次载人航天飞行、神舟七号出舱任务,见证无数伟大时刻。

自 1987 年品牌创立以来,飞亚达以专业与美感兼备的腕表设计，诠释非凡向上的精神风范。飞亚达用品质把自己与使用者身份地位联系起来，使人们戴上飞亚达手表，就能感受不凡的气质和对专业精神的认可。

在感叹句的广告中，恐惧式广告是比较独特的。所谓恐惧式广告实际上是广告运用了恐惧诉求的表现形式，使消费者对自己的生理、心理和生活习惯产生恐惧、担心、忧虑，从而渴望解决的办法。这种广告能使消费者产生强烈的心理刺激，从而引发他们购买的行为。例如：

"先生们，我要你们的脑袋！"（理发店广告）

这是20世纪30年代，英国一乡村理发店的广告。为了吸引过路行人注意，在村边桥头上竖起一块木牌，上边模仿中古时代绿林豪杰拦路抢劫时恫吓的口吻写道："先生们，我要你们的脑袋！"这一广告使人过目不忘，吸引了不少顾客。

恐惧式广告以人们的安全需要为契机，指明受众如果不购买该产品或服务，可能会出现安全问题，以此来提醒和劝导消费者采取购买行动。这是一种以"威胁"的口吻劝导消费者解除可能遇到的安全威胁的行之有效的重要创作方法。具体地说，恐惧广告文案一般总是构想出某种灾难、困境、损害、危险、痛苦等"威胁"消费者的情景，而这种不利情景正是由不购买某种产品、不接受某种服务或某种错误行为导致的结果。

小提示：恐惧不等于恐怖

在进行"恐惧写作"时，必须与"恐怖"广告划清界限："恐惧"只是一种企图摆脱危险的逃避的情绪，而"恐怖"则为一种严重的惊慌战栗，有的还可能影响社会稳定。因此，对于恐惧法的运用一定要慎之又慎，一是不能滥用，二是不能将"恐惧"

扩张到“恐怖”领域,否则就会与相关法律产生冲突。

据我们的统计,广告语中使用感叹句的例子不胜枚举。感叹句是以强烈、浓厚的感情表达信息,广告创作者选择感叹句是想通过强烈的情感诉求传达与消费者形成情感上的共鸣,提高消费者对商品品牌的认识并对其产生依赖,进而转变成为商品的忠实消费者。下面这些广告是如何通过感叹句发挥作用的呢,大家来自行试着分析一下吧。

(1) 有汇源才叫过年呢!(汇源果汁)

(2) 食华丰,路路通!(华丰方便面)

(3) 非常可乐,非常选择!(非常可乐)

(4) 波导手机,手机中的战斗机!(波导手机)

(5) 喝了娃哈哈,吃饭就是香!(娃哈哈)

(6) 飘柔,就是这么自信!(飘柔洗发水)

(7) 世界之最,当仁不让!(摩卡即溶咖啡)

(8) 畅销整个世界的饮料!(可口可乐)

(9) 永远的可口可乐,独一无二的好味道!(可口可乐)

(10) 走遍天涯海角,忘不了艾伦堡!(艾伦堡饮料)

(11) 有了太空棉,没有三九寒!(太空棉衬衣)

(12) 三羊,三羊,给您吉祥!(三羊皮装)

(13) 国营老牌是金照,还是金照靠得牢!(金照牌服装)

(14) 唯有钻石是永恒的!(钻石戒指)

(15) 金星——中国的明星!(金星电视机)

(16) 风景这边独好!(益大窗帘)

(17) 马自达,无马自达!(马自达轿车)

第二节 复句句式

复句是由两个或两个以上意义上相关、结构上互不作句法成分的分句加上贯通全句的句调构成的。(黄伯荣,廖序东 2007b)[121]

根据分句间的意义关系划分,复句可以分为联合复句和偏正复句两大类。(黄伯荣,廖序东 2007b)[123]

一、联合复句

联合复句可以分为并列、顺承、解说、选择、递进五小类。(黄伯荣,廖序东 2007b)[123] 广告语中使用联合复句的实例不少。

(一) 并列复句

(1) 眼睛更明亮,容貌更漂亮!(西庞眼镜)

眼睛是心灵的窗户,是人的五官中最吸引目光的部位。很多消费者特别重视对眼睛的修饰。对于消费者来讲,恐怕眼镜是最不需要技术含量的美化眼睛的工具了。时代在发展,科技也在进步,眼镜早已摆脱了厚重、丑陋的形象,成为时尚的宠儿。有些消费者甚至没有眼部问题也会戴眼镜,仅仅是为了修饰自己的容貌。西庞眼镜通过复句的广告语提出产品的卖点:让消费者拥有清晰视力和漂亮的容貌,符合当下眼镜爱好者的消费心理。好视力眼镜的广告"不仅让您看得清,还为您平添风采!"也是同样的道理。

(2) 对油污毫不留情,对你的双手却爱护备至!(洗涤剂)

“毫不留情”“爱护备至”巧妙地表达了洗涤剂的两大诉求：去污能力强和不伤手,这也是消费者对洗涤产品的最大要求。广告直截了当地告诉消费者产品能够带来的利益点,是吸引消费者注意甚至发生购买行为的法宝之一。这点对于广告标题来说更是如此。标题犹如广告的橱窗,要迅速明晰地展示内容的精髓,消费者确定广告商品符合自己的切身利益,就能激起购买欲望。

(3) 既想开怀大笑,又怕烟渍被耻笑!(喜洁强效牙膏)

广告通过简单的文字描述了一个很多消费者都感同身受的场景。因为牙齿有烟渍,或者发黄、不整齐等问题,而不敢随心展示自己的情绪。广告指出消费者的痛点,提出解决方案,购买产品就是显而易见的事情了。

这种策略也叫作场景化策略,它通过创造特定的场景来吸引消费者的注意力,并激发他们的购买欲望。这种策略的核心在于理解消费者在特定场景下的心理状态和需求,然后将产品或服务的卖点与之相匹配,以实现更有效的营销效果。所以精准把握消费者的需求是关键。这也就是为什么广告活动的第一步是广告调研的原因了。

(4) 不是人参,胜似人参!(营养液)

人参是珍贵的药用植物,被誉为“百草之王”,是延年益寿的保健佳品。人参的拉丁学名中的“Panax”是“Pan”(“总”的意思)和“Axos”(“医药”的意思)的结合语,是说人参对所有的病都有效。虽有夸大之嫌,但其药用价值确实毋庸置疑。人参的稀缺和功效,使得含有人参成分的营养保健品均价格偏高,对于普通老百姓来说确实消费起来比较困难。但该营养液的广告说它“不是人参,胜似人参”,语言虽然简单,但鼓动性极强。整个广告句式简单,运用了反复的修辞手法,不断强调“人参”,加深产品与“人参”之间的联系,给消费者一定的心理暗示:这是人参的替代品。人参的高价也许会让消费者望而却步,但胜似人参的替代品还是可以试试的。

(5) 像您不同于其他的女性,达娜也不同于其他的香水!(达娜香水)

这则广告运用了类比的手法,将消费者比作产品本身。每个女性都是独一无二的,也希望做别人眼中独一无二的存在,在彰显个性的时代尤其如此。广告将独一无二的“您”和“达娜”香水产生关联,强调香水也是“不同于其他的香水”,是属于您的产品,像是专门为您量身定做的产品,既满足了消费者追求独特的需求,又给予了消费者尊重,自然就会引发广大女性的追捧和购买。

大卫·奥格威在《奥格威谈广告》(2003)中曾说:“不要设计那些你甚至不愿你的家人看到的广告。”不要把受众当傻子,如果广告连你都看不进去,那你又如何打动其他人呢?广告文案所做的首要问题就是适合受众的胃口。让他理解、喜欢、记得。这样创作出来的广告语就更有生命力。

(6) 既可以留心血压,又可以计时——卡西欧手表,十分方便(卡西欧测血压手表)

卡西欧是日本的一个牌,其母公司是一家生产电子仪器、电子计算器的公司。卡西欧旗下产品的主要集中在数码相机、手表、电子乐器、计算器等。复合功能是卡西欧的主要特色,比如20世纪80年代,卡西欧就推出有附带防震、储存电话号码、预报天气等功能的手表。因卡西欧造型时尚、功能实用,很受明星、潮流玩家、学生的钟爱。在显示上。广告中的卡西欧手表附带了一个新功能:测血压,对于有此需求的消费者来说确实“十分方便”。

(7) 没有最好,只有更好。(澳柯玛冰箱)

澳柯玛始创于1987年,是世界知名制冷装备供应商。公司形成了家用制冷产品、商用冷链、医用冷链、冷链物流装备、超低温设备的全冷链产品线覆盖。“没有最好,只有更好”是澳柯玛的企业信念,让消费者感受到消费者一直在进步,不断地追求卓越满足消费者的多层次需求。广告语简洁明了,句式简单对称,通过押韵使广告节奏欢快中充满了自信和气势。

(8) 今日不迟疑,明日不后悔!(富豪花园)

富豪花园的这一广告,劝导消费者今日不迟疑地投资购买富豪花园的房产,将来就不会因没有购买到购买富豪花园的房产而后悔。

(9) 早也报,晚也报。(《劳动午报》)

《劳动午报》是午报,而中午是一日的中间时间,所示早上发生的、前一日晚上出现的新闻都可以报道。

(二) 顺承复句

(1) 你每喝一瓶农夫山泉,就为贫困山区孩子捐出一分钱。(农夫山泉)

“喝农夫山泉”与“为贫困山区孩子”捐钱,这两个行为有前后相承的逻辑关系。

(2) 读了就能做,做了就能富!(《农技服务》期刊)

“读”了《农技服务》期刊就会知道如何“做”,而“做了”就能“致富”,此广告语宣传了《农技服务》期刊在引导致富方面有作用。这则广告语中的“读”“做”和“富”三个词有前后相承的逻辑关系。

(三) 选择复句

(1) 吃得饱不如睡得好!(速效枣仁安神胶囊)

中国民间有句俗话“吃饱睡足”,可见幸福生活离不开吃饱、睡好。但其实在中国人的心里,吃饱睡好还是有优先顺序的。中国人强调“民以食为天”,口中常说“吃得饱才能睡得好”,可见“吃饱”更重于睡好。当然这和历史环境有关系。长久以来,人口的激增或战乱、天灾的影响,老百姓饿肚子的事情时有发生。“吃饱”就是他们对于美好生活的期许。但广告“吃得饱不如睡得好”却打破了受众的传统认知,给人们带来新的观念,能够激发受众对产品的好奇心和购买欲。

之所以提出这样的广告,是因为环境发生了变化,消费者的需求也在发生着变化。生存受到挑战时吃饱是人们最大的需求和渴望。但这一需求满足后,人们就会有更高层次的需求,睡好就提上了日程。在生活节奏不断加快的今天,比起吃饱,更多的消费者陷于因为各种压力而导致的睡眠困扰,“睡得好”成为当下消费者最迫切的需求。广告准确抓住消费者心理,满足其潜在需求,广告效果自然会好。

知识拓展:马斯洛的需求层次与广告

美国人本主义心理学家亚拉伯罕·马斯洛提出,人类的需求有很大的相似性,而这些需求大致分为五类,从低到高依次为生理的需求、安全的需求、爱的需求、尊重的需求和自我实现的需求。(蔡嘉清 2017)[84]

生理的需求包括维持生命所必需的呼吸、水、食物、睡眠等。生理的需求满足了人们对安全的需求,就是人们常说的安全感。它包括人身的安全、健康的保障、财产的归属等。安全的需要是指人对安全、秩序稳定以及免除恐惧和焦虑的需要。这种需要得不到满足,人就会感到威胁和恐惧。它表现为人都希望自己有丰厚的收入,有一个稳定的工作,希望生活在安全、有秩序、可以预测和熟悉的环境中,喜欢做自己熟悉的工作等。如果人们生活在生命财产安全得不到保障的环境中,或者生活在人生地不熟的环境中,从事着自己不熟悉、对结果没有把握的工作,就容易产生恐惧情绪,缺乏安全感。生理和安全需求都满足的时候,人们还有对爱的需要。这一层次的需要包括两个方面的内容。一是友爱的需要,即人人都需要伙伴之间、同事之间关系融洽或保持友谊和忠诚。人人都希望得到爱情,希望爱别人,也渴望接受别人的爱。亲情、友情、爱情对我们而言至关重要,缺一不可。爱是人类文明永恒的主题。二是归属的需要,即人都有一种归属于一个群体的感情,希望成为群体中的一员,并相互关心和照顾。尊严的需求是人人都希望自己有稳定的社会地位,要求个人的能力和成就得到社会的承认。尊重的需要又可分为内部尊重和外部尊重。内部尊重是指一个人希望在各种不同情境中有实力、能胜任、充满信心、能独立自主,也就是人的自尊。外部尊重是指一个人希望受到别人的尊重、信赖和高度评价。马斯洛认为,尊重需要得到满足,能使人对自己充满信心,对社会满腔热情,体验到自己活着的用处和价值。最后是自我实现的需要。自我实现的需要是指人类希望最大限度地发挥自己的潜能,不断的完善自己,实现自己的人生价值,这样才会使他们感到最大的快乐。这是最高层次的需要。

马斯洛认为低层次的需求得到基本满足之后才会出现高层次的需求。正如中国人常说的“仓廪实而知礼节,衣食足而知荣辱”。广告归根结底是在人们的需求和产品之间搭起一座桥梁,一端连着需求,一端导向产品。因此,精准把握人们的需求对广告人而言尤为重要。需求层次的每一级都能成为广告的创意点。

(2) 不坐林肯,就坐佳美!(台湾佳美牌轿车)

丰田佳美和凯美瑞是同一款车型,只是中文命名不同。丰田佳美是凯美瑞的前身,英文名为“CAMRY”,最早以进口车的形式在国内销售。2006年第六代CAMRY在中国投产后,正式改名为凯美瑞,而佳美则成为历史。丰田汽车对产品精益求精,丰田佳美得益于丰田的品质保证,在当时属于顶配车型。但广告并没有强调丰田佳美的具体利益,而是用了比附的手法。林肯汽车是美国的高端豪华汽车,丰田佳美和林肯相比,一方面可以加深消费者的印象,一方面又可以调动消费者的好奇心:丰田佳美到底有何过人之处呢?值得一提的是,广告中暗含了品牌名称,更有利于品牌的传播。

(3) 与其妥协迁就,不如奔驰万里!(奔驰轿车)

这句广告义为“即使你现在因为一时的妥协选择其他品牌,但总有一天你会拥有一台奔驰”。这句广告语巧妙的地方在于它道出了大多数人人生的无奈。漫长的人生旅途中,总会有一两件事会成为消费者的心中的“朱砂痣”。当时因为各种原因造成的妥协迁就,事后总会追悔莫及。总是不断在脑海中追问:“如果当时勇往直前的话,是不是又会有另一番境况?”这句广告语深深刺痛了消费者的内心,能够引起消费者的共鸣。同时“奔驰”在这里是双关的用法,既指品牌名称,又是勇往直前的意思,同时还有对人生的美好寄语在其中。

奔驰的全称是梅赛德斯-奔驰(Mercedes-Benz),“奔驰”是在中国内地翻译的品牌名。在香港地区叫作“平治”,两者均被誉为品牌翻译中的经典之作。“平治”给人们以傲视群雄之感,原出《孟子》“修身、齐家、治国、平天下”的人生信念,既突出了汽车本身的稳重、高贵,也符合车主的显赫身份。用“奔驰”的定名则更费周章,因为中国内地在处理外国品牌名称的翻译时,一般习惯用音译,所以起初的版本都是译音不译意。“奔驰”取自“Benz”译音,但在译意方面,可说是与译音配合得天衣无缝。“奔”腾飞跃,“驰”骋千里,充满活力动感,正是 Mercedes-Benz 的最佳写照。

(4) 宁可百年不用,不可一日不备!(电击棒)

这则电击棒的广告是一种仿写,出自《南史·列传·卷六十一》:兵可千日而不用,不可一日而不备。本意是指军队可以长期不打仗,但一天也不能放松备战,强调国防力量的重要性。广告中将电击棒比作军队,其实是在强调产品的必要性。这句话其实对于一些生活中必备但又不常用的产品都适用,比如保险。

(5) 宁得一把五加,不用金玉满车!(五加皮)

(6) 宁要虫草,不要金银满车!(虫草精口服液)

这两则广告不选择“金玉满车”“金银满车”这些象征财富的东西,而是选择“五加(五加皮)”“虫草”这些能补养身体的中草药,提醒大家选择健康比选择财富更明智。

(四) 递进复句

递进,就是采用由浅入深、从小到大、从轻到重、从低到高的格式,层层深入,表达客观事物之间逐步发展的关系。递进式复句可以起到语义叠加，突出产品优势、特点，吸引消费欲望的作用。

（1）它不仅是啤酒，它更是一种传统！（安豪伊德布希啤酒）

这则广告“它不仅是啤酒，它更是一种传统”并没有直接告诉消费者这款啤酒能够给其带来的利益点，但仍然能够打动消费者，原因就在于递进句式的使用。首先用否定的态度说“它不仅是啤酒”，来引起大众的好奇心，再用递进赋予它更深的内涵“它更是一种传统”。看似什么都没说，但又似乎全说了。这里的“传统”是双关的用法：一是传统的酿造记忆；二是悠久的历史。随着时间的推移，啤酒已经逐渐超越了它作为饮品的实用性功能，其外延正在不断扩展。它是一种艺术、一种文化、一种生活方式。每个国家都有其独特的酒文化。它反映了人们对生活品质和个性表达的追求。“传统”也更好地契合了消费者追求回归传统的消费心理。

（2）你喝的不仅是饮料，它还是一种能量！（韦尔切葡萄汁）

递进关系句式的特点就在于重点在后半句，所以“你喝的不仅是饮料，它还是一种能量”的重点在于“能量”，强调的是这是一种功能性饮料，具有提神醒脑的作用。品牌通过广告宣传倡导一种突破传统的理念，此类广告需要精准地把握消费真正的内在需求才能被消费者所接受。

（3）不但小伙子喜爱嘉陵，就连姑娘们也都在追求嘉陵！（嘉陵摩托车）

如果要说起摩托车的广告，很多人都会想起嘉陵摩托车广告。一想到摩托车的目标消费群体，大家头脑中的第一反应就是男性，并且是年轻男性。但这则广告有趣的地方在于不仅提到了“小伙子”,还提到了“姑娘们”。姑娘们自然不全是嘉陵摩托车的目标消费者,但不影响姑娘们喜欢追求骑嘉陵摩托车的“小伙子”们,听到这里,众多的“小伙子”们还能坐得住吗,购买就是自然而然的事情了。

需要说明的是广告中先后两次提到“嘉陵”,反复的手法一方面增强了广告的节奏感,另一方面多次强调品牌名称也会加深消费者对品牌的印象。

我们收集到的联合复句的广告语中没有解说式复句,而选择式、并列式两种较多,递进式比顺承式多些。

二、偏正复句

偏正复句可以分为条件、假设、因果、目的、转折五个小类。(黄伯荣,廖序东 2007b)[127] 广告语中使用偏正复句的实例比较多。

(一) 条件复句

条件复句的两个分句是“条件”和“结果”的关系,且“条件”已经具有“满足或正在满足当中”的特点。如美国大西洋饭店的广告:只要住一天,您一辈子都不会忘怀!

条件复句的常见关联词语有:只要(只需、一旦)……就(都、便、总)……,无论……都……。利用条件复句创作的广告有:

(1) 无论是旅游还是出差,只要在马尼拉,就魂系钻石旅馆!(马尼拉钻石旅馆)

(2) 餐桌上只要有了它,欢声笑语就不断!(荣格沃尔弗

饮料公司梨汁)

(3) 无论你驶得多快,贝涅克斯能让你立刻停下!(贝涅克斯制造公司刹车装置)

(4) 无论年龄多大,都能使您显得年轻!(爱美科化妆品公司)

(5) 无论你在世界的哪个角落,我们都能给你以帮助!(安全太平洋银行)

(6) 无论是一步还是两步,总是带动健康的脚步!(驰誉鞋)

(7) 千万不要卖掉你的黄金,除非找到合适的买主!(某国首饰店收购黄金广告)

(二) 假设复句

假设复句的两个分句是“假设”和“结果”的关系,且“假设”情况具有“可能出现,也可能不出现”的特点。如柔和之叶茶叶的广告:假如你想提起精神,就取出一小袋吧!

常见的关联词语有:如果(假如、要是、倘若、若是)……就(那么、那就、那么就、便)……。这种复句,通常要借助“关联词语”来表示。

(1) 你若拥有双羽,将不再有冬天!(双羽牌羽绒服)

(2) 如果您的皮肤不能给你足够的保护,就再找个保护层吧!(香港尼尔普莱德游泳衣)

(3) 如果说人生的离合是一场戏,那么百年的好合更是早有安排!(百年润发)

(4) 如果您不满意,请告诉我们,如果您满意,请告诉您的朋友!(北京天天渔港饭店)

(5) 彩扩若选用国优,你将无后顾之忧!(上海 812 电脑彩扩设备)

(6) 要救心,用救心!(日本救心制药株式会社)

(7) 您需要正确的时间,就应该做出正确的选择!(哈佛手表)

(8) 没有买卖,就没有杀害。(动物保护公益广告)

(9) 如果人类不从现在节约水源,保护环境,人类看到的最后一滴水将是自己的眼泪。(节水公益广告)

条件复句和假设复句看似相似,实则有区别。条件复句重在条件,在一定条件下产生一种结果,是实的。假设重在假设,它是虚的条件复句,偏句提出一种真实或假设的条件,正句说明在这种条件下所产生的结果。

(三) 因果复句

因果复句由两个有因果关系的分句组成,其中一个分句提出原因,另一个分句说明结果。例如恒生卡的广告:人生更美,只因有你!

这种复句通常包含因果关系关联词,如"因为(由于)""所以""之所以""是因为""由于""所以""因此"等。

(1) 家有三洋,冬暖夏凉!(三洋空调)

(2) 拥有健康,当然亮泽。(潘婷洗发水)

(3) 有了太空棉,没有三九寒!(太空棉衬衣)

(四) 转折复句

转折和递进类似又有不同。递进句分句之间的关系有一层进一层的意思,转折句后面的分句没有顺着前面分句的意思讲,在意

义上有了转折,使前后分句的意思相反或相对。例如:

(1) 您不能反咬它,您却能反击它。(驱虫剂)

广告对仗工整,幽默生动。蚊子咬人,给人造成烦恼和不安,虽然不能反咬,但可以用驱虫剂反击。广告语简短有趣,给人启迪与回味,比直白的语言更能吸引消费者。

(2) 我们不生产水,我们只是大自然的搬运工。(农夫山泉)

这是农夫山泉非常响亮的一句广告标语,广告通过转折意在说明产品的水质好。这句广告语的巧妙之处还在于广告中没有一个形容词,但却表达了产品的优质,这是值得我们学习的。

大卫·奥格威(2008)[157] 在《一个广告人的自白》中曾说过:"不要用最高级形容词、一般化字眼和陈词滥调,要有所指,而且要实事求是。要热忱友善并且使人难以忘怀。别惹人厌烦。讲事实,但要把事实讲的引人入胜。"恒美广告全球创意总监,被誉为"文案中的文案"鲍勃·兰维森也曾提出广告创作者要积累常识,而不是形容词。他强调文案作家一定要知道自己在讲什么。如必须知道汽车如何装配,鸡肉如何切斩,界面活性剂如何作用,人在外国会碰到什么状况,炼油厂究竟怎么炼油等。(乐剑峰 2016)[153] 如果欠缺这种知识,那么广告就注定会越来越靠形容词过日子,而这注定只会是错误的。

(3) 健康不是一切,但一切从健康开始!(口服液)

广告运用了反复,回环、顶真的手法巧妙地诉说了广告的主题:可以帮助我们身体更加健康。"但"的转折起到了强调、增强语气的作用。

(4) 虽然不是药,功效比药好!(金银花花露水)

金银花花露水因含有金银花成分,通常可以起到清热解毒的功效,同时还可以起到祛痱止痒的作用。虽然不是药品,但在清热解毒、防治蚊虫叮咬方面确实效果明显。

(5) 有好味道,但不会有大腰围!(美国33啤酒)

人们喜爱啤酒,喜爱喝啤酒的氛围,但又不得不接受啤酒带来的啤酒肚。鱼和熊掌不可兼得的烦恼在消费啤酒的时候好像尤其明显。在这个消费者非常重视身材管理的时代,保持良好的身形体态是不论男女的共同需求。如果有个啤酒品牌告诉你,可以做到“有好味道,但不会有大腰围”,消费者会怎样做呢?当然是积极购买了。

我们收集到的偏正复句的广告语中没有目的式复句,而转折式复句的实例最多,条件式、假设式两种也比较多,因果式复句也有。特别是转折式复句,复句的后一句将重要的信息展示出来,让受众有柳暗花明之觉,启发受众注意广告的信息。

第三节　化用或引用成文

这节我们讨论的“成文”并非指现成的文章,是指形式和意义比较固定的句子,如:来自古文或古、现代诗词的句子、歌词、格言、名人名句以及人们熟知的古语句等。

通过分析广告语中“成文”的出处情况及对“成文”的不同处理,我们认为广告语中出现的“成文”,有对现成句子的引用和化用等不同方式。

对“成文”的引用是指:用现成的话,不经过重新组合;也就是说,是将原来的成文毫无改变地再次展现出来。由于是直接引用原文,所以能够很容易寻到原文的出处. 如：东风夜放花千树。(江苏沙洲灯具广告)引自宋代大词人辛弃疾的《青玉案·元夕》,且一字未改。

在广告文案中引用“成文”,要注意它们的形式意味,让消费者从中感受到潇洒风趣,如“一毛不拔”就因暗中调换了意义而让消费者对它产生了巧妙绝伦的感受,即将原先的小气、吝啬的意义予以抹杀,而赋予一种刷毛坚固无比的意义。

对“成文”的化用是指：将他人作品中的句子分解开来,根据表达的需要,再修改其书面形式或重新组合,灵活运用,形成一个有机的整体。广告创作者对现成的诗句文赋、谚语、流行歌曲的歌词、成语等略加改动,使之更加切合产品推销的需要。经过化用及艺术改造后的广告语有时不太容易看出原文的出处。

一、古文或古诗词的句子

(一) 引用古文或古诗词句

在广告中引用古文或者古诗词句,必须注意将所引前人的诗词歌赋等与广告产品的主要功效及当前情感联系起来,只有这样,才能突出广告主题,引导受众付诸购买行动。

1. 原诗引用

有的广告语中引用的是整首原来的古诗。如：

(1) 兰陵美酒郁金香,玉碗盛来琥珀光。但使主人能醉客,不知何处是他乡！(兰陵酒)

兰陵酒的广告语引用自李白《客中作》原诗,此诗前两句以轻快、优美的笔调,歌颂了兰陵美酒的醇香与美味。第一句从酒的质量来赞美酒,第二句进一步从酒器、酒的色彩烘托出酒的可爱。后两句说因美酒而流连忘返,乃直抒胸臆之语,含义深长,耐人寻味。全诗语意新奇,形象洒脱,一反游子羁旅乡愁的古诗文传统,抒写了身虽为他乡客却乐而不觉身在他乡的乐观情感。从盛唐到现在的盛世,时代虽然不同,但消费者的乡愁却是相同的。

(2) 红豆生南国,春来发几枝。愿君多采撷。此物最相思。(红豆衬衫)

红豆衬衫的广告语引自王维《相思》原诗,红豆这一国货品牌在创立之初就利用了红豆喻相思之义,引发了国人的悠悠情思,蕴含了中国人的浪漫之情。

2. 截取古诗、古文中的原句引用

有不少广告语是直接截取引用古文或古诗词中的原句,利用古文、古诗词原句表达广告理念,使整个广告呈现出典雅古朴的风格。如:

(1) 慨当以慷,忧思难忘。何以解忧,唯有杜康。(河南杜康酒广告)

河南杜康酒厂广告词是从曹操的著名诗作《短歌行》中摘录而成。杜康是传说中的酿酒大师,曹操诗中的“杜康”用的是一种借代手法,以酿酒大师之名泛指酒类。而河南杜康酒厂却用杜康来为自己的酒命名,并摘引曹操名诗来做广告文案。其巧借大师、巧借名著的创意,可谓“点石成金”。

(2) 青青子衿,悠悠我心。但为君故,沉吟至今。我有嘉宾,鼓瑟吹笙。明明如月,何时可掇。(上海黄金灯饰招聘广告)

“青青子衿，悠悠我心”出自《诗经·郑风·子衿》。原写姑娘思念情人，这里用来比喻渴望得到有才学的人。后曹操《短歌行》中引用《诗经》成句“青青子衿，悠悠我心。但为君故，沉吟至今。呦呦鹿鸣，食野之苹。我有嘉宾，鼓瑟吹笙。明明如月，何时可掇？忧从中来，不可断绝”表达对贤才的思慕和渴望。全诗内容深厚，庄重典雅，感情充沛，寓理于情，以情感人，被视为曹操的代表作之一。上海黄金灯饰将其古为今用，作为招聘广告的文案，令人拍手叫绝。

(3) 旧时王谢堂前燕，飞入寻常百姓家！(五粮液烤酒)

五粮液烤酒广告语截取了唐代刘禹锡《乌衣巷》中的原诗句，但与原诗句的含义不同。原诗通过“旧时”“寻常”暗示出乌衣巷昔日的繁荣，起到了突出今昔对比的作用，表达出诗人对沧海桑田的无限感慨。而五粮液烤酒的这则广告语赋予这一诗句新的隐含意义：以前贵族才能享受的东西，现在可以让平民大众品尝，打破了人们的传统认知，给人新颖奇特的感受，令人印象深刻。

(4) 海内存知己，天涯若比邻。(通信公司)

这句话出自唐代王勃的《送杜少府之任蜀州》，表现的是友谊不受时间的限制和空间的阻隔，它是永恒的，无所不在的。后人在与挚友分别之时，常用此句作为宽慰，作为友情长存的誓言。通信公司巧妙地引用这句话作为广告，可以说丰富了这句话的含义。一方面，友情的沟通需要通信作为媒介，通信是必要的存在条件。另一方面，“天涯若比邻”也暗含了通信公司可以让远在“天涯”的知己“若比邻”般自由联系，强调了通信的速度。精彩绝伦的引用值得学习。

(5) 采菊东篱下，悠然见南山！(菊花店)

衡量一个广告优劣的首要原则是关联性。将产品、品牌和消费者关联在一起。只有和消费者相关,消费者才能更好地凭借已有的知识和经验去理解广告的内容。否则再精致的广告都是空中楼阁,消费者无从理解,更谈不上广告效果。说到菊花,消费者的脑中就容易想起这句诗歌。菊花店的广告语引用了东晋陶渊明《饮酒(其五)》的原诗句,将自身的产品和陶渊明的名句产生关联,符合广告创意的基本原则。

(6) 同是天涯沦落人,相逢何必曾相识!(征友)

这句话出自白居易的《琵琶行》,意思是(你我)同样是远离家乡、流落在江湖的失意之人,彼此相逢,又何必一定要相识呢?后用来表示境遇相似之人的相互安慰、鼓励或慨叹,有时候也用来表示命运、遭遇同样不幸之人的处境。

思想与感情是广告的内驱力,用感情驱动创作意念,才能感染消费者,与广告主旨共振。征友广告的广告语是直接截取唐代白居易《琵琶行》中的原诗句,很恰当地利用了原诗句"虽然以前并不认识,但是由于有同样的遭遇,相遇时会觉得很亲切,仿佛相识已久"的含义,表明了有相同境遇的人,心意会相通,会在相逢后感觉仿佛相识已久,很容易成为朋友。

(7) 安得广厦千万间,大庇天下寒士俱欢颜。(投资公司广告)

这句话出自杜甫《茅屋为秋风所破歌》。大意是怎样才能得到千万间宽大的房屋,给天下贫寒的读书人遮风避雨,使他们能喜笑颜开地住在里面,任凭风吹雨打也安稳如山呢?杜甫因茅屋被风吹垮而作此诗,诗中这种推己及人的仁者襟怀,实在令人敬仰。投资公司的广告语截取了杜甫《茅屋为秋风所破歌》中的原句,表达了投资公司会帮助客户做出有利于消费者的选择,帮助他们拥有理想住房的信息。

(8) 一夫当关,万夫莫开!(防盗门)

这则防盗门广告语截取了唐代李白《蜀道难》中的原诗句。“一夫当关,万夫莫开”,本义为“只要一人把守,千军万马也难攻占”,诗句在这一广告中却被用来宣传这一品牌的防盗门的安全、有效的防盗功能,可谓十分恰当。

(9) 不积跬步,无以至千里!不积小流,无以成江海!(中国交通银行定投基金)

中国交通银行定投基金的广告语是截取自先秦荀子《劝学》中的原诗句,比喻积少成多;中国交通银行定投基金的这一广告是在引导客户购买基金产品,积少成多地积累资金财富。

(10) 天下有情人终成眷属!(“石头记”饰品)

“石头记”饰品的广告语引用自中国古代文学元杂剧《西厢记》中的原句。此话原句为“叹人间真男女难为知己,愿天下有情人终成眷属”,意思是“希望世界上两情相悦的情侣能够在一起”,这是作者王实甫通过《西厢记》里的主人公发出的对美好爱情的真诚呼唤,这句话已成为熟语和常用语。“石头记”饰品的广告是引导有情人购买饰品,并希望情人间以饰品为礼物相互赠送以增进感情,最终成为“眷属”。

(11) 自信人生二百年,会当水击三千里!(征友)

征友广告语截取了毛泽东《七古·残句》中的原句,诗文全篇已经佚失,只有两句留存“自信人生二百年,会当水击三千里”,意思是“我自信我的一生将有二百年,那我就可以水击三千里啊”,宣传了征友的宏大气势和自信。

(12) 老吾老以及人之老,幼吾幼以及人之幼。(敬老公益广告)

这则敬老公益广告截取了孟子《孟子·齐桓晋文之事》中的原句,原句的意义为“尊敬自己的老人,进而推广到尊敬别人家的老人”,中国人非常注重孝道,对自己家的长辈都非常尊敬,以此古文中的句子来宣传敬老思想,非常合适。

3. 截取引用古诗原句+新的诗句

我们还发现了截取引用古诗原句后,再添加新的自创的词句的广告语。如:

采菊东篱下,悠然见南山!满目苍翠,近在咫尺!(金宫山庄)

金宫山庄的这一广告语的前半部分引自东晋陶渊明《饮酒(其五)》的原诗句,前面的诗句描写了一种悠闲的生活场面,后面的语句表明了山庄周围的环境绿化非常好。

(二) 化用诗词、古文句子

“化用”是根据表达的需要,改变诗词、古文中原句的书面形式,或对原句进行拆分或重新组合。为了广告宣传,广告语中灵活运用“化用”的古诗文的例子是很多的。如:

(1) 同是天涯行车人,相逢千万别“相吻”。(“注意交通安全”公益广告)

“注意交通安全”公益广告语化用自白居易《琵琶行》中“同是

天涯沦落人，相逢何必曾相识”的原句，将“沦落人”换成“行车人”，点出广告使用的场景，“相识”换成读音相近的“相吻”，幽默地表达了车祸的意思。广告语言生动形象、妙趣横生。

小提示：幽默式广告

幽默式广告文案不是单纯地追求幽默，不是纯文学的幽默，要结合产品或服务去幽默。广告文案写作者必须明白幽默只是手段，不是目的。只有达到成功地推销产品和广告文案的真正诉求目标的幽默，才是成功的。

(2) 淡妆浓抹，总相适宜！(旧时扇店)

旧时扇店的广告语化用自苏轼《饮湖上初晴后雨》诗，原句为：“欲把西湖比西子，淡妆浓抹总相宜。”

(3) 葡萄美酒夜光杯，宾客尽欢举杯盛。芬芳馥郁香醇正，强身养颜玉泉美。(玉泉葡萄酒)

玉泉葡萄酒广告语化用自唐代王翰的《凉州词(其一)》，原诗句为：“葡萄美酒夜光杯，欲饮琵琶马上催。醉卧沙场君莫笑，古来征战几人回。”诗歌语言优美、感情浓郁、意境深远、富有节奏，借用诗作中的葡萄美酒和产品联系在一起，带给受众美好的联想。

(4) 百舸争流，谁能竞风流？(上海五角世贸商城)

上海五角世贸商城的广告语化用自毛泽东的《沁园春·长沙》，原诗句为：“漫江碧透，百舸争流。”上海五角世贸商城借诗喻己，表达了决心在商业竞争中脱颖而出，勇争上游的意志。

(5) 先青年之忧而忧，后青年之乐而乐！(《青年导报》)

《青年导报》的广告语化用自宋代范仲淹的《岳阳楼记》，原句为:“先天下之忧而忧,后天下之乐而乐。”指在天下人忧虑之前先忧虑,在天下人享乐之后才享乐。此句表现出诗人身居江湖,心忧国事,虽遭迫害,仍生发出超越个人、心系国家人民的伟大感受,展现出一种更高尚的理想境界。《青年导报》借用诗句,强调了报纸为青年人着想,关心青年人,以解决青年人的困难为己任的办刊宗旨,二者的融合相得益彰。

(6) 人间重晚“情”!(老年歌舞演出)

老年歌舞演出的广告语化用自唐代李商隐的《晚晴》,原诗句为:“天意怜幽草,人间重晚晴。”诗句“原指人们珍视晚晴天气,后多用以比喻社会上尊重德高望重的老前辈”。化用此诗句用于老年歌舞演出的广告语,表明了对老年人的尊重。

(7) 风景这边独好!(中国的旅游广告)

中国的旅游广告中的“风景这边独好”出自毛泽东的《清平乐·会昌》,意思为“最美丽的还要数这里”,借此吸引民众来此旅游。

(8) 人间难得几回游,此景只应天上有!(中国的旅游广告)

中国的旅游广告中的这句广告语化用自杜甫《赠花卿》,原诗句为:“此曲只应天上有,人间能得几回闻。”意思是“这样的乐曲只应该天上有,人世间芸芸众生哪里能听见几回”?旅游广告以“这里的风景极美”,吸引人们来旅游。

(9) 能教二月春风似,为取半江松水来。(刀剪商店)

说起剪刀的诗句,很多人脑海中都会想到这两首:其一为唐代贺知章的《咏柳》,原诗句为“不知细叶谁裁出,二月春风似剪刀”,其二为杜甫的《戏题王宰画山水图歌》,原诗句为“焉得并州快剪刀,翦取吴松半江水”。刀剪商店的这一广告语巧妙地化用了两首古诗,广告语中虽没有提到剪刀,但又处处在说剪刀,构思奇巧。

(10) 绿字赤文皆可咏,淡妆浓抹总相宜!(颜料店)

颜料店的广告语化用了苏轼《饮湖上初晴后雨》中的诗句,广告语构思巧妙,其中的“绿”“赤”代表了颜料的颜色。

(11) 明月入怀,团圆可喜!同饮一江水,共聚万众心!(饭店)

饭店的广告语化用了两首古诗,其一为南朝宋鲍照的《代淮王》诗句:“朱城九门门九闺,愿逐明月入君怀”,其二为宋代李之仪《卜算子》,原诗句为:“我住长江头,君住长江尾。日日思君不见君,共饮长江水”。广告语意在引起人们的情感共鸣,吸引消费者。

(12) 夏日炎炎似火烧,佳洁给您添凉爽!(佳洁电扇、空调)

佳洁电扇、空调的这一广告语化用自宋代无名氏的《夏日炎炎似火烧》的词句,原诗句为:“赤日炎炎似火烧,野田禾稻半枯焦。农夫心内如汤煮,公子王孙把扇摇。”巧妙地宣传了在炎热的夏季,佳洁电扇、空调会给您带来凉爽,吸引消费者购买。

(13) 众里寻他千百度,想要几度就几度。(伊莱克斯冰箱)

伊莱克斯冰箱的广告语化用自宋代辛弃疾的《青玉案·元夕》,原词句为:“众里寻他千百度,蓦然回首,那人却在灯火阑珊处。”伊莱克斯冰箱的这一广告语在浪漫的情怀中暗示了此品牌冰箱可以让不停寻找好冰箱的消费者感到满意，因为它可以精准控温到“想要几度就几度”。

(14) 衣带渐宽终不悔，常饮宁红减肥茶！(宁红减肥茶)

宁红减肥茶的广告语化用自宋代柳永的《蝶恋花·伫倚危楼风细细》，原诗句为：“衣带渐宽终不悔，为伊消得人憔悴。”意思是“我日渐消瘦下去却始终不感到懊悔”，宁红减肥茶疗效好，常饮能让人消瘦，但不会让想减肥的人感到懊悔；广告创作者化用这一词句实在是太贴切了。

(15) 但愿人长久，常饮健力宝！(健力宝饮料)

健力宝饮料的广告语化用自宋代苏轼的《水调歌头·丙辰中秋》，原词句为：“但愿人长久，千里共婵娟。”广告语借用词句表达：但愿常饮用健力宝饮料的人“长久”。

(16) 怡园在人境，而无车马喧。采菊东篱下，悠然见南山。(怡园房地产广告)

怡园房地产的广告语化用自陶渊明的《饮酒(其五)》，原诗为：“结庐在人境，而无车马喧。问君何能尔？心远地自偏。采菊东篱下，悠然见南山……”怡园房地产用此广告语表明了他们的房地产项目能提供给消费者一种安静、悠闲的居住环境。

(17) 路漫漫，同求索！(自然饮品)

自然饮品的广告语是对古诗的化用和仿照，原诗句出自屈原《离骚》：“路漫漫其修远兮，吾将上下而求索。”自然饮品以此广告语表明了他们将在困难中艰难探索以努力保持产品品质。

(18) 天生我材必有用,铝材要用锦江牌!(锦江牌铝合金建筑型材)

锦江牌铝合金建筑型材的广告语化用自唐代李白的《将进酒》,原诗为:“天生我材必有用,千金散尽还复来。”“天生我材必有用”原指“上天生下我,一定有需要用到我的地方”,用在这则广告中则是“锦江牌铝合金建筑型材是有用的建筑材料”的意思。

(19) 万般皆下品,唯有海鲜高!(正元海鲜酒楼)

正元海鲜酒楼的广告语化用了宋代汪洙的《神童诗》,原诗句为:“万般皆下品,唯有读书高!”正元海鲜酒楼用此广告语表明自己酒楼的海鲜菜品是最高级的。

(20) 书山有路笔为径!(零陵铅笔)

零陵铅笔的广告语化用自唐代著名文学家、唐宋八大家之首的韩愈的《古今贤文·劝学篇》,原句为“书山有路勤为径,学海无涯苦作舟”旨在鼓励人们不怕困难多读书,只有勤奋学习才能成功。零陵铅笔的广告语不仅劝人勤学,而且暗示了他们生产的铅笔对读书求知的重要作用。

(21) 此处无霜胜有霜!(自动除霜冰箱)

自动除霜冰箱的广告语化用自白居易《琵琶行》,原句为“别有幽愁暗恨生,此时无声胜有声”,意思是“默默无声却比有声更感人(有时候不说话比说话更有用)”。广告将“无声”改为“无霜”,表达了冰箱可以自动除霜,解决了消费者除霜的烦恼。

(22) 每逢佳节倍思亲,中秋之月大团圆!(江苏星湖月饼)

江苏星湖月饼的广告语化用自唐代王维的《九月九日忆山东

兄弟》,原诗句为“独在异乡为异客,每逢佳节倍思亲”,意思是每逢节日加倍思念远方的亲人。江苏星湖月饼的广告语利用人们佳节思亲的情感,宣传了在中秋之月大团圆的日子星湖月饼可是佳品。

(23) 月是故乡明,星湖表浓情!(江苏星湖月饼)

(24) 月是故乡明,饼表思亲情!(广式中秋月饼)

这两则广告语都化用自唐代杜甫的《月夜忆舍弟》,原句为“露从今夜白,月是故乡明”,意思是“在思乡人的眼里,故乡的月色格外明亮”。两则广告语都是宣传月饼的,化用古诗句,引发人们佳节的思乡情,宣传月饼在佳节团圆中填补思乡情、增加快乐情趣的作用。

(25) 借问珍馐何处有?老饕手指福满楼!(福满楼饭店)

(26) 借问酒家何处好,东湖乐园酒家优!(东湖乐园酒家)

(27) 借问酒家何处去,牧童遥指杏花村!(杏花村汾酒)

这三例广告语都化用唐代杜牧的《清明》,原诗句为:“借问酒家何处有?牧童遥指杏花村。”广告通过设问的形式来展现,问题的答案就是要宣传的企业。这是广告文案的基本操作,巧妙的是杏花村汾酒的品牌名正好与诗句中的“杏花村”相合,点题的同时可以加深受众对品牌的印象,有利于品牌形象的形成。

(28) 千帆竞发扬子江,万冠云集新世界!(新世界酒家)

新世界酒家广告语化用自唐代刘禹锡的《酬乐天扬州初逢席上见赠》,原诗句为:“沉舟侧畔千帆过,病树前头万木春。”新世界酒家用这一广告语表明了不惧“千帆竞发”的竞争,决心达到酒家有“万冠云集”宾客云集的盛况。

(29) 眼睛模糊疑无路,唐观光明又一村!(唐光医药)

唐光医药的广告语化用自宋代陆游《游山西村》的诗句,原诗句为:“山重水复疑无路,柳暗花明又一村。”广告化用原来诗句后,描绘了产品的使用场景“眼睛模糊疑无路”,并给出了解决方案“唐光”,甚至还说明了产品的效果“光明又一村”,广告文案可谓精妙。

(30) 寻寻觅觅,韶华转眼飞逝;犹犹豫豫,知音再度难逢,莫失良机!(婚姻介绍所)

婚姻介绍所的广告语化用自宋代李清照的《声声慢·寻寻觅觅》,原诗句为:“寻寻觅觅,冷冷清清,凄凄惨惨戚戚。”婚姻介绍所用此广告语打破了原诗句的“凄惨、悲凉”之情,宣传了不要再“寻寻觅觅”“犹犹豫豫”而“莫失良机”,婚姻介绍所可以帮助你寻得好姻缘。

(31) 梨花院落溶溶月,园庭池塘淡淡风!(海南梨花别墅)

海南梨花别墅的广告语化用自宋代晏殊的《无题·油壁香车不再逢》,原词句为:“梨花院落溶溶月,柳絮池塘淡淡风。”梨花和明月相映的院子、风飘柳絮的池塘勾起无尽的回忆,海南梨花别墅的这一广告语在唯美的风景中蕴含淡淡的怀旧情怀。

(32) 湖光与山色相映,碧水与山庄相辉!(深圳东湖山庄)

深圳东湖山庄的广告语化用自明代袁华的《顾玉山园池十有六咏(其四)·湖光山色楼》,原诗句为“湖光与山色,倒影画楼中”。广告语描摹了一幅湖光山色交相辉映的美丽风景画,吸引业主购买山庄的房产。

(33) 问苍茫大地,幸福的感觉!(幸福摩托车)

幸福摩托车的广告语化用自毛泽东的《沁园春·长沙》,原诗句为:“问苍茫大地,谁主沉浮?”幸福摩托车用这一带有豪情万丈气势的广告语,询问“幸福的感觉”,实际上是豪迈地表示拥有幸福摩托车就会有幸福的感觉。

(34) 莫愁前路无知己,跃进伴您万里行!(跃进汽车)

跃进汽车的广告语化用自唐代高适的《别董大》,原诗句为:“莫愁前路无知己,天下谁人不识君?”跃进汽车以此广告语表示跃进汽车质量好,可以伴客户万里行,众多的客户可以互为知己。

(35) 问君哪得貌如许,醉人清风阿美牌!(阿美化妆品)

阿美化妆品的广告语化用自宋代朱熹的《观书有感(其一)》,原诗句为:“问渠那得清如许?为有源头活水来。”阿美化妆品用此广告语表示可以让消费者貌美惊人。

(36) 春来江水绿如兰。(春兰空调)

春兰空调的广告语化用自白居易《忆江南》,原句为“春来江水绿如蓝”,改“蓝”为“兰”,正与春兰的“兰”相合。

(37) 旁氏精彩四月天!(旁氏护肤品)

广告语中“四月天”让人联想到林徽因的《你是人间的四月天》,原诗中写道:“我说你是人间的四月天……——你是爱,是暖,是希望,你是人间的四月天!”由此,广告语让人联想到那温暖和煦、充满希望的四月天。

我们看到市场上很多商家都喜欢通过化用、引用经典的古诗句来创作广告。之所以这样,是因为这是广告创作最常见、也是最有效的方法。

20 世纪 60 年代的广告大师威廉·伯恩克总结出一套创意理论——ROI 创意理论。该理论的基本主张是优秀的广告必须具备三个基本特征,即:关联性(Relevance)、原创性 Originality)、震撼力(Impact)。(蔡嘉清 2017)[15] 这也是优秀广告的必备要素。关联性是强调广告创意要和产品相关,和消费者相关。广告与商品没有关联性,就失去了意义。原创性强调与众不同,给广告带来吸引力和生命力。震撼性并不单纯强调视听上的震撼,更多的是指广告要给消费者带来心灵的震撼。这三者形成一个广告创意金字塔,关联性是基础,原创性是建立在关联性的基础上的。如果一则广告创意做不到关联性,那它的创意也无从谈起。在关联性的基础上再强调原创性,这样的广告效果会比仅有原创性的广告更容易被受众接受。对一则广告来讲,最难的是震撼性。同时具备关联性、原创性、震撼性的广告少之又少,但这样的广告一定是经久不衰的,经得起时间的考验。

中国文化源远流长,经典篇章数不胜数。能被大家世代传诵的必是精品。所以商家做广告时,只要找到产品或者服务与经典诗文相关联之处,再经过化用,基本就可以实现“关联性”“创新性”和“震撼力”。

但说起来容易,做起来难。广告毕竟是一种经过艺术手段包装的创造性传播活动。仅仅找到产品或服务与古代诗文的关联点并不足够,还需要将其升华,且化用或引用后的诗文能够和消费者、消费者的需求产生关联才可以,只有这样的广告才能够打动消费者,广告才能够发挥应有的作用,否则消费者只会觉得商家在似是而非地引用诗句,毫无创意可言的同时还莫名其妙。比如:

停车坐爱枫林晚,应急持久我有它——爱车证,你身边的电源专家。(汽车应急电源)

汽车应急电源的广告语化用自唐代杜牧的《山行》,原诗句为:“停车坐爱枫林晚,霜叶红于二月花。”与汽车应急电源相关的大概只是诗句中的“停车”了。

所以,广告创作时使用化用、引用诗句时仍然要慎重,这并不是必胜法宝。广告创作没有捷径可走,只有契合消费者的广告才有可能在广告信息的海洋中脱颖而出。任何时候,“以人为本”都是我们要优先考量的。

(三)创作诗歌

除了引用现成的诗词、古文句子,以及化用诗词、古文句子创作广告语外,还有为广告宣传专门创作诗歌的。

1. 古代的诗歌广告

宋代词人苏东坡被贬海南儋州时,偶遇当地有一卖环饼(是一种很古老的干粮,南北朝时期就有,宋朝人出远门喜欢带着,类似于“馓子”)的老妇人。老妇人手艺虽好,但由于店铺偏僻,不为人知,生意一直不好。苏东坡怜悯她生活清苦,写过一首诗挂在老妇人的店门上,起到了广告的作用。

纤手搓来玉色匀,
碧油煎出嫩黄深。
夜来春睡知轻重?
压匾佳人缠臂金。

这首诗寥寥28个字,描绘出环饼的匀细、色鲜、酥脆。诗成之后惹得人们馋涎欲滴,争相购买。

郑板桥为人正直厚道，当年因同情贫民，积极实行赈济，得罪豪绅而罢官。后在扬州卖画。郑板桥的诗歌、书法、绘画都达到很高的艺术成就，被称为“三绝”。人们非常喜爱他的作品，家中挂有郑板桥的画会感到荣耀无比。故而许多权贵豪门为了炫耀攀比，纷纷来请板桥的字画。为了推脱，郑板桥写了这则广告，全文有89个字，缀以一首七绝诗：

> 大幅六两，中幅四两，小幅二两；条幅对联一两，扇子斗方五钱。凡送礼物食物，总不如白银为妙；公之所送，未必弟之所好也。送现银则心中喜乐，书画皆佳。礼物既属纠缠，赊欠尤为赖账。年老体倦，亦不能陪诸君子作无益语言也。
>
> 画竹多于买竹钱，纸高六尺价三千。
>
> 任渠话旧论交接，只当秋风过耳边。
>
> 乾隆己卯，抽公和尚属书谢客。板桥郑燮。

这段文字载于叶廷琅《鸥波余话》卷六“郑板桥笔榜”条下。广告开头直截了当列出各种规格的字画价码，后以“年老体倦”为由，讲明不讲价，迫使对方无回旋余地。七绝诗是前文的概括和补充，一二句除重申按规格论价外，更训诫那些浑身铜臭的权豪：你们只知拜金、拜物，全然不懂艺术的价值，既想装点门面，那就把你心疼的钱拿出来！否则，任凭你怎么绕圈子、拉关系、套亲热，我只当耳旁风。了解郑板桥的为人，就能够体会出这则广告的深刻含义——郑板桥借广告与豪贵们斗争，用广告维护人格和艺术尊严。

清道光年间的杨静亭是北京通州人，由于他对城里的市井风物、人情世故、名胜古迹十分熟悉，后来写成《都门纪略》一书，内容十分详尽，如数家珍，人称“最早的北京旅游指南”。在这本书的“食品门”部分，杨静亭专门用诗歌写了北京的很多美食，通俗

易懂,朗朗上口,现在读来都令人垂涎三尺。例如:

水晶糕

绍兴品味制来高,江米桃仁软若膏。

甘淡养脾疗胃弱,进场宜买水晶糕。

山楂蜜糕

南楂不与北楂同,妙制金糕数汇丰。

色比胭脂甜若蜜,解醒清食有兼功。

北京王麻子剪刀,据说始创于1651年的清顺治年间,历史悠久,文化底蕴十足,也是著名的北京老字号产品。它的广告也是诗歌:

刀店传名本姓王,两边更有万同汪。

诸公拭目分明认,头上三横看莫慌。

这则广告是晚清诗人李静山为其创作的,意在提醒消费者注意识别老标记。

古代诗作中还有不少咏物诗,这些诗"穷物之情,尽物之态",也起到了广告作用。

如金朝的李俊民咏砚:

端溪温润石,价重百车渠。

一滴元潭水,蝇头万卷书。

明朝的翟佑咏折叠扇诗:

开合清风纸半张,随机舒卷岂寻常。

金环并束龙腰细,玉栅齐编凤翅长。

偏称游人携袖里,不劳侍女执花傍。

宫罗旧赐休相妒，还汝团圆共夜凉。

翟佑咏剪刀诗：

巧制功夫百炼钢，持来闺阁共行庄。
双环对展鱼肠快，两股齐开燕尾长。
针线有功凭制造，绮罗无价任裁量。
随机镂出新花样，长在佳人玉指旁。

明朝解缙咏斧诗：

斫削群才到凤池，良工良器两相资。
他年好携朝天去，夺取蟾宫第一枝。

这些诗歌，描绘商品外形，也反映商品的功能、优点。读者在欣赏之余，产生了对所咏物品的喜爱之情，受其感染而产生购买的欲望。

2. 现代的诗歌广告

除了古代有大量用诗歌做广告的情况，现代诗广告也不少，而且广告效果不俗。

1946 年 3 月，编剧陈白尘的名剧《升官图》首演，作家丁易为之创作了一则广告诗：

魑魅魍魉作人声，妖镜显来尽现形。
如此官场如此戏，是真是梦问诸君。

这首诗讽刺国民党的统治，启发观众审视社会黑暗，作用远不止介绍剧目。

中国当代诗人公刘也曾为肥皂写过广告诗：

给你肥皂，

给你肥皂，
洗尽世上的污秽，
让生活更纯洁，
让生活更美好。

熊猫电子的广告也是用现代诗做广告，但文字更为通俗，顺口溜式广告字句齐整，押韵自然，平易浅近，比"纯"诗更能让消费者接受。从这个角度看，顺口溜式的广告诗不失为一种好的广告体式。

熊猫电子进万家，千家万户喜欢她。
要买名优熊猫牌，请到荆州电子来。

施美系列化妆品的广告配合悠扬韵雅的乐曲，一经播出就引起大众的模仿。

姑娘哪个不爱美，爱美的姑娘爱施美；
施美系列化妆品，清新高雅雍容华贵。
施美系列化妆品，高度滋养美容必备。
姑娘爱施美，
爱施美的姑娘，你看美不美？
施美，是美——

恋爱的季节我牵过妻子的手
走向红地毯
我吻过妻子的手
好些时候我丢了妻子的手
直到有一天
客人走了以后

杯盘狼藉中我才注意到妻子的手
酸楚于心底油然滋生
眼泪在妻子握刀的印痕里
慢慢渗透
而今我握紧了妻子的手
注定今生今世走到头——
海尔,无须解冻及时切
让妻子的手轻松起来

海尔冰箱广告采用散文诗的体例,通过优美的语言,创造出了一种意境,调动听众的情感参与,加深了对产品的情感关联度,突出产品功能的同时,强化了对该品牌产品的记忆度。

知识拓展:广播广告中的声音

广播广告常用的声音有三种类型。一是自然音,如风雨声、雷鸣声、流水声、鸟兽叫声等,常用作背景声音。帐篷广告可以用风雨声做背景,营造野外作业的艰苦气氛,这时介绍帐篷的特点和功能,就容易引起兴趣。二是环境音,如机床轰鸣、汽车飞驰、汽笛长鸣等,可让人身临其境。三是人物音,即人物活动产生的声响,如掌声、笑声、脚步声、喧哗声、碰杯声等,可营造现场的真实感。

诗歌式广告以诗歌朗诵并配以音乐的方式来传播广告信息,广告内容化为诗,音乐烘托气氛。此类广告可以自由借用诗词中的格律诗型、自由诗型、民歌型以及群众喜欢的顺口溜,这类广告合辙押韵、朗朗上口,给人们强烈的美感及吸引力。

青岛啤酒

青翠纷披景物芳,

岛环万顷海天长。
啤花泉水成佳酿,
酒自清清味自芳。

青岛啤酒的这则广告首字藏头,指明青岛啤酒品名。另外,这则广告采用格律诗的形式,既说明啤酒产地,又宣传了啤酒的特点,语言形象,韵味十足,颇具特色。

用格律诗展示企业或产品时,应讲究字句的锤炼、格律的完整、对仗的工整。格律诗广告易诵易记,创作者乐于采用。这类广告追求整体构思,内容与形式联系紧密,影响力较大。

与别的文体相比,诗歌表达的情感最为强烈。诗歌广告相较于其他广告形式更有助于塑造情感氛围,激起受众的情绪体验;从而达到各类产品的广告宣传的目的。

草木无声却有情,庄稼也有亲和朋。
相克作物意不投,莫与冤家作近邻。

这首农业广告诗用拟人化的手法宣传科学常识:同寻求知己一样,对“无声却有情”的农作物,必须依其“脾气性格”合理安排,才能相得益彰;如果“乱点鸳鸯谱”则会“争吵打架”,两败俱伤。

《人民日报》上曾登过一首广告诗:

沙打旺,沙打旺,
风沙越打它越长。
黄土高原扎下根,
戈壁荒漠披绿装。

沙打旺是一种植物,善于抗击风沙、干旱。寥寥 27 个字,把沙打旺的特点介绍得明明白白。

需要注意的是,以诗词入广告,并非一定要赞美商品,形式可以灵活多样。广告诗应围绕商品,广告语应比较抒情或比较严肃。诗歌体广告应展示符合商品特性,才能得到情趣,反之,不针对商品特点,大肆抒发与商品特性不相干的情感,就会弄巧成拙、适得其反。

(四) 利用绕口令

利用绕口令来创作广告,形式新颖有趣。例如新加坡卫生部曾做的一则宣传保护牙齿的公益广告:

十四是十四,
四十是四十,
十四不是四十,
四十不是十四,
没有牙齿,看你怎么念?
牙齿不珍惜,
后悔来不及,
要重视你的牙齿。

广告没有直接宣传牙齿保健的必要性和重要性,而巧妙地利用“十四”“四十”的发音特点,说明没有或缺牙的人不能正确发出这两个音,以此来表示牙齿保健的重要性,字音与主题完美吻合。其极具风趣的表现方式,使这一广告产生了巨大的社会效益。

二、利用歌词、歌曲名

1. 引用歌词、歌曲名

很多商家会将大众熟悉的歌曲(或歌词或旋律)融入广告中,

起到营销的作用。本文只举例说明运用音乐中的文字进行广告创作的情况。

借引用或化用歌词、歌曲名创作广告语的例子很多。

北京八达岭酒业集团公司，曾在北京宣武门内大街打出多幅同一类设计的路牌广告，其文案如下：

标题：朋友来了有好酒　老猎头

这是借用了我国经典电影《上甘岭》的著名插曲《一条大河》中人人皆知的一句歌词，整句歌词是："朋友来了有好酒，要是那豺狼来了，迎接它的有猎枪。"广告引用了前半句，后半句改用"老猎头"化出，使"老猎头"这种酒的知名度大大提高，真是恰到好处。

知识拓展：路牌广告

路牌广告是户外广告的一种重要形式，是立在公路或交通要道两侧，利用喷绘或灯箱进行广告的形式。路牌的广告环境是马路，目标对象是在动态中的行人，多以图文形式出现。我国目前的一些路牌广告设计得过于繁杂冗赘，画面上有产品、商标、厂址，甚至还有奖状、各种介绍等要素，结果是画面文字主次难分，很难让顾客在短暂的注视时间中抓住广告的推销意图。其实这是大错特错的。行走中的行人没有办法看清如此多的广告内容，看到这些繁杂的信息只会感到头晕眼花。

控制信息量，分清主次是路牌广告创作的基本要求。所以，路牌广告宣传产品特色时，应该宁少勿多，宁缺毋滥，避免画蛇添足。因此一个广告画面上一般最好只突出宣传产品的一两个特点。要求画面醒目，文字精练，使人一看就懂。只有那种整体感强，背景单纯，主题突出的广告才能收到良好效果。

类似的案例还有：

(1) 北风那个吹，雪花那个飘！(皮货商店)

皮货商店引用了歌剧《白毛女》中的歌词，通过描写北风飘雪的寒冷天气，引发人们想到皮货的御寒功能，进而去购买。

(2) 跟着感觉走。(旅游广告)

《跟着感觉走》是台湾地区歌手苏芮的代表作之一，欢快昂扬的节奏，富有激情的歌词使歌曲迅速红遍大江南北。旅游广告引用了歌曲《跟着感觉走》的歌词，跟着感觉走到想去的每一个地方，非常巧妙。

(3)《一无所有》的《我很丑，可是我很温柔》，《你想认识我吗?》(征婚广告)

这则征婚广告用了三首传唱度很高的流行歌曲的歌名，巧妙地凑成了一条征婚广告，让受众感到既熟悉又意外，令人印象深刻。

(4) 妹妹你大胆地往前走！(女式自行车)

女式自行车的广告语是引用了歌曲《妹妹你大胆地往前走》的歌词，不仅直接指出了目标消费群体是女性，还号召女性坚持自我，大胆地一往直前，追求心中所想。

(5) 风风火火闯九州！(番禺华南摩托车)

1998 版的电视剧《水浒传》堪称经典。除了演员演技精彩，剧中歌曲《好汉歌》也迅速火遍全国，大街小巷随处能听见“风风火火闯九州”的旋律。番禺华南摩托车的广告语引用了这句歌词,恰好将摩托车和“闯九州”联系起来,借歌词表达摩托车的性能好,可以带着消费者走遍任何他想去的地方。

(6) 轻轻一抓就起来!(东风装载机)

东风装载机的广告语引用现代京剧《海港》中歌曲《时刻把码头挂心怀》的歌词,用以说明装载机的性能。

(7) 请到天涯海角来。(海南旅游广告)

海南旅游广告引用歌曲《请到天涯海角来》中的歌词,宣传了海南省欢迎游客来旅游的理念。

(8) 在希望的田野上!(中学生朗诵·歌舞晚会)

这则广告引用了歌曲《在希望的田野上》的歌词。宣传了中学生朗诵·歌舞晚会具有积极向上的良好氛围。

(9) 一个22岁的女孩,爱听《想要有个家》,你愿意和她交往吗?(征婚)

这则广告引用了歌曲《想要有个家》的歌曲名,表达了女孩想要成家、诚心征婚。

2. 化用歌词、歌曲名

(1) 凤凰代表我的心!(凤凰自行车)

《月亮代表我的心》真是经久不衰,被网友认为是传情达意的最佳歌曲,至今仍能在舞台上听到这首歌曲。凤凰自行车的广告语是化用歌曲《月亮代表我的心》的歌词,将“月亮”化为“凤凰”,向消费者传达全心全意为其服务的理念。而且化用后的广告暗含了品牌名称,进一步强化了品牌在消费者心中的形象。

(2) 小兔乖乖,快快过来!(儿童玩具)把门开开。(大白兔奶糖)

儿歌《小兔儿乖乖》是很多人的童年记忆。一看到这句歌词,童年所有的美好瞬间就会涌入我们的脑海,引发消费者心底最真挚的情感,极易引起消费者共鸣。

(3) 特别的美属于特别的你。(化妆品广告)

化妆品广告的广告语是化用台湾地区流行歌手伍思凯的代表作《特别的爱给特别的你》的歌词。

歌唱式广告文案是把广告文案写成歌词,谱上曲子,以歌曲的形式表现,最能发挥广播媒介的特性,能较好地利用音乐的长处,可以借用民谣、进行曲、通俗歌曲的曲调。歌唱式广告自然活泼、简短悦耳,易于模仿和传唱,容易成为人们喜闻乐见的广告形式。歌唱时要注意吐字清楚,让人们知道唱歌即广告的内容。

三洋电器广告歌曲,易唱易记。

一二三来三二一,
三洋产品有名气。
电冰箱呀电视机,
产品样样得第一。
电锅电扇洗衣机,
立体收音电唱机。
三洋家庭真福气,
又快乐,又便利,
全家人,笑嘻嘻。
技术最好,

服务第一，
三洋和您在一起。

三洋电器广告歌词，有着简洁顺口、清晰明白的艺术特征。富于口语化，达到了易唱易记的良好效果。

康美药业

一条路海角天涯，两颗心相依相伴，风吹不走誓言，雨打不湿浪漫，意济苍生苦与痛，情牵天下喜与乐。一条路千山万水，两颗心无怨无悔，风吹不走誓言，雨打不湿浪漫，意济苍生苦与痛，情牵天下喜与乐。明月清风相思，丽日百草也多情，两颗心常相伴，你我写下爱的神话。明月清风相思，丽日百草也多情，康美情长相恋，你我写下爱的神话。

康美药业的宣传片《康美之恋》，以 MV 的表现手法，以康美药业老板及老板娘当年共同创业的事迹为原型，精心拍摄而成。广告画面唯美、浪漫。主题曲由著名歌唱家谭晶演唱，美妙动听的歌声诉说着康美创业的信念和情怀。《康美之恋》的故事源自生活，但被注入了文化的神韵，结合广告营造的意境优美，增强了画面美的展示力与感召力。整支广告达到了内容、形式与艺术技巧的统一。

广告歌曲多发布于广播和电视，那动感的画面，悠扬的歌声，不仅能抓住听众的心，也能唤起对广告商品的向往。创作广告歌曲须注意以下各点：

(1) 易记，听几遍就能记住歌词，尽量不用晦涩难懂的词汇；
(2) 旋律和歌词给人的印象强烈；
(3) 易听懂，不需要过度文艺化，最好能通过歌词传达出商品

特色;

(4) 有个性特色;

(5) 没有年龄界限,人人都能唱;

(6) 歌词中亦包含品牌名称。

小提示:广告歌曲的特点

广告歌曲之目的在于给听的人留下印象,优美的旋律使人联想到商品的特点,我国台湾地区著名广告学家樊志育先生认为,广告歌的共同特性主要体现在下列几个方面:

(1) 感化性。也可以说是诱惑性,是“药丸”上的“糖衣”。

(2) 煽动性。这是音乐旋律感应人类身心的必然性。

(3) 传播性。这是指简单明了具有娱乐性的歌曲。

(5) 诉求对象的广泛性。不分男女老少,识字与否,只要有听觉的,都可能喜欢唱,会唱就有印象,而且间接在受众中有了广告作用。

(6) 塑造印象性。由于“熟知现象”及知觉的联合是重复视听及旧经验与新印象联合的结果,如钟声与寺庙、圣歌与教堂的联想。

(7) 购买时点的再生性。时点就是购买东西的时间地点,再生就是把过去记忆重新唤起的意识,意识是可以支配行动的,因此购买时点的再生,就是消费者在商店里指名的要素。(冯章 2009)[33]

广告歌曲虽然属于歌曲的一种,但制作上与一般歌曲不同。日本作曲家服部良一曾表示在短短几十秒中,要唱出商品特点,实在不易。(樊志育 2011)[107]

三、格言

据《现代汉语词典》第7版:“格言为含有劝诫和教育意义的话,一般较为精练。”广告语中引用或仿用格言的例子也有一些。如:

书山有路勤为径,学海无涯笔作舟。(铅笔厂广告)

铅笔厂的这一广告语仿用了格言“书山有路勤为径,学海无涯苦作舟”。此句格言出自著名文学家、唐宋八大家之首的韩愈的《古今贤文·劝学篇》。旨在鼓励人们不怕困难多读书,只有勤奋学习才能成功。铅笔厂的这一广告语对格言的巧妙仿用,不仅鼓励读书人勤奋学习,也宣传了自己的铅笔在学习中不可或缺。

四、名人名句

广告语中有的现成句子是引用或仿用名人名言。如:

(1) 让一部分人先美起来!(美容广告)

这则美容广告语仿用了“让一部分人先富起来”这句话,这是邓小平同志于1985年10月23日,会见美国时代公司组织的美国高级企业家代表团时说的话。意义为让一部分人先富起来,带动大部分人,然后达到共同富裕。美容广告暗含着先让一部分人接受美容而变美,让更多的人知道后而接受美容。

(2) 以人为本,以德为魂!(天津津港自行车)

天津津港自行车广告语中的“以人为本”是胡锦涛同志提出

的科学发展观的核心,以人民为根本的价值观,体现了中国共产党全心全意为人民服务的根本宗旨。天津津港自行车厂在胡锦涛同志这句话的后面加了一句"以德为魂",表达了天津津港自行车厂决心尊重职业道德,全心全意为消费者服务的意识。

(3) 路是人走出来的,长安铃木伴你好心情!(重庆长安铃木汽车)

重庆长安铃木汽车的广告语仿用自鲁迅先生的话,原句是:"世上本无路,只是走的人多了,也就成了路。"这句话的深层意思为:路是人走出来的。这句话出自鲁迅的《故乡》。鲁迅先生把希望比作地上的路,意思是说,只有空想而不为其奋斗、追求,希望是不会实现的;有了希望,并且始终如一地追求、奋斗、实践,希望才有可能实现。重庆长安铃木汽车的广告语不仅应和了鲁迅先生话中对于奋斗、追求希望的含义,表明了重庆长安铃木汽车制造商在为追求更好的质量和销量而奋斗,而且还隐喻了重庆长安铃木汽车在道路上奔驰。

(4)《我怎样学习和写作》广告

高尔基在这本自传体散文中,回忆了童年的读书生活,发现"差不多每本书都在前面打开了一扇向着新的和人所不知道的世界的窗户"。他向青年发出"爱好书籍吧"的深情召唤。

这则广告新颖、深刻,借用高尔基名言为渴求获益于书的人描绘走出生活迷宫、洞悉美丽的蓝图。两则警句同出自图书内容,自然能引起读者对本书的深思和重视。读者品味之后,也会如高尔基一样发出"爱好书籍吧"的深情呼唤。

引用名人名言或警句应保证准确、新颖和精练。准确是引用的前提,新颖指不引用无新意的警句,精练指警句应当简洁而深刻,不应繁杂、平冗。

五、古语

广告语中也有引用或仿用意义固定的古语的实例,如:

(1) 路遥知马力,日久见丰田!(日本丰田车)

(2) 路遥知马力,日久见威力。(威力电器)

“路遥知马力,日久见人心”是一句古语,指的是“路途遥远才能知道马的脚力好赖,日子长了才能看出人心的好坏”。相当于我们常说的“时间可以证明一切”,例(1)日本丰田车广告语和例(2)威力电器的广告语都仿用了这一古语,实际上都表达了一个意思:我们的产品质量好、品质过硬、经久耐用,能经受时间的考验。

本章作业与思考题

1. 什么是单句?除了本书中举的这些单句的广告语外,还能找到哪些例子?

2. 试用把字句、被字句创作几例广告语。

3. 什么是复句?复句有哪些类型?除了本书中举的这些复句的广告语外,还能找到哪些例子?

4. 试用不同类型的复句创作广告语。

5. 什么是成文的引用及化用?

6. 除了本书中列出的引用、化用诗词、古文句的例子,还能举出哪些例子？

7. 尝试利用引用、化用诗词、古文句的方式创作几则广告语。

8. 除了本书中列出的引用、化用歌词、歌曲名的例子，还能举出哪些例子？

9. 尝试利用引用、化用歌词、歌曲名的方式创作几则广告语。

10. 除了本书中列出的引用、化用格言、名人名言和古语句的例子，还能举出哪些例子？

11. 尝试利用引用、化用格言、名人名言和古语句的方式创作几则广告语。

12. 下面有一些复句形式的广告，请大家分析一下，他们是什么类型的复句？并请分析这些广告的宣传理念。

(1) 货比百家，虎啸最佳！(虎啸皮装)

(2) 国营老牌是金照，还是金照靠得牢！(金照牌服装)

(3) 并不成倍的多，但却成倍的好！(莱恩可乐)

(4) 即使污渍入骨，超级汰渍一扫光！(汰渍洗衣粉)

(5) 对油污毫不留情，对你的双手却爱护备至！(洗涤剂)

(6) 只要半平方米的价格，日韩新马泰都能玩一圈。(旅游公司)

(7) 不求天子地位，但求天子风度！(天子牌服装)

(8) 与其买新的，不如用"道伊拉"染一下！(道伊拉牌染料)

(9) 答应给她一切，还不如给她一瓶艾米妮！(艾米妮香水)

(10) 不仅让您看得清，还为您平添风采！(好视力眼镜)

(11) 使你的腰身变小，但不会使你的钱包变小！(某内衣公司)

(12) 外面骄阳似火,屋里却清爽宜人!(空调)

(13) 连傻瓜都会使用四通打字机,却往往只有聪明的人才选择它!(四通打字机)

(14) 我不认识你,但我谢谢你。(台湾地区"捐血协会"招募捐血人)

第四章　广告语言技巧(四)
修辞在广告语中的巧妙运用

据《现代汉语词典》第7版,修辞的定义为:"修饰文字词句,运用各种表现方式,使语言表达得准确、鲜明而生动有力。"具体来讲修辞是指通过斟酌推敲字句,巧妙使用语言文字表达思想感情,准确、鲜明、生动传达广告信息的表现手法。

狄德罗说,没有感情这个品质,任何笔调都不可能打动人心。(陈培爱 208)[131] 文案作者没有炽热饱满的感情,受众当然无动于衷。广告文案要讲究表现力,给人以启示和联想,言有尽而意无穷,就要借助适当的修辞方式。修辞应根据广告的主题与对象,根据商品的独特性,合理使用。背离了广告内容雕章琢句、故作惊奇,反显其拙。

对于修辞的研究有广义和狭义两种。广义的修辞研究包括对一切语言运用的方式的研究,狭义的修辞研究就是对修辞格的研究。本章节讨论修辞在广告语中的妙用,主要讨论的是常见的修辞格在广告语中的运用。

第一节　修辞格在广告语言中的运用

辞格又称修辞格、修辞方式、修辞格式和修辞手法,是在语境里巧妙运用语言要素并构成特有模式以提高表达效果的方法。辞格是人们在长期的语言实践中提炼和发展出来的,种类繁多,效果不一。(黄伯荣,廖序东 2018)[250]

常见的修辞格有比喻、借代、比拟、夸张、双关、反语、排比、层递、反复、对比、映衬、对偶、粘连、仿词、顶真、回环、设问、反问等。这些修辞格并非都会在广告语中出现,但广告语中出现的修辞格,在广告宣传中各有各的效能,我们在此选择若干在广告语中出现的常见修辞格,讨论它们作为广告语言技巧在广告语中的运用。

一、比喻

比喻又称譬喻、打比方,是用本质不同而又有相似点的事物或道理来描绘其他事物或说明其他道理的一种辞格。比喻里被比方的事物称本体,用来打比方的事物称喻体,联系二者的词语称喻词。本体和喻体是本质上不同的两类事物,利用它们之间在某一方面的相似点来描绘本体。

在广告创作过程中要把复杂的产品或服务的特点直接表达清楚,会受到多方面因素的制约。通过比喻,把比喻的商品(服务)看作本体,被比喻的事物看作喻体。对两个看似不同但存在某些相同点的事物进行描绘或渲染,向目标消费者委婉含蓄地传递广告产品的相关信息,以帮助消费者加深对广告产品信息的理解,使其在理解之后对广告产品的相关信息印象深刻并久久难以忘怀。

因此,比喻是广告文案创作者使用频率较高的一种方法。比喻的使用不仅能避免广告作品直白说教,还能使消费者在观看广告作品的过程中,既产生一种含蓄委婉曲折的审美感受,又能体会到广告作品所要传递的相关产品信息,进而产生回味无穷的视觉感受。在我国平面广告的获奖作品中，近三分之一的广告语均巧妙使用了比喻这一修辞手法。

它的造型也别具一格，好中见巧。正面看，恰似一座拱形桥；翻过来看，又似一叶扁舟水上漂。

奥琪香皂的广告文案表现了奥琪香皂别致的造型，连用两个比喻，贴切而又形象。

一款杰出的笔记本电脑就像一辆终极跑车，体现拥有者的深邃品位。东芝 TECRA 系列在世界任何角落均备受成功人士钟爱。全新 TECRA9000，脱胎换骨，前卫而更显尊贵，将先锋科技与前瞻设计和谐结合，为您创造完美操控境界。

东芝 TECRA9000 笔记本电脑的市场指导价为 24 999 元，属于笔记本电脑中的高档产品。如何说服消费者接受这样一款昂贵的电脑呢？广告将电脑比喻为跑车，赋予其代表身份品位的概念，希望达到促销的目的。

犹如第二层皮肤——牛仔裤广告

雨天里的朵朵彩云——雨衣广告

像母亲的手一样柔软舒适的儿童鞋——儿童鞋广告

牛奶香浓，丝般感受——德芙巧克力广告

蔬菜要保鲜，水果要保鲜，人的皮肤也要保鲜——霞飞护肤霜

以上广告中，以“皮肤”喻牛仔裤，暗示商品贴身舒适；把“雨衣”比作雨天中的“彩云”，描绘出千姿百态的花色品种；从母亲的“手”想象儿童鞋的“柔软舒适”，令人浮想联翩；以丝绸柔滑的触感比喻德芙巧克力在口中融化时带给人们的柔滑细腻的绝妙口

感;以蔬菜、水果的"鲜嫩"来联想护肤霜对皮肤的保护效果,引导消费者对护肤霜产生强烈需求。

按照本体和比喻词的隐现情况,比喻可以分为明喻、暗喻、借喻三类。(黄伯荣,廖序东 2018)[251] 例如,德芙巧克力曾在广告中使用明喻,宣称德芙巧克力的口感为"牛奶香浓,丝般感受";塞尼伯里特品牌为自己公司的粉饼做广告宣传时则使用了暗喻,称其粉饼"轻轻打开盒盖,里面飞出的是美貌";某家电公司在为旗下的微波炉做广告时,为了突出该微波炉操作简便的特点,则使用了借喻,"我家的猫用微波炉烤了条鱼吃",广告既生动有趣,又含蓄巧妙地向消费者传递了该品牌微波炉操作简便的特点。

小提示:

使用比喻可以做到将广告产品信息中的那些抽象概念具体化、形象化,将复杂深刻的事理转化为浅显易懂、一看便知的通俗道理,以此来提升广告作品的艺术感染力,让消费者在观看广告作品时浮想联翩,印象深刻。

比喻修辞的使用要求创作人员尽量使喻体和本体具有可比性,使二者具有相似性。这样,才能使比喻标题起到形象生动、引人注意的作用。如果比喻不恰当,就会使人觉得可笑。应用比喻时,虽然要求喻体和本体应具有可比性和相似性,但并不是说二者具有完全的相同性,因此创作人应充分发挥自己的想象力,多找一些"喻体",比较哪个"喻体"更具有生动性,更具魅力。

(一) 明喻

明喻的构成方式使本体、喻体都出现,中间用"像、如、似、仿佛、犹如、有如、如同、一般、像……似的、像……一样、如……一般”等一类的喻词。(黄伯荣,廖序东 2007b)[185] 明喻的例子在广告语中极多。

明喻常用的句式为：A 像 B,例如：

(1) 像初恋般的滋味。(日本海而必思饮料)

(2) 像阳光照耀那么容易!(阳光复印件)

(3) 就像在您的画板上工作一样自然而又亲切!(奥尔德斯制版程序软件)

(4) 像绸缎般柔软,又像钢铁般坚硬!(迪克逊牌铅笔)

(5) 像金字塔那样永恒!(希金斯墨水公司)

(6) 像圣诞蜡烛一般寂静无声!(伊莱克冰箱制冷公司)

(7) 像妈妈在呼唤!(某儿童音响)

(8) 像和风细雨拂净万物!(布鲁克·埃顿制造公司洗衣机)

(9) 它像羔羊般温顺!(麦金塔耶酿酒公司)

(10) 新鲜得像是刚从茶园里摘来!(塞莱德茶叶)

(11) 吃起来咻、咻的声音像风铃!(甘肃风铃袋装干面)

(12) 姿态像虾一样优美!——虾条。(金银岛食品)

(13) 像阳光般明亮,有着毫无瑕疵的荣誉!(擦铜油)

(14) 只需轻轻一拂,就像掸灰一般容易!(英格兰清洁剂公司)

(15) 像一位小小的仙女,将你家的一切都洗净!(金粉牌洗涤剂)

(16) 像雨露滋润着您的肌肤!(青春守护者化妆品)

(17) 像火焰般热情!(火焰唇膏)

(18) 春天到了,您的头发就像明媚的阳光!(梦幻洗发香波)

(19) 眉笔像花瓣一样柔和!(眉笔)

(20) 您的安全就像岩石般牢固!(谨慎保险公司)

(21) 这双鞋就像妈妈牵引宝宝的双手!(西德爱迪达童鞋)

(22) 让你家中的棉织品看上去或摸上去就像丝绸一样!(林涅特漂洗剂)

(23) 像驾驶它的人一样独一无二。(多伦多奥斯拜尔汽车公司广告)

(24) 当咖啡遇到可乐,如浪漫遇到激情。(娃哈哈咖啡可乐)

(25) 商场如战场,竞争如战争!(《军事韬略与企业竞争》)

(26) 静止如水凉如泉!(冷气机)

(27) 疾如飞天,稳如泰山!(农用三轮车)

(28) 其积如山,其流如川!(中国农业银行海口分行)

(29) 如水、如火、如盘……明月衬出一个真正的美人!(黄金耳环)

(30) 长夜如诗,衣裳如梦!兰薇儿陪伴您,在夜的温柔里!(兰薇儿春夏睡衣)

(31) 让女人美丽如水,东洋之花,绵羊奶保湿露。(东洋之花绵羊奶保湿露)

(32) 中国杭州——平静似湖,柔滑似丝!(中国杭州)

(33) 二十二岁的青春,似一把六弦琴!按在豪放的主题里,等你——到来!(征友广告)

(34) 似一道阳光,瞬间照亮你所有的盘碟!(洗涤剂)

(35) 柔似儿女情,暖似父母心。(三枪内衣)

(36) 仿佛还在晨露中!(朱尔茶叶)

(37) 犹如第二层皮肤!(牛仔裤)

(38) 犹如一首美妙的情歌!(凯尔牌苏格兰威士忌)

(39) 有如明珠般精致高雅的生活方式!(法国首饰)

(40) 繁星般璀璨,行云般流畅!(洗发香波)

(41) 牛奶香浓,丝般感受。(德芙巧克力)

(42) 你含着的是月光般的韵味!(沃更糖果公司)

(43) 轩尼诗干邑如冬日的阳光一般温暖!(轩尼诗干邑酒)

(44) 它与大自然一样自然!(先迪酿酒公司)

(45) 如同清晨一般新鲜!(坎贝尔爆米花)

(46) 鸽子牌香皂令你的肌肤如奶油般细腻。(鸽子牌香皂)

(47) 温暖如阳光,轻柔似浮云。(托茨克床上用品)

(48) 小心,它是活泼而调皮的小精灵!(亚德里安香水)

上述这些广告都用了明喻修辞格,例(1)至例(23)都运用了喻词“像”,例(17)到例(25)的本体、喻体都出现,而例(1)至例(16)的本体虽然没有出现,但是通过联想可知广告宣传的对象即为本体,广告语的宣传信息也很明确;例(24)到例(31)都使用了喻词“如”,除了例(30)的本体与喻体都十分明确地出现在广告语中,其他广告语中的本体即为广告所宣传的对象;例(32)至例(35)都使用了喻词“似”,除了例(32)的本体与喻体都十分明确地出现在广告语中,其他广告语中的本体即为广告所宣传的对象;例(36)的喻词为“仿佛”,本体没有出现在广告语中;例(37)和例(38)的喻词为“犹如”,本体没有出现在广告语中;例(39)的喻词为“有如”,本体没有出现在广告语中;例(40)至例(42)的喻词为“(一)般”的缩略“般”,本体没有出现在广告语中;例(43)的喻词为“如……一般”,本体和喻体都出现在广告语中;例(44)的喻词为“与……一样”,本体没有出现在广告语中;例(45)的喻词为“如同……一般”,本体没有出现在广告语中。

从上面的例子看,在绝大多数使用明喻修辞格的广告语中,本体可能并不明确地出现,但是联想到广告宣传的对象,本体为何就不言而喻了。

明喻可以用喻词将抽象、不易为人所知的本体与具体形象的喻体联系起来,给人以画面感,带来无尽的想象。被形容为“像初恋般的滋味”是何等美妙的滋味。“日本渴而必思饮料”是否变得极具诱惑力?拥有“牛奶香浓,丝般感受”的德芙巧克力你能不想去品尝?怎样才算新鲜?“像是刚从茶园里摘来!(塞莱德茶叶)”“仿佛还在晨露中!(朱尔茶叶)”还是“如同清晨一般(坎贝尔爆米花)”?“犹如一首美妙的情歌”的凯尔牌苏格兰威士忌吸引你去品尝?“犹如第二层皮肤”的牛仔裤穿在身上会是怎样的舒服!“疾如飞天,稳如泰山”的农用三轮车的好品质,可见一斑。家电工作毫无噪音是“静止如水凉如泉(冷气机)”还是“像圣诞蜡烛一般寂静无声(伊莱克冰箱制冷公司)”?“像金字塔那样永恒”的希金斯墨水公司存在的时间一定很久远。“吃起来咻、咻的声音像风铃”的甘肃风铃袋装干面和“姿态像虾一样优美”的虾条,吃的不仅是美味,还有情趣。能让“您的安全就像岩石般牢固”的谨慎保险公司,是否很值得信赖?

(二) 借喻

借喻不出现本体,或者不在本句出现,而是借用喻体直接代替本体。(黄伯荣,廖序东 2007b)[185] 如:

(1) 时光的信使。(钻石手表)

手表和时间有密切的关联,文中巧妙地将把“钻石手表”比作“时光的信使”。

(2) 随身的绿荫。(爱萝莉护肤膏)

保湿是皮肤护养的关键,一想到保湿、湿润,人们头脑中就会萦绕绿色、绿荫等画面,广告中把爱萝莉护肤膏比作“随身的绿荫”,宣传了其保湿、防晒功能。

(3) 冬天里的一把火。(保暖器)

《冬天里的一把火》,这首歌曲于1987年由费翔在中央电视台春节联欢晚会上演唱后,火遍大江南北。把保暖器比作“冬天里的一把火”,这又将是何其火爆,何其温暖呢?

(4) 天上彩虹,人间长虹。(长虹电视)

长虹牌电视机广告口号“天上彩虹,人间长虹”,通过天上彩虹对人间“长虹”的映衬、比喻,给人一种天上人间一体,彩虹“长虹”一物的感受;将长虹电视与“天上彩虹”相比,可见长虹彩色电视机的颜色是如此绚烂。同时,该广告作品通过押韵提升了其节奏感与韵律感,读起来朗朗上口。通过这样的广告宣传,“长虹”彩电的美好形象栩栩如生地长驻于人们的脑际。“长虹”彩电驰名全国,颇受青睐,销售量跃居国产彩电之首,这固然与其质量息息相关,但无疑也与其广告词所创造的美好形象不无联系。

(5) 选择《读者》,也就选择了一类优秀文化,一种新的视野,一位人生的挚友。(《读者》)

书籍与朋友,这两者之间的关系颇为微妙。书籍,如同朋友一般,能够为我们带来安慰、激励与启示,甚至影响我们的成长轨迹。然而,正如挑选朋友需要慎重一样,选择书籍也需要经过一番斟酌。把《读者》比作“一位人生的挚友”,可见其对人生发展的重要性。

(6) 为您的家,筑起一座坚固的城堡!(瑞典家庭保险公司)

一直以来,城堡给人们的印象是坚不可摧的,所以在众多文学作品中,我们总能看到将家和城堡结合在一起的表达。因为家能挡风遮雨、避寒避暑、是一个温暖的港湾。不管外面的世界是多么精彩或无奈,回到家中,就能卸下伪装,让疲惫的身躯得以舒展!广告中把瑞典家庭保险公司的保险比作“您家中的一座坚固的城堡”,更能够打动消费者,毕竟谁不想自己的堡垒固若金汤呢?

其他例子还有:

盒中自有花满谷,停不了的感动。(富士彩色胶卷)
一个面对世界的窗口。(美国电视机制造公司)
洒落在你双脚上的皎洁月光。(铁衣牌长筒袜)
美的使者。(拉克地毯)

小提示:

借喻适用于人们熟悉其性能的产品,能够使受众产生相应的联想。但如果人们对产品不熟悉,使用暗喻的手法会令人摸不到头脑,觉得莫名其妙。

广告中的语言更强调通俗易懂、简洁明了,故而相对来讲借喻在广告中不常运用。

(三) 暗喻

暗喻又叫“隐喻”,文案从表面看来是叙述、判断或说明,暗中包含着比喻关系，使用时本体和喻体都出现，但不出现比喻词的比喻句式。常用喻词有：成、是、成了、成为、变成、叫、做、叫作、等于等，或者用破折号代替比喻词。

暗喻常用的公式为：A 是 B。例如：

暗喻运用在广告文案中也较为常见，类似的案例有：

（1）生活就是一场运动，喝下它。（Gatorade 运动饮料）

Gatorade（佳得乐）是一种全球领先的运动型饮料，该品牌最大的特色在于其在补充运动中身体所缺的水和电解质的同时还提供碳水化合物来增强运动耐力。广告中“生活”是本体，“运动”是喻体，喻词为“是”，将“生活”比作“运动”，号召消费者购买 Gatorade 运动饮料。

（2）生命就是一首狂想曲。（美特斯邦威）

美特斯邦威是 1995 年创建于中国浙江省温州市的本土休闲服品牌，其主要消费群体为青少年，“不走寻常路”是其鲜明的品牌主张。在这则广告文案中，将“生命”与“狂想曲”相比，正好契合了品牌强调自由、奔放，不循规蹈矩的理念。

（3）波导手机，手机中的战斗机。（波导手机）

2007 年中央电视台春节联欢晚会上由赵本山、宋丹丹表演的小品《策划》播出后就引起了全国人民的热议。小品中的“公鸡中的战斗机”更是火出了圈。波导手机借助这一流行用语，迅速创作出“波导手机，手机中的战斗机”这一广告口号，既运用了暗喻的修辞手法，说明产品的性能优良，又蹭了一波网络热度，也算是一次成功的网络营销了。

（4）疑是罗马迁申城！（中国的旅游广告）

罗马是世界著名的历史文化名城,古罗马帝国的发祥地,因建城历史悠久而被称为“永恒之城”。罗马流传着众多的故事、传说。一直以来都是旅游胜地。“疑是罗马迁申城”虽有夸张之嫌,但将“申城(上海)”与“罗马”相比,激发了受众的好奇心,还是很有广告效果的。能让人们觉得是把罗马搬迁过来的申城,难道不值得去旅游一次吗?

(5) 这里是工程师的摇篮!(某工程技术学院)

将“某工程技术学院”比作“工程师的摇篮”,可见学院是培养工程师的基地。

(6) 小心,它是活泼而调皮的小精灵!(亚德里安香水)

用“活泼的调皮的小精灵”隐喻“亚德里安香水”,让人联想到此款香水能令人的内心欢欣雀跃。

(7) 有一天,三株成为一棵大树,那么,有一双手在呵护……(三株口服液)

将“三株”比作“大树”,可见三株会像植物一般成长。

暗喻和借喻的本体与喻体之间的联系更加不明显,使用暗喻和借喻可以使抽象的事物更有具象性。

比喻修辞格可以把本体表述得更加通俗易懂、形象生动,从而使抽象的事物具体化、深奥的道理浅显化、概念的东西形象化。(黄伯荣,廖序东 2018)[251] 曹炜等(2009)[137—138] 总结了比喻的三个功效:“一是比喻具有使所述事物形象化和具体化的功效;二是比喻具有使语义生动活泼和富有文采的功效;三是比喻具有使读者引发想象和加深印象的功效。”比喻可以把一般的、抽象的比作具体的、形象的;把陌生的比作熟悉的;把高深的比作浅显的。所以比喻修辞格在广告语中常被使用。

二、比拟

根据想象把物当作人写或把人当作物写,或把甲物当作乙物来写,这种辞格叫比拟。比拟可分为拟人和拟物两大类。(黄伯荣,廖序东 2007b)[189]

(一) 拟人

把物当作人来写,赋予"物"以人的言行或思想感情。(黄伯荣,廖序东 2007b)[189]

一般来说,判断一则广告语言是否使用了拟人修辞的最佳方法就是看这则广告中是否赋予了非人事物以人格化的特点,如将动物、商品、植物或器物等人格化,使其具有像人类一样的喜怒哀乐的情绪或其他鲜明的性格特征。

例如某儿童学习机广告把"学习机"拟人为好老师:"妈妈,我们有了好老师!"帮宝适纸尿裤为了凸显其良好的透气性,提出是"会呼吸的纸尿裤",将纸尿裤拟人化的处理使消费者对产品的印象更加深刻,产品定位更加明确。

拟人式广告是把广告的产品或服务比作有生命的人,从而使产品具有人的各种情感、思维力、记忆力、语言,人的动作,人能做的工作,人的体力。这种广告语言由于使"死产品"变成"活的人",具有生动、亲切、可爱、有趣的特点,因而使受众对产品感到亲切,也更容易接受广告。因而,巧妙、恰当地使用拟人化的广告语言,会产生不可思议的强大力量,其吸引力、销售力也是巨大的。

在这类广告语言的创作中,要求拟人的"主体"(产品)和"客体"(人的各种情感等)之间一定要恰当自然,不能牵强附会,生拉硬扯,否则会让人感到可笑,削弱广告的吸引力。如:

(1) 引发活力,让秀发起舞吧!(伊卡璐天然果萃洗发露)

(2) 勇往直前的伴侣。(北京吉普)

(3) 中国人的家庭医生。(周林频谱仪)

(4) 名门闺秀五粮春。(五粮春酒)

(5) 飘柔,就是这么自信。(飘柔洗发水)

(6) 我的防晒会呼吸。(东洋之花防晒霜)

(7) 舒肤佳,爱心妈妈,呵护全家。(舒肤佳香皂)

(8) 穿上了"伯莎"无疑是穿上了青春。(伯莎牌紧身胸衣广告)

(9) 特快专递,当代神行太保。(特快专递)

(10) 让你的手指代替跑腿吧!(美国电信局)

(11) 妈妈,我们有了好老师!(儿童学习机)

(12) 它是您忠实的朋友,它将带您走向成功!(声宝计算器)

(13) 儿童的良师益友,勤恳的家庭教师!(学习机)

(14) 电脑终于会说话了!(语音系统)

(15) 嘘寒问暖,三荣空调!(三荣空调)

(16) 寒冷来袭时,马维尔说:"有我就有温暖!"(马维尔取暖器)

(17) 一日服一粒,青春活力会跳级!(美达活力素)

(18) 为你的牙床按摩一会儿吧!(佳莱姆牌口香糖)

(19) 它每天向你问早安!——果酱。(希利夫食品)

(20) 您可用刷子把世界变成一个美人！(多乐士油漆公司)

(21) 你家的碗碟都会笑脸相迎的！(卡莫林牌洗涤剂)

(22) 与你的皮肤相亲相爱！(情人牌香皂)

(23) 只有雅兰可以细致入微地关怀您的肌肤！(雅兰香皂)

(24) 我“拴”住了她的心！(项链)

(25) 早餐,她为你插上双翅！(迈克考米克咖啡)

(26) 在梦里,我亲过你！(棉被广告)

(27) 我们使别的蔬菜都嫉妒得“脸色发青”！(美国马铃薯)

以上的例子都是将物当作人,故为拟人。27 个广告语宣传的都是物,但在广告语中都被当作人来写：例(1)头发做出本是人才能做的“起舞”;例(2)人才能做“伴侣”;例(3)人才能做“家庭医生”;例(4)“名门闺秀”是女子;例(5)“飘柔”像人一般自信;例(6)东洋之花防晒霜像有生命的生物(如：人)般会呼吸;例(7)舒肤佳香皂像人一样做“爱心妈妈”;例(8)伯莎牌紧身胸衣像人一般有“青春”;例(9)神行太保是人;例(10)“跑腿”的活人才能做;例(11)人才能当“老师”;例(12)人才有“朋友”;例(13)人才能当“良师益友”和“家庭教师”;例(14)电脑像人一样会说话;例(15)“嘘寒问暖”的事只有人能做;例(16)人才能说话;例(17)“青春活力会跳级”的是人;例(18)人才会做按摩;例(19)“每天向你问早安”的是人;例(20)“美人”当然是人;例(21)指“碗碟”像人一样会对你笑脸相迎;例(22)人才能“相亲相爱”;例(23)、例(24)人才能给你的肌肤“细致入微地关怀”;例(25)项链像人一般拴住了某人的心;例(26)人才能做出“亲”这个动作;例(27)人才会嫉妒得“脸色发青”。

(二) 拟物

把“人”当作“物”来写,也就是使人具有物的情态或动作,或把甲物当乙物写。(黄伯荣,廖序东 2007b)[189] 借以深化感情,营造别致的情趣。

(1) 为了你的健康,请别把头皮当地板擦。(绿野洗发香波)

地板擦是物,用于人的“头皮”是拟物。

(2) 穿上了“伯莎”无疑是穿上了青春。(伯莎牌紧身胸衣广告)

穿在身上的是衣服,但文中却表达为“青春”,广告中以青春拟胸衣,更能激发读者的想象。

以上案例把一种事物当作另一种事物来写,词语组合的路更加宽广,通过拟物这一灵活的修辞法,让产品更栩栩如生了。

知识拓展:拟物和比喻的区别

1. 拟物和比喻的区别。拟物字面上的意思是把人当成一个事物来描写,而比喻则是用甲事物比喻为乙事物。拟物一般只会在句子中出现喻体,而隐藏了本体,但比喻则是喻体和本体都会出现在句子中。这两者虽然相似,但确确实实存在一定的不同之处。

2. 两者的重点也不在一个层面上。从字面的结构来看,拟物的重点在“拟”这个字,而比喻的重点,则在“喻”这个字。拟物注重于物与我相融,两者相互结合,融为一体。而比喻却是以喻体去喻本体,两者息息相关,却又相互分开。比如“牛毛细雨”与“春雨如同牛毛”,这就是两者的区别。

3. 拟物不仅把人比作物,也可以把物比作物,而拟物能使作者展开一些联想,为这个句子延伸出非常多的可能,表现出许多事物之间的交融、许多场景的融合。不仅为句子增加了乐趣,更为句子增添了许多生气,还有一些丰富的生命力,也增加了一些语言的灵活性。就好比把老师比作春蚕,把葡萄比作玛瑙。

4. 比喻则是用简单易懂的事物比喻本体。它为句子增加了可读性,也浅显地表现作者想表达的意思,更能加深读者对句子的印象。喻体和本体是一种非常相似的存在,可以让读者们迅速明白本体所在。

运用比拟修辞格可以令本来分属两类的人、事物彼此交融、浑然一体;拟人可以使抽象的事物变得形象具体,让晦涩难懂的道理变得有声有色;拟物可以让人物变得活灵活现,性格鲜明,形象生动且感人。与拟人相比,拟物的广告语要少得多。需要注意的是,把人当作物来写,一定要掌握住分寸,否则会引起消费者的反感,影响广告宣传的效果。

曹炜等(2009)[142] 对比拟的功效总结了两点:“一是使所传递的信息具体、生动;二是有助于抒发广告行为主体的情感。”

三、夸张

故意言过其实,对客观的人、事物作扩大或缩小或超前的描述,这种辞格叫夸张。它对事物的某方面的特征加以合情合理的渲染,使人感到不真实却胜似真实。(黄伯荣,廖序东 2007)[194]

夸张可分为扩大、缩小和超前三类。扩大夸张就是故意把一般事物往大(多、快、高、长、强……)处说。缩小夸张就是故意把一般事物往小(少、慢、矮、短、弱……)处说。超前夸张就是在两件事之间,故意把后出现的事说成是先出现的或是同时出现的。(黄伯荣,廖序东 2007b)[195]

广告语中使用夸张修辞格的例子也很多。如:

(1) 我的脸好油,油到可以煎蛋了。(某洗面奶广告)

(2) 世界的早晨,都是雀巢咖啡。(雀巢咖啡)

(3) 空杯尚留满室香。(贵州茅台酒)

(4) 步步皆胜算。(诺基亚6210手机)

(5) 智慧演绎,无处不在。(摩托罗拉手机)

(6) 一切尽在掌握。(爱立信手机)

(7) 常饮银杏酒,活到九十九。(银杏酒)

(8) 人生百年,难忘湘泉。(湘泉酒)

(9) 骑车九十九,还是骑永久。(永久自行车)

(10) 银河倒挂三千尺,安酒开坛十里香。(安酒)

(11) 隔壁千家醉,开坛十里香。(某白酒广告)

(12) 步步高无绳电话,方便千万家。(步步高无绳电话)

(13) 我与梦想只有一杯之遥。(伊利)

(14) 非洲到南极,一步之遥。(格力空调)

(15) 一分钟买到所需,一小时看到世界。(北京赛特购物中心)

(16) 从某年某月起,大西洋将缩短百分之二十。(荷兰航空公司)

(17) 今年二十,明年十八。(白丽美容香皂)

例(1)是扩大夸张,强调面部出油的程度,以此来宣传使用了该款洗面奶后的清爽、去油效果;例(2)是扩大夸张,整个世界的人早上都喝雀巢咖啡,可见雀巢咖啡的畅销和受欢迎的程度;例(3)是扩大夸张,盛过贵州茅台酒的空杯都能令满室香,如果是盛满杯中的贵州茅台酒呢?例(4)是扩大夸张,每一步都是胜算,最终的胜利还远吗?例(5)是扩大夸张,无处不在,定能成功;例(6)是扩大夸张,掌握了一切,定能成功;例(7)是扩大夸张,九十九岁一定是高寿了;例(8)是扩大夸张,"百年"的时间一定很长;例(9)是扩大夸张,骑过九十九种车,数量是否很多?例(10)和例(11)是扩大夸张,"十里香",可见酒香是如此浓烈;例(12)是扩大夸张,千万家都在用步步高无绳电话,可见步步高无绳电话的畅销程度;例(13)是缩小夸张,与梦想的距离竟然是"一杯之遥"这么近,可见伊利能助人实现梦想;例(14)缩小夸张,"非洲到南极"竟然只有"一步之遥"这么近,可见格力空调的制冷速度是多么快;例(15)是缩小夸张,"一分钟""一小时"的时间是那么短,竟然可以做到"买到所需""看到世界",真不可思议;例(16)是缩小夸张,"大西洋将缩短百分之二十",可见荷兰航空公司飞机的提速程度,让跨越大西洋的时间缩短了那么多;例(17)是非常经典的广告语,在二十个世纪改革开放初期就能创作出如此精彩绝艳的广告语,真是令人敬佩;广告语采用了超前夸张,在有违常理中显示出合理性,今年二十岁,明年年龄不长却减为十八岁,让人在诧异的同时不仅思考广告语宣传的理念:白丽美容香皂美容效果好,使用后能起到美容、减龄的作用。

经过夸张修辞格的渲染,可以使表达的内容得到强调,效果更加突出。(黄伯荣,廖序东 2007b)[196]

曹炜等(2009)[146]对比拟的功效总结了两点:"一是突出产品的相关信息;二是增强广告语言的宣传力度。"

小提示：夸张也要学会“适度”

在进行广告创作的过程中，我们经常会使用适度夸张这一广告创意表现策略，但夸张时我们要注意坚持“适度”原则。只有适度，才能使广告作品创意新奇、鲜明动人，才能让消费者真正从夸张的广告作品中清晰地了解到产品的特征。所谓“适度”，就是指要点到即可，不可过度而为之，因为水满则溢，月盈则亏，过度夸张的广告作品不仅会让消费者产生误解，甚至还会产生相反的广告效果。坚持“适度”的创作原则，广告创作者必须要做到严格将广告产品特征的夸张程度控制在广告活动所允许的范围之内，千万不要在广告作品中向消费者传递虚假的产品信息，以免消费者对广告产品的相关信息产生误解。

另外，需要注意的是夸张与浮夸不同，夸张以客观真实性为依据，不然，广告很容易弄巧成拙、流于虚夸，反而失去消费者的信任。

四、双关[①]

利用语音或语义条件，有意使语句兼顾表面和内里两种意思，言在此而意在彼，这种辞格叫双关。（黄伯荣，廖序东 2007b）[197]

就构成的条件看，双关可分为谐音双关和语义双关两类。（黄伯荣，廖序东 2007b）[197]

---

① 关于谐音双关，第一章和第六章我们都有讨论，关于语义双关，第六章中也会再讨论；为避免重复，本节中使用的广告语案例与第一章、第六章的不同。

（一）谐音双关

利用音同或音近的条件使词语或句子语义双关。（黄伯荣，廖序东 2007b）[197] 如：

（1）邦医生儿童护肤液——帮你一生。（邦医生儿童护肤液）

（2）生活离不开这口子。（口子窖酒）

（3）煮酒论英雄，才子赢天下。（才子男装）

（4）你的健康是天大的事。（天大药业）

（5）操天下头等事业，做人间顶上功夫！（美发厅）

（6）人人都需要阳光！（阳光保险公司）

（7）女人千姿百态，一切从头做起！（广州秀丝丽发制品）

（8）人人爱“戴”！（莫耐特首饰公司）

（9）如果说人生的离合是一场戏，那么百年的好合更是早有安排。（百年润发）

（10）当太阳升起的时候，我们的爱天长地久。（太阳神口服液）

（11）情系中国结，联通四海心。（中国联通）

（12）营养还是蒸的好。（真功夫）

（13）做光明的牛，产光明的奶。（光明牛奶）

（14）聪明人选“傻瓜”。（傻瓜相机）

例（1）“帮”与“邦”谐音，可以理解为“帮助你一生”或者“邦医生伴你一生”；例（2）“那口子”可以理解为是“口子酒”或“配偶”；例（3）广告语中的“才子”，既可以理解为是“才子男装”的品牌名，也可以理解为是“有才华的人”；例（4）广告语中的“天大”既是“天大药业”的品牌名也是“非常重大”的意思;例(5)广告语中的“顶上”是谐音双关,可以理解为“人的头顶上”也可以是“物体的最高部分”;例(6)“阳光”既是“阳光保险公司”的公司名,也可以是“太阳光”;例(7)“从头”的意思可以为“从头部”也可以是“从最初的地方”;例(8)“爱‘戴’”既可以理解为“喜欢佩戴”,也可以理解为“敬爱并且拥护”;例(9)“百年”一词可以有两种理解,一是“百年润发”的品牌名,也可以是“一百年”的意思;例(10)“太阳”一词可以有两种理解,一是与“太阳神口服液”的品牌名有关,也可以指“太阳”;例(11)“联通”一词可以有两种理解,一是“中国联通”的品牌名,也可以是“联系沟通”将全国各地联成一个网络的意思;例(12)“蒸”与“真”音近,“蒸”一方面应和了“真功夫”的“真”,另一方面“蒸”关联了餐饮店的烹饪方式;例(13)“光明”一词可以有两种理解,一是“光明乳业”的品牌名,也可以理解为“光明乳业的事业是有希望的”;例(14)“傻瓜”一词可以有两种理解,一是“傻瓜相机”的品牌名,也可以理解为“头脑糊涂,不明事理的人——傻子”;傻瓜相机是太有时代感的一个词了,是一种自动或半自动照相机,因为操作极其简单,所以被称为“傻瓜相机”。

(二) 语义双关

利用词语或句子的多义性在特定语境中形成双关。比起谐音双关来,语义双关更为常用。(黄伯荣,廖序东 2007b)[198]

(1) 多一些润滑,少一些摩擦。(统一润滑油)

(2) 明星风采,纯纯关怀!(纯纯化妆品)

(3) 上上下下的享受。(三菱电梯)

(4) 金猴皮鞋,令足下生辉。(金猴皮鞋)

(5) 人类没有联想，世界将会怎样！联想与您共创新世纪！(联想电脑公司)

(6) 明天的明天，你还会送我“水晶之恋”吗？(水晶之恋果冻)

(7) 飞翔从此大不同。(南航 A380)

(8) 科技让出行更简单。(百度地图)

例(1)“润滑”和“摩擦”都至少有两种理解；例(2)“纯纯”既可以是“纯纯化妆品”的品牌名，也可以指“没有杂质的，单纯的”的意思；例(3)“上上下下”既可以是方位词语，也可以是动词性短语；例(4)“足下”既可以指“脚下”，也可以是古代对第二人称的尊称；例(5)“联想”一词可以有两种理解，一是“联想电脑”的品牌名，也可以理解为“由于某人或某事物而想起其他相关的人或事物”的能力；例(6)“水晶之恋”既可以是“水晶之恋果冻”的名字，也可以指“像水晶般纯洁的爱”；例(7)“飞翔”一词有两种理解，一是“盘旋地飞”，二是与“航空有关”；例(8)“出行”一词有两种理解，一是“到外面去”，二是与“旅行”等有关。

恰当地运用双关手法，一方面可使语言幽默，饶有风趣；另一方面也能适应某种特殊语境的需要使表达含蓄曲折、生动活泼，以增强文章的表现力。(黄伯荣，廖序东 2007b)[197]

曹炜等(2009)[149] 对双关的功效进行了总结：“一是使广告语言言简意赅，含蓄曲折；二是使广告语言诙谐幽默，生动有趣。”

五、排比

把结构相同或相似、语气一致、意思密切关联的句子或句子成

分排列起来,使内容和语势增强,这种辞格叫排比。(黄伯荣,廖序东 2007b)[208]

广告语中用排比修辞格的例子也不少。如:

(1) 更省钱,更省油,更安全,更时尚,更皮实。(奇瑞新旗云)

(2) 多么清澄的海底!多么绚丽的色彩!多么自如的生命!多么自然的色调!请看彩色电视:索尼!(索尼彩电)

(3) 我想说,我要说,我爱说!(大众网)

(4) 在所有的时间,所有的地点,被所有的人阅读!(《故事天地》杂志)

(5) 言老年之事,抒老年之情,解老年之忧,传老年之声!(《中国老年报》)

(6) 当心笑出眼泪,当心笑掉门牙,当心笑破肚皮!(《幽默大师》杂志)

(7) 环境一流,商品一流,服务一流!(北京燕莎商场)

(8) 更远,更快,更安全!(潘索石油公司汽油)

(9) 蔬菜要保鲜,水果要保鲜,人的皮肤更要保鲜。(霞飞护肤霜)

排比是一种富于表现力的辞格。……其目的就在于增强语势,提高表达效果。排比多用于说理或抒情。用排比说理,可以把论点阐述得更严密、更透彻;用排比抒情,可以把感情抒发得淋漓尽致。(黄伯荣,廖序东 2007b)[208]

曹炜等(2009)[176—177]对排比的功效总结了两点:“一是增强了广告的语言气势;二是增加了广告的宣传效果。”

六、反复

为了突出某个意思、强调某种感情,特意重复某个词语或句子,这种辞格叫反复。(黄伯荣,廖序东 2007b)[217]

在广告语中为了强调某种情感或理念,加强广告语语气,为加深受众对所宣传的商品的印象,广告创作者在广告语中常运用反复这种修辞格。如:

(1) 天磁杯,天磁杯,你一杯,我一杯,一杯一杯又一杯。(天磁杯)

(2) 世界的公园,瑞士,瑞士,还是瑞士!(瑞士旅游)

(3) 环境一流,商品一流,服务一流!(北京燕莎商场)

(4) 又纯净,又清洁,又顺畅的派克墨水!(美国派克墨水)

(5) 看新画王,用新画王,听新画王!(长虹电视机)

(6) 贴!贴!贴!治疗口腔溃疡——意可贴!(意可贴外用药)

(7) 用了鞋足香,你喜欢,我喜欢,他喜欢,脚丫子更喜欢!(喷洒鞋足香)

(8) 去吧,去吧,去吧!让头屑一点不剩!(海普夏尔牌去头屑洗发水)

(9) 胃,痛吗?胃,酸吗?胃,胀吗?胃痛,胃酸,胃胀,交给斯达舒。(胃药斯达舒胶囊)

(10) 营多营多,吃了再说。(营多方便面)

(11) 酒酒酒,中国名酒,沱牌曲酒。(沱牌曲酒)

(12) 白猫洗洁精,灵!灵!灵!(白猫洗洁精)

(13) 白兔儿童牙膏,爱! 爱! 爱! 儿童喜爱! (白兔儿童牙膏)

(14) 洗呀洗呀,洗澡澡,宝宝金水少不了! (宝宝金水)

(15) 雪中之豹,雪中之宝,雪中送宝! (雪豹皮革行)

(16) 感康,是新一代感冒药;感康,作用强,见效快;感康……(感康感冒药)

(17) 家宜,家宜,家家相宜! (家宜牌电器)

(18) 妻子好,孩子好,肾好,生活更好! (汇仁肾宝)

(19) 快快快快,快快快快,美团外卖,送啥都快。(美团外卖)

(20) 我是,我行,我素。(伊氏女人网)

(21) 省优,部优,葛优? (双汇火腿肠)

例(1)广告中重复"一杯"这个短语;例(2)广告语中反复出现"瑞士"一词;例(3)广告语中重复"一流"这个词,宣传了北京燕莎商场的优秀;例(4)广告语中重复"又"这个词,强调了美国派克墨水的优点和高品质;例(5)广告语中重复"新画王",吸引消费者购买长虹电视新画王;例(6)"贴"在广告语中被重复使用,强调了意可贴外用药对治疗口腔溃疡的良好疗效;例(7)"喜欢"一词多次在广告语中出现,宣传了喷洒鞋足香是如此受欢迎;例(8)"去吧"一词多次在广告语中出现,宣传了海普夏尔牌去头屑洗发水的去头屑效果很好;例(9)"胃,X 吗"多次在广告语中出现,提醒人们关注胃部健康,也宣传了斯达舒胶囊治疗胃病效果好;(10)被重复的"营多"是营多方便面的品牌名,重复是为了提醒消费者关注营多方便面;例(11)多次重复"酒"是为了宣传沱牌曲酒;例(12)广告语中重复"灵"是为了宣传白猫洗洁精的去污效果好;例(13)

多个“爱”是强调白兔儿童牙膏是多么受儿童喜爱;例(14)广告语中被重复的“洗呀”表现出孩子洗澡时多么喜欢宝宝金水,且宝宝金水对孩子们有好处;例(15)被多次重复的“雪中”一词,与雪豹皮革行的名字有关;例(16)被多次重复的“感康”是感康感冒药的品牌名,能让受众加强印象;例(17)被多次重复的“家宜”是电器品牌名,让消费者想买合适的电器就想到家宜品牌;例(18)反复出现的“好”,宣传了汇仁肾宝的好疗效;例(19)多次重复的“快”显示了美团外卖的速度快;例(20)被多次重复的“我”让受众与伊氏女人网产生了情感联系;例(21)多次出现的“优”强调了双汇火腿肠的优良品质。

反复具有突出思想、强调感情、分清层次、加强节奏感的修辞效果。(黄伯荣,廖序东 2007b)[218] 反复能表现强烈真挚的思想感情,起到强调主题思想、增强气势的作用。

曹炜等(2009)[153] 对反复修辞格的功效总结了两点:“一是能强调广告所要传递的重要信息;二是能获得一种结构形式上的和谐美。”

七、对比

对比是把两种不同事物或者同一事物的两个方面放在一起相互比较的一种辞格,也叫“对照”。对比可以使客观存在的对立统一关系表达得更集中、更加鲜明突出。(黄伯荣,廖序东 2007b)[214] 广告语中用对比修辞格,通过两种事物的对比,突出广告所要宣传商品的特点,让受众接受广告宣传主体所提供的商品信息,并在对比后做出正确的选择。

广告语中运用对比修辞格的例子不胜枚举。如:

(1) 你能听到的历史136年,你能看到的历史174年,你能品味的历史440年,国窖1573。

(2) 平时家在心里,此刻家在眼前,品味中国年。(国窖1573)

(3) 书与酒,价格相同,价值不同!(台湾地区编纂某企业管理丛书)

(4) 不在乎天长地久,只在乎曾经拥有。(香港铁达时手表)

(5) 超乎你想象的高度,低于你期望的价格。(猎豹汽车)

(6) 不选贵的,只选对的。(雕牌洗衣粉)

(7) 她工作,您休息。(凯歌全自动洗衣机)

(8) 苦苦的追求,甜甜的享受。(伊利雪糕)

(9) 多一些润滑,少一些摩擦。(统一润滑油)

(10) 昔日帝王宫殿,如今豪华宾馆!(北京贵宾楼饭店)

(11) 有限的投资,无穷的收获!(计算器)

(12) 昨日的梦幻,今天的现实!(卡莱空调器)

(13) 天上彩虹,人间长虹;家有长虹,其乐无穷!(长虹电视机)

(14) 窗外地冻天寒,窗内春意浓浓!(马维尔取暖器)

(15) 少一份忧愁,多一份安逸!(清洁灵)

(16) 岁月留苍老,黑马葆青春!(黑马化妆品)

(17) 原来荆棘丛生,现在平坦光整!(本迪克斯电子公司剃须刀)

(18) 只溶在口,不溶在手(m&m巧克力)

(19) 贵族的咖啡,平民的价格!(卡拉希饮料)

(20) 积千家之毫厘,消一家之灾难!(某保险公司)

(21) 贫者因书而富,富者因书而贵。(永汉国际书局)

(22) 今天,我考虑得更多;明天,您付出得更少。(金恒生网络产品)

(23) 只有想不到,没有淘不到。(淘宝网)

(24) 小身材,大味道。(Kisses 巧克力)

(25) 美国货,本土价。(DELL 电脑)

(26) 古有千里马,今有日产车!(日产轿车)

(27) 臭名远扬,香飘万里。(臭豆腐)

(28) 别人在等客户,我在等朋友。(某装饰公司广告)(文有为 2021)

例(1)用对比“能听到的历史”“能看到的历史”与“能品味到的历史”,让人认识到国窖 1573 真真是历史悠久;例(2)由“家在心里”与“家在眼前”对比,形成了新春佳节、阖家团圆,共饮国窖酒的欢乐氛围;例(3)用“价格”与“价值”的对比,让人认识到书的重要价值;例(4)“不在乎”与“只在乎”相对比,让人认识到拥有香港铁达时手表是多么的幸运,这句广告语已成为经典;例(5)“超乎……”与“低于……”相对比,比直接说“猎豹汽车物美价廉”要委婉;例(6)“贵的”与“对的”相对比,说明了购买、使用雕牌洗衣粉是老百姓明智的选择;例(7)“她工作”与“您休息”相对比,宣传了凯歌全自动洗衣机能带给你休闲、悠闲的生活;例(8)“苦苦”与“甜甜”两种差异巨大的味觉对比,吸引人们去品尝伊利雪糕真正的滋味;例(9)“多”与“少”、“润滑”与“摩擦”相对比,让车主都记住了统一润滑油;例(10)“昔日”与“如今”相对比,让想体验昔日帝王奢华生活的人选择入住北京贵宾楼饭店;例(11)“有限”与“无穷”相对比,实际上是宣传了“花较少的钱购买计算器,后期的回报却是无穷的”;例(12)“昨日”和“今天”、“梦幻”与“现实”相对比,说明卡莱空调器能让昔日你梦想的生活变成真实的享受;例(13)“天上”与“人间”相对比,可见长虹电视机色彩鲜艳,可以带给消费者无穷的乐趣;例(14)“窗外”与“窗内”、“地冻天寒”与“春意浓浓”相对比,表达了马维尔取暖器能在严寒的冬天给你的屋内带来春天般的温暖;例(15)“少”与“多”、“忧愁”与“安逸”相对比,表达了清洁灵清洁效果好,能够给您带来安逸的生活;例(16)“苍老”与“青春”相对比,说明了黑马化妆品抗衰老的效果很好;例(17)“原来”与“现在”、“荆棘丛生”与“平坦光整”相对比,可见本迪克斯电子公司剃须刀剃得有多干净;例(18)“只”与“不”、“溶在口”与“溶在手”相对比,看过这一广告后,定有很多人想品尝入口即化、不粘手的m&m巧克力;例(19)“贵族”与“平民”相对比,卡拉希饮料以实惠的价格让消费者享受贵族的品位,肯定有很多人想尝试;例(20)“千家”与“一家”相对比,某保险公司的这一广告,直白地告诉被保险人保险公司是如何运作的,让投保人觉得在遇到灾难时,自己就是受益的那个人,进而自愿投保;例(21)“贫者”与“富者”相对比,宣传了读书对人生的重要性;例(22)“今天”与“明天”、“更多”与“更少”相对比,表达了越早使用金恒生网络产品越早受益;例(23)“只有”与“没有”、“想不到”与“淘不到”相对比,表达了淘宝网包罗万象的特点;例(24)“小”与“大”相对比,宣传了Kisses巧克力个头小巧,但味道浓郁香醇;例(25)“美国货”与“本土价”相对比,传达了由美国出品的DELL电脑品质好,但其价格却很亲民;例(26)中“古”与“今”对比,“千里马”和“日产车”相比,说明了日产车能像千里马一样速度极快;例(27)“臭”与“香”对比强烈,此广告语对仗工整,通俗易懂;例(28)“客户”和“朋友”对比,表明了此装饰公司将客户当作朋友,尽心为客户服务。

20世纪还有“小××,大××”这种句式的广告,如:“小体贴,大舒畅。”(撒隆巴斯贴剂)现在几乎没有相似的广告用例了。

曹炜等(2009)[180]将对比修辞格的功效总结了两点:“一是使广告内容表达得鲜明深刻;二是使广告受众产生深刻的印象。”

八、对偶

结构相同或基本相同、字数相等、意义上密切相连的两个短语或句子,对称地排列,这种辞格叫对偶。(黄伯荣,廖序东 2007b)[206]

对偶,从形式上看,音节整齐匀称,节律感强;从内容上看,凝练集中,概括力强。它有鲜明的民族特点和特有的表现力,便于记诵……(黄伯荣,廖序东 2007b)[206]

使用对偶修辞格的广告语很多,因其与中国传统文化中的对子、对联相似,在对比中可以完备语义,所以很受广告创作者的欢迎。

对偶有正对、反对、串对三种方式。

1. 正对

正对是指对偶的两个句子意思相近或相同。例如:

> 一流商品需要一流包装,一流见解需要一流口才!(《演讲与口才》期刊)

《演讲与口才》是我国历史上第一本专门研究说学理论和提高人们口语表达能力的专业期刊,它的创刊在全国产生了较大的影响。该期刊创始人为邵守义,他对我国演讲与口才理论的研究做出了巨大的贡献,被誉为“新时期演讲事业的开拓者”。《演讲与口才》杂志的这句广告语上下两句对仗很工整,“商品”与“见解"、"包装"与"口才"分别相对,以此宣传《演讲与口才》期刊对表达见解、提升口才的重要作用。

汇大众文学精品,集名家高手佳作!(《上海故事》月刊)

《上海故事》创办于1984年,是由上海市群众艺术馆主办的刊物,以发表通俗文学、传奇故事为宗旨,力求做广大读者的"充实生活的伙伴,抚慰心灵的朋友"。广告语充分运用了对偶的修辞手法,动词"汇"与"集"相对、名词"大众文学"与"名家高手"、"精品"与"佳作"分别相对,说明了《上海故事》月刊的定位和稿件品质,值得读者信赖,广告对仗工整,诉求表达明确,堪称佳作。

九寨天下奇,峨眉天下秀。
青城天下幽,剑门天下险。(四川旅游)

对四川熟悉的朋友一定听说过四川"四绝",这"四绝"是指剑门天下险,青城天下幽,峨眉天下秀,九寨天下奇。剑门关位于广元市境内,青城山位于都江堰市境内,峨眉山位于峨眉山市境内,九寨沟位于阿坝州九寨沟县。"四绝"很好的将四川四大知名景点的特点用形容词"奇"与"幽"、"秀"与"险"表达出来,文字简洁,特色突出。仅靠一个字就给受众带来无限遐想,吸引游客去造访。

山上美如画,山下暖如家!(长白山宾馆)

长白山宾馆的广告语充分体现了汉语的凝练,整个句式格式工整,"山上"对"山下"、"美如画"对"暖如家",没有华丽的辞藻堆砌,却精准瞄准了消费者的需求。试问哪位游客不想去长白山山上欣赏仙境般的美景后,回到宾馆享受家庭般的温暖和舒适呢?仅靠"美"和"暖"就抓住了消费者的心,令人印象深刻。

取大地之灵气，采日月之精华！（玉林牌治骨药）

“取天地之灵气，吸日月之精华”这句话出自《道德经》之四十三章，原文：“天下之至柔，而修炼内功则以气为引，吸天地之灵气纳于己身。天地灵气，日月精华。”古人说：“位仙者，吸天地之灵气，集日月之精华，为能长寿。”其实这句话是有根据的，所谓“天地之灵气”指的是天气（空气）和地气，天气属阳，地气属阴。天气与地气的交构，形成了万物。这句话本来讲的是古人的一种养生方法，玉林牌治骨药将其仿写，改为“取大地之灵气，采日月之精华！”借助人们对原文的熟悉和认知，用对仗工整的对偶句宣传了其用料自然、考究。

味夺九州，香飘四海！（香醋）

九州四海，意思犹言天下，泛指全中国。出自唐卢照邻《登封大酺歌》：“九州四海常无事，万岁千秋乐未央。”广告将九州四海分开组成两个意思相近的单句，“味”对“香”、“夺”对“飘”、“九”对“四”、“州”对“海”、“九州”对“四海”，名词对名词、动词对动词、数词对数词，对仗非常工整，词句意思相近，是正对式对偶的典型用法。

2. 反对

反对是指对偶的两个句子含义相反，相对立。

除了思想，什么也别带走！除了报刊，什么也别留下！（某阅览室）

这则广告是典型的反对用法，句子中否定性词组“别带走”“别留下”分别相对，巧妙地强调了阅览室的规定。根据这个句式进行仿写的也很多，比如公园禁止折花的标语是：“除了记忆什么也别带走,除了脚印什么也别留下。”图书馆禁止占座的标语是:“除了知识,什么也不要带走,除了文明,什么也不要留下。”

登大雅之堂,入小康之家!(装饰材料)

“登大雅之堂”形容比较高雅大方的事物或举止行为,出自清袁枚《与陈刺史虚斋》:“未登大雅之堂,还望刺史陶冶而成全之。”“小康”,源出《诗经·大雅》:“民亦劳止,汔可小康。”意思是说,民众劳累了,期待休息,养养精神。小康,与休息、安定等义相近。“小康之家”,通常指的是具备一定的经济基础,能够享受相对舒适的生活条件的家庭。广告语中两个单句的意思相反,借此来传达此品牌装饰材料能满足各类消费者的需求。

喧闹在这里停止,思想在这里升华!(某图书馆)

图书馆是搜集、整理、收藏图书资料以供人阅览、参考的机构。早在公元前3 000年时,巴比伦的神庙中就收藏有刻在胶泥板上的各类记载。最早的藏书地点是希腊神庙的藏书之所和附属于希腊哲学书院(前4世纪)的藏书之所。中国最早的省级图书馆为1904年创办的湖南图书馆。丰富的藏书和安静的阅读环境是读者们喜欢在图书馆学习的原因之一。广大读者在图书馆汲取知识营养,不断提升自我。图书馆通过文雅不失礼貌的对偶句很好地传达出其对读者的要求。“喧闹在这里停止,思想在这里升华!”一句话让进入图书馆的读者不禁肃然。

与污迹不共戴天,和珐琅亲密无间!(珐琅清洁剂)

广告将“不共戴天”与“亲密无间”相对,传达了远离污迹,享受美好生活的产品理念。值得一提的是,广告语暗含了品牌名称,可以进一步加深受众对品牌的认知,有助于品牌形象的形成。

皮张之厚无以复加,利润之薄无以复减!(上海鹤鸣皮鞋厂)

这句广告语运用了两种修辞手法:对比和对偶。用“皮张之厚”对比“利润之薄”给受众以极大的心理反差。同时“厚”与“薄”,“加”与“减”对仗工整,上海鹤鸣皮鞋厂的这一广告语,穿越岁月终成经典,以双重修辞方式传递了其用料考究、物美价廉的特点,言简意赅,令人回味。

老吾老以及人之老,幼吾幼以及人之幼。(敬老公益广告)

敬爱自己家的老人,也敬爱别的老人;呵护自己的孩子,也呵护别人的孩子。这句话语出《孟子·梁惠王上》,虽然有“拿来主义”之嫌,但正合敬老院的诉求,也算用得巧妙。

3. 串对

串对是指两个句子之间呈现主次或递进的关系。例如:

进门是客人,出门是朋友!(饭店)

“进门”与“出门”存在时间上的递进关系,“客人”与“朋友”相对,表明了饭店客人至上、广交朋友的理念。

追逐美丽画面,留下永恒回忆!(照相机)

该照相机的广告中“美丽画面”对应“永恒回忆”,词性、词义对仗工整。“追逐”和“留下”存在时间上的递进关系。广告通过有逻辑关系的两个单句描绘了消费者使用照相机的心理过程,容易引起受众的心理共鸣。

雪中送炭家家暖,锦上添花户户春!(煤店)

煤店的这一广告语对仗工整,煤店出售的煤炭给消费者以冬天的温暖。“雪中送炭”是“锦上添花”的必要条件,故这句广告语是串对的一种表现。

给生命增岁月,给岁月添生机!(生命宝)

此广告语是对偶句,由两个存递进关系的单句构成,广告强调了生命宝能给人添生机、益寿延年的功效。

用户在嘉陵心中,嘉陵在用户身边!(嘉陵摩托车)

这句话其实是运用了对偶和回环两种修辞手法。从对偶的角度看,两个对偶单句有递进的逻辑关系在其中,是串对的表现。从回环的角度看,“用户”和“回环”交替,使整个广告的主题升华。

从容地来,潇洒地去!(美容院)

广告语中的“来”“去”虽然意思相反,但结合美容院来看,广告语用对偶的修辞格展示了消费者在美容院的体验过程,说明了此美容院美容效果好,能让人美容后潇洒离去。

对偶的两个句子相对排列,动词对动词,名词对名词,字数相等,句法相似,节奏整齐、形式优美、主题突出。格律和音韵可以不讲究,但不能生拼硬凑,以辞害意。

曹炜等(2009)[158] 将对偶修辞格的功效总结为两点:“一是丰富了广告所传递的字面内容;二是加深了广告受众对产品的记忆。”

九、仿词

根据表达的需要,更换现成词语中的某个语素,临时仿造出新的词语,这种辞格叫仿词。(黄伯荣,廖序东 2007b)[199]

一般情况下,仿拟改变语言习惯,改动人们熟知的成语典故、诗文名句、格言俗语，仿造与产品有关的新词语或新句子，以符合广告特定的表达需要。仿拟突破常规思维方法，出人意料，给人新鲜感，使广告妙趣横生。

一写钟情——钢笔广告

钢笔广告将“一见钟情”中的“见”字换成“写”字，突出主题又不失原意。

路遥知马利——马利牌油画颜料广告

马利油画颜料仿造成语“路遥知马力，日久见人心”，截取前半句并巧妙地利用谐音，便于记诵、加深印象。马力如何，长途跋涉就能知晓；马利如何，长期使用就会知道。富于哲理的语言既突出了产品个性，又给人亲切之感。

先天下之“优”而“优”——国宝商场广告

“先天下之忧而忧”本是范仲淹的名句，广告语将其中的“忧”字改为“优”，同音而不同义，意在说明，商场的商品都是优质产品，先于天下而“优”。广告借用名言达到宣传目的，引起人们的回味和联想。

一日三省吾车，省油、省钱、省时——汽车火花塞广告

火花塞广告仿拟《论语·学而篇》中的“一日三省吾身”，宣传产品特点，两者风马牛不相及，但富有奇趣，信息集中、语言凝练，给人留下深刻印象。

上文在讨论对成语的仿用的例子中就有很多仿词的例子。① 如：

① 因为这些“仿词”与真正的成语是有差别的，为了突出、强调，这里的 10 个例子都采用了加下画线的形式。

(1) “闲”妻良母！(洗衣机)

洗衣机的广告将“贤妻良母”中的“贤”换成了“闲”，一字之差，突出了洗衣机可以解放家庭妇女的双手，享受生活的诉求。

(2) 油备无患！(驱风油)

驱风油的广告仿拟了成语“有备无患”，既说明了产品对于家庭的必要性，又带来趣味性，“有”换成“油”，说明了产品的属性，巧妙点题。

(3) “脑”当益壮！(健脑药)

老当益壮是人们对老年生活的期许，谁不希望有个好身体呢？健脑药的广告将“老当益壮”换成“脑当益壮”凸显了大脑健康的重要性，并清晰表明了产品属性是健脑，令人会心一笑的同时又对产品记忆深刻。

(4) 用中意空调，不怕“冷嘲热风”！(中意空调)

“冷嘲热讽”本是一个包含贬义的成语，出自清袁枚《牍外余言》，意思是用尖酸刻薄的语言进行讥笑及讽刺。但中意空调将其改写为“冷嘲热风”，很好地与空调的冷风、热风产生关联。句中贬义尽清，反而明确了广告主题。广告语中还暗含了品牌名称，进一步加深了受众对品牌的印象。

(5) “泉”心“泉”意！(甘泉天然矿泉水)

甘泉天然矿泉水将“全心全意”的“全”换成了“泉”，点出了产品，表达了该矿泉水的纯天然卖点，不失为巧妙。

(6) 随心所“浴”！(热水器)

随心所欲原指在礼教法度范围内，遂着心意自由地行动处世。

在现代汉语中泛指任凭自己的意愿，想要怎样就怎样。热水器的广告将“欲”换成“浴”，展现了产品特性，可以随时洗浴满足消费者的需求。生活中很难做到“随心所欲”，那在洗浴这件事上能够“随心所浴”也不错呢。

(7) 白燕步步为赢的法术：信·实·慎！（白燕百货公司）

白燕百货公司的广告应该是改写了成语“步步为营”。“步步为营”是指军队每向前推进一步就设下一道营垒，形容防守严密，行动谨慎。行军打仗要想获得胜利就要步步为营。可在广告中将“营”换成“赢”，词语变化带来了语义的变化，这里指的是白燕百货公司在竞争中处于优势地位，获得成功的秘诀。

(8) 步步为赢！（李宁鞋）

这里的“步步为赢”和上文百货公司广告中的用法一致，也是强调成功的意思。但“步步为赢”用在李宁鞋上更是点石成金，因为我们就是一步一步走向未来，走向成功的。成功的道路充满险阻，在通往成功的道路上，有李宁鞋的陪伴，更能让我们每一步都踏实。只有每一个小目标的实现，才有大目标的成功。俗话说“不积跬步，无以至千里”，没有一次次小步的“赢”，就积累不到后面的“成功”。故“步步为赢”直击消费者心灵，能够引起消费者的心理共鸣。

(9) 岂有此履！（皮鞋）

这则皮鞋的广告改写了成语“岂有此理”，“岂有此理”出自《南齐书·虞悰传》，意思是哪有这个道理，一般指别人的言行或某一事物极其荒谬，含贬义。但广告将“理”改成“履”后，就和鞋产生了关联，成语中的贬义也消失全无，反而有种浓浓的惊讶、震惊,似乎在说:“怎么会有这么好的鞋呢?”激发受众的好奇心想一探究竟,购买就是顺理成章的事了。

(10) 天涯海饺。(烟台海鲜水饺馆)

一说起“天涯海角”,大家都知道是海南的著名的5A级风景区。烟台海鲜水饺馆将“天涯海角”换成“天涯海饺”,一字之差却道出了水饺店的特色。

仿词给人以新鲜活泼、生动明快的感觉,又能产生强烈的讽刺性和幽默感,让受众很容易记住广告宣传的内容。但是,广告面向大众、立足传播,因此广告文案的语言应注意规范。语言和文字是一个民族、一个国家的文明和进步程度的标志之一,广告语言的运用要反映先进的文明程度。从某种意义上说,广告文案就是驾驭语言的艺术,因此我们要重视广告语言的影响力。在创作广告时,成语的仿拟不可太随意,同音字不得乱用。另外,在广告中要避免出现使用错别字,不规范的简化字、繁体字,已经弃用的旧体字及使用低俗词语;广播、影视广告中的不标准读音、南腔北调,都需要注意和纠正。广告文案作者应该为祖国语言的规范化和纯洁性做出自己的努力。

下面的案例请读者尝试分析,能看出他们分别改写自哪些成语吗?

(1) 有杯无患!(磁化杯)

(2) “酱”出名门,传统好滋味!(酱菜)

(3) 望眼欲“穿”,爱健服装!(爱健牌服装)

(4) 百衣百顺!(电熨斗)

(5) 衣衣不舍!(服装店)

(6) 衣帆风顺!(服装店)

(7) 趁热拿铁。(咖啡店名)

十、顶真

用上一句结尾的词语做下一句的起头,使前后的句子头尾蝉联,上递下接,这种辞格叫顶真,也叫"联珠"。(黄伯荣,廖序东 2007b)[211] 如:

(1) 波导手机,手机中的战斗机。(波导手机)
(2) 读了就能做,做了就能富!(《农技服务》期刊)
(3) 清洁世界有白猫,白猫家族新成员。(白猫喷洁净)

顶真的修辞作用是:议事说理准确、谨严、周密;状物叙事,条理清晰;抒情写意,格调清新。作为修辞方式,顶真在形式和内容两方面都给人以流畅明快的蝉联美感。(黄伯荣,廖序东 2007b)[212]

小提示:顶真写法的注意事项

运用顶真,首尾相连的字句一定要同义,不同义不能使用顶真手法。"有了成就,就沾沾自喜",两"就"字相连,但意义不同,不算顶真。

广告文案中的顶真具有节奏较快,气势强,语气贯通、声律流畅,易记难以忘怀的特点。能够引起受众对广告中的产品高度注意,从而激发他们购买产品的动机和行为。

曹炜等(2009)[165] 将顶真的功效总结为两点:"一是使广告内容条理清楚;二是使广告语言准确严密。"

十一、回环

把前后语句组织成穿梭一样循环往复的形式,用以表达不同事物间的有机联系,这种辞格叫回环。回环可以使语句整齐匀称,能揭示事物的辩证关系,使语意精辟警策。(黄伯荣,廖序东 2007b)[212]

(1) 你不理财,财不理你!(《理财》杂志)

(2) 今古传奇,传奇今古!(《今古传奇》杂志)

(3) 让世界了解中国,让中国了解世界(《中国日报》)

(4) 全球通,通全球!(中国移动通信)

(5) 长城电扇,电扇长城!(长城牌电扇)

(6) 双鹿爱人人,人人爱双鹿!(双鹿冰箱)

(7) 万家乐,乐万家!(万家乐电器)

(8) 您喜欢"七喜","七喜"也喜欢您!(七喜饮料)

(9) 家家爱富豪,富豪爱家家!(山东富豪牌方便面)

(10) 世界皮鞋,皮鞋世界,走遍天下,中意皮鞋!(中意皮鞋)

回环的特点是词语"循环往复",既有密切关系,又有情趣。用回环论理,使人容易理解事物的辩证关系;用回环抒情,使人感到深情无限;用回环叙景,使人容易体会出景物间的联系。(黄伯荣,廖序东 2007b)[212] 回环在视觉上、语感上都给人以循环往复的美感。(黄伯荣,廖序东 2007b)[213]

曹炜等(2009)[161] 将回环的功效总结为两点:"一是增强了广告内容的深刻含义;二是增添了广告语言的艺术魅力。"

小提示：顶真与回环的区别

顶真虽然与回环有相同之处，但二者的区别也是明显的：回环的后一句文字往往是对前一句顺序上的颠倒，而顶真的后一句并非如此。

十二、设问

无疑而问，自问自答，以引导读者注意和思考问题，这种辞格叫设问。设问也就是明知故问。（黄伯荣，廖序东 2007b）[218]

设问句是先提出问题，再自己回答问题的句子。广告语中也有一些设问句例子。如：

（1）想要一步登天吗？你不妨试试！（学习机）

（2）清凉世界何时来？待到菊花开！（菊花电扇）

（3）何不试口海珍？海珍能使您健康！（海珍口服液）

（4）你想胸部丰满吗？请用俏健胸！（丰乳器）

（5）您想拥有豪华的休闲生活吗？请喝桑特立威士忌！（桑特立威士忌）

（6）您想观察美国吗？那就驾着汽车奔驰吧！（美国石油研究协会）

（7）今年春节送什么？送礼就送脑白金！（脑白金）

以上广告语的作者用设问句引起读者的注意和思考，随后自行作答，使读者同意作者的“正确”结论。设问句是先设疑再解释。设疑委婉曲折，幽默风趣，生动活泼，甚至出人意料，表达效果往往异常突出。（黄伯荣，廖序东 2007b）[203,205] 广告语中使用设问句主要是为了引起受众的注意，激发消费者的兴趣，启发消费者思考。设问中的自问是为了提醒消费者注意,自答部分就蕴含着广告宣传的信息。

曹炜等(2009)[183] 将设问修辞格的功效总结为两点:"一是有助于广告突出该产品或服务的重点;二是有助于广告受众更好地领会广告内容。"

十三、反问

反问也是无疑而问,明知故问,又叫"激问"。但它只问不答,把要表达的确定意思包含在问句里。(黄伯荣,廖序东 2007b)[219]

反问句是明知故问,一般由陈述句改变而来,句子中充满了说话人充沛强烈的感情,或肯定或否定,且只问不答,但问题的答案却在句子之中。广告语中的反问句例子有:

(1) 种瓜何止得瓜? 万宝情暖万家!(万宝电器)

(2) "寻美人启事",喝了美媛春,能不漂亮吗?(美媛春口服液)

(3) 难道您不认为七喜喝起来的感觉最好吗?(七喜饮料)

(4) 用达尔香皂你不觉得也特别舒服吗?(达尔香皂)

(5) 医生不也劝说你拿象牙牌吗?(象牙香皂)

(6) 难道您的孩子不该用佳洁士牙膏吗?(佳洁士牙膏)

广告语中的反问主要是为了加强语气,明确表达某种观点和思想感情,引起消费者的深思与反思,对消费者情感形成正面影响,接受广告信息。使用了反问的广告语语气强烈,加重了语言的力量,能激发读者的感情,给读者留下深刻的印象。

曹炜等(2009)[187] 将反问修辞格的功效总结为两点:"一是有

助于唤起受众的想象力;二是促使受众作出正确的选择。”

十四、其他

除了设问句和反问句,广告语中还有一些实际上不算是提问的问句实例,是因为这些广告问句不是想要向消费者提问,只是用提问的语气,引起消费者的关注或思考,激发其消费欲望。如:

(1) 相信吗?您也能立即成为世界最著名的摄影师!(日本佳能照相机)

(2) 只有一个问题上菱不能回答:什么是霜?(上菱冰箱)

(3) 不让我喝百事可乐?想都别想!(百事可乐)

(4) 吃粽子需要理由吗?需要吗?不需要吗?(粽子广告)

(5) 怎样的建筑会有一颗纯粹的心?(依云小镇)

上面提到的三种类型的问句,无论是设问句还是反问句,都不是想向广告受众问问题,只是想要引起受众的注意,向消费者传递商品信息或激发人们的想象,以对广告宣传的内容产生兴趣,最终产生消费行为。

第二节　广告整体隐喻

隐喻本来为一种修辞方式,是比喻修辞格中的一种,不用“如、像、似、好像”等比喻词,而用“是、成、就是、成为、变为”等词,把某事物比拟成和它有相似关系的另一事物。如“少年儿童是祖国的花朵”“荷叶成了一把把撑开的小伞”就使用了隐喻。隐喻也叫暗喻。

广告中的暗喻有一种特殊形态，即广告整体隐喻，表面上也是把某事物比拟成和它有相似关系的另一事物，但又似乎超出了单纯的修辞格，广告语不使用隐喻的修辞格，而是整个广告表面上谈论一种事物，实际上却映射另一种与其有关系的事物，这两种事物的相似性可能不明显。我们仅举几个例子来说明。如：

怡达汽车广告。一家三口在汽车里，爸爸在驾驶汽车。

儿子问爸爸："爸爸，你为什么喜欢我？"

爸爸答："因为你呀，机灵又可爱，好动又活泼！"

儿子说："哦，像颐达。"

儿子又问："爸爸，那你为什么爱妈妈呢？"

爸爸说："因为妈妈大方又得体，有分寸又宽容。"

儿子说："又像颐达。那你是更爱妈妈还是更爱我呢？"

在一家人的欢笑声中，画外音响起："外在，内在，自在颐达！"

广告中看似在谈论爸爸对妻子和儿子的爱，实则是通过人的品质、性格，隐喻颐达汽车的优秀品质：外形灵动，有着宽大空间和细致内饰，消费者对颐达汽车的喜爱，将两类不同的事物相类比，这就是一则广告整体隐喻的例子。[①]

五粮春也有一则广告属于广告整体隐喻。在电视画面中，一位容貌昳丽的少女缓移纸扇，露出绝美容颜，画外音响起广告语："她系出名门，丽质天成，秀其外而绝无奢华，慧其中而内蕴悠远，壮士为之洒泪，英雄为之牵情，个中滋味，尽在五粮春。"广告词含

---

① 对这则广告的隐喻是否合适，社会反响如何，我们这里不予置评。此处我们仅是以此广告为例解释广告整体隐喻的现象。

蓄、富有意蕴美,运用整体隐喻将美女与酒相类比,让不少电视观众铭记,也让五粮春酒的销售业绩持续见好。

无独有偶,另一则白酒广告也是以“妩媚风韵,表里如玉”这样的广告词配以淑丽美女作为广告模特,以女人的风韵隐喻白酒的韵味,这也是广告整体隐喻的一则实例。

以上这两则使用整体隐喻的广告,不约而同地将女人与汽车、酒相类比,通过女性的一些特点,与汽车、酒等相类比找出相似点,也算是构思奇巧了。

安徽轻工业广告公司曾用“赢一子定全局”这句广告语做广告语。整体广告借棋局喻商战,也是广告整体隐喻的例子。

很多企业为树立良好的品牌形象而制作整体隐喻的广告。这类广告通常是挖掘品牌核心内涵,将有关商品和企业的信息、经营理念及公众形象传达出来,目的是要建立或改变一个企业或一个产品在社会公众心目中的原有地位,建立或改变一种消费意识,从而提高企业的或产品的知名度、公信度和美誉度。

品牌的英文单词是 brand,它常常被翻译成商标,是产品的代号。不管是对消费者还是对企业,品牌都有着至关重要的作用。对于消费者来讲,品牌是产品质量的标志,可以帮助消费者识别产品来源,减少购买风险,降低搜寻成本,在购买该类产品时优化选择;品牌可以帮助消费者与产品的生产企业建立契约,出现纠纷时可以追究产品制造者的责任;品牌能使消费者更好地展示自己。对于生产企业来说,品牌可以帮助企业将自己的产品与竞争对手的相区分。品牌可以作为法律保护的手段。品牌也是一个企业在市场竞争中处于优势的来源。可以说,一个企业生产的产品能够在长时间稳住自己的行业中的竞争地位,品牌无疑是非常重要的。

正是因为如此,企业非常重视品牌形象的管理,品牌形象广告也应运而生。二十世纪六十年代美国著名的广告创意旗手大卫·奥格威提出品牌形象论,主要论点有三:第一,广告的主要目标就是为塑造品牌形象而服务;第二,任何广告都是对品牌的投资,广告活动应使消费者保持对品牌形象的长期好感;第三,描绘品牌形象比强调产品的具体功能特征要更为重要,应从竞争品牌中确立自家品牌的优越地位。直到今天,广告的品牌形象论依然是影响广告策划、广告创意的重要法宝。

Facebook 广告:椅子篇

椅子是让人坐下来休息用的。所有人都能坐在椅子上,如果椅子够大,还能很多人一起坐。说笑话,编故事,或者聆听。椅子是为了人设计的。Facebook 就是椅子。

这是 Facebook 的首支广告。椅子是人们日常生活中常见的东西,它给人们带来舒适、放松的体验。广告将 Facebook 比喻成椅子,就像一把可以无数人共享的椅子,大家可以坐下来,讲讲故事,分享想法或者倾听。整支广告看似在说椅子,实则阐述的是 Facebook 的特点,这是一则典型的整体隐喻的广告。简单的文字配合来自生活的画面,广告引起了广大网友的共鸣。这则广告也为 Facebook 在受众心中树立了良好的形象,迅速使受众明确了 Facebook 的特性并接受它、使用它。

知识拓展:能引起共鸣的画面

从二十世纪五十年代早期开始,"共鸣"一词就风靡了整个广告界。如何制造能引起人们共鸣的画面,不妨试试以下方法:

1. 使用受众熟知的、能够辨别的一种活动。

2. 使用受众能认出的那些面目和善、比较年轻的广告模特。

3. 广告不要激起关于任何不愉快的场景的联想。

4. 广告不要与受众的道德敏感相冲突。

5. 广告中不要表现那些复杂的、难理解的和冗长乏味的内容。

6. 承诺广告中的产品或者服务会满足受众的愿望。

7. 广告中的男(女)主角应该是受众一直梦想成为的角色。

超能女人用超能

能隐忍,能绽放,能繁花似锦,能纯净如一,能超乎所能,我是超能女人孙俪。

能传统,能新锐,能妙笔生花,能浑然天成,能超乎所能,我是超能女人蒋方舟。

能妙曼,能极致,能让世界看东方,能让完美看自己,能超乎所能,我是超能女人邱思婷。

能文,能守,能屈、能伸,能超乎所能,我是超能女人许安琪。

能简单,能丰富,能温婉,能张扬,能超乎所能,我是超能女人于娜。

“超能”是纳爱斯集团继“纳爱斯”之后推出的第二个高端品牌。超能洗衣液推出“超能女人”系列广告,主要是针对产品的主要消费者、使用者——现代女性,基于他们的现实生活状况,并结合产品自身的特点,挖掘、提炼、传播一种“超能”的价值取向。在超能洗衣液的广告中,著名演员孙俪、作家蒋方舟、芭蕾艺术家邱思婷、奥运冠军许安琪、影星于娜集体变身“超能女人”,向全社会宣告“超能女人”时代的到来,引起广泛关注。

文案中的5段文字犹如5个成功女人的人生宣言,是对“超能女人”极富个性化的具体阐释。文案最后都归结于“超能女人用超能”,恰到好处地将代言人与商品关联在一起,不但暗示出产品超能的洗净能力,也传达出独特的品牌理念：所有的女性都应该相信,每个人都远比自己想象中的更加强大,只要努力、坚持,就能做成自己想做的事,就能成为令人瞩目的“超能女人”。

利郎商务男装的广告文案

1. 忙碌不盲目,放松不放纵,张弛有度。

2. 多则惑,少则明、简约而不简单。

3. 进,固然需要勇气;退,更需要智慧用心。取舍之间,彰显智慧。精致生活,简约人生。简约不简单,利郎商务男装。

4. 取舍,彰显智慧;执着,成就梦想;我们的时代,简约不简单,利郎商务男装。

在服装市场的同质化竞争灼热化的情况下,利郎走出了一条差异化的道路——商务休闲男装,既不失风度又能看起来轻松,适合商务谈判时穿着的男装。

这是符合时代背景的一种明智的选择。中国加入 WTO 后,和国际的商务合作越来越深入。利郎总裁王良星到国外旅游考察时发现,中国人在商务谈判时的着装过于严肃,与国外相比,商务洽谈的氛围也更紧张。于是,利郎率先提出“商务休闲男装”概念。

为了使品牌深入人心,利郎选择陈道明作为其代言人。陈道明被网友称为“国内演技最好的演员之一”,给观众的印象一直是从容淡定、涵养深厚、德艺双馨,一直以“边缘人士”姿态将自己与浮躁世事隔离,这种大隐隐于市的生活态度刚好可以传递利郎的品牌内涵：简单、大气、有品位。陈道明的绅士儒雅和利郎的简约之道被业界誉为完美的结合。利郎男装广告中,陈道明与众不同的内敛气质与利郎的简约风格交相辉映、相得益彰,使利郎品牌的独特魅力得以淋漓尽致地体现。

陈道明的粉丝群也正好和利郎的目标消费群体一致，都是28—45岁相对比较成熟稳重的商界男性，中等以上收入，受过良好的教育，有较稳固的社会基础和事业，有一定的社会阅历；不随波逐流，也不标新立异；不锋芒毕露，但有自信和优越感；有较高的审美能力，衣品好，视场合定服装，简洁，但不随便。服装对于他们来说，是自我表达和个性展示的利器。

整则广告不管是代言人，广告文案、广告画面、广告表现形式都与利郎品牌调性一致。隐喻手法恰到好处，看似是在说人生态度，实则阐述利郎男装的品牌内涵：简约而不简单。“于简约平淡处彰显非凡气质”的人格特性与人生格调追求可以直接移植到利郎的品牌内涵和产品特性中，直到现在人们提到陈道明，还会想到利郎，提到利郎也会想到陈道明。

小提示：明星代言的注意事项

明星代言是一种营销手段，可以增强商品的宣传效果，提高品牌知名度。但企业只参考明星的流量效应来选择代言人的现象也并不可取。并不是只要请明星代言就一定会成功的。要想取得好的广告效果，那么应注意以下几个问题：

1. 相关度：明星应该与品牌的形象和定位相符合。

2. 受众：明星的粉丝群应与产品目标客户群有重合度。

3. 影响力：明星的影响力应该足够大，能够对产品产生积极的宣传效果。

4. 可信度：明星的形象和个人品质应该与产品的品质和形象相符合，能够为产品赢得信任。

5. 真实性：代言宣传内容应该真实，避免虚假或夸大宣传。

6. 社会责任：明星代言的宣传内容应该符合社会道德和法律法规，避免违反广告法规。

耐克(NIKE)公司企业形象广告

我，不要一刻钟的名声，

我要一种生活。

我不愿成为摄像镜头中引人注目的焦点，

我要一种事业。

我不想抓住所有我能拥有的，

我想挑选出最好的。

我不想出售一个公司，

我想创建一个。

我不想和一个模特儿去约会，

OK，我确实想和一个模特去约会。

控告我吗！

但是我剩余的目标是长期的，

那是一天天做出决定的结果，

我要保持稳定，

我持续不断地重新解释诺言。

沿着这条路一定会有

瞬间的辉煌。

总之，我就是我，

但这一刻，

还有更伟大的、杰出的记录

厅里的装饰。

我的名字在三明治上

一个家庭就是一个队。

我将不再遗憾地回顾，
我会始终信奉理想。
我希望被记住，
不是被回忆，
并且我希望与众不同，
只要行动起来。

耐克的这则广告虽然很长，但诉求单一：追求个性张扬，为实现理想而坚定不移，不要名声，不要聚光灯，要的是生活方式和事业，始终信奉理想，要行动起来，这也正是耐克企业所倡导的文化和精神。

耐克选择的形象代言人是颇有影响力的棒球选手卡尔顿·费斯克。广告正文采用的全部是短句，节奏铿锵短促。口语化明显，甚至有一些口头禅，这和一个追求个性的体育明星的话语风格相吻合。

广告看似是这位体育明星的自白，但实则强调的是耐克一直主张的品牌理念"我就是我，我希望与众不同，只要行动起来"。极具号召力的话语在渴望我行我素的年轻消费者群体中产生强烈的共鸣。这也是比较常见的一件广告整体隐喻的方法。

广告整体隐喻的案例越来越多，我们也可以将广告整体隐喻这一思路作为一个参考，思考如何在广告创造中用更为新颖的观点，创造出让受众耳目一新、铭记不忘的广告。

本章作业与思考题

1. 除了本章提到的那些运用修辞格创作的广告语外，还有哪些用修辞格创作的广告语？

2. 试着用修辞格来创作几则广告。

3. 什么是广告整体隐喻？还有哪些整体隐喻的广告实例？

4. 试着运用整体隐喻的方式创作一则广告。

第五章　广告语言技巧(五)
蓄意歧义的巧妙运用

据《现代汉语词典》第7版：歧义就是“(语言文字)两种或多种不同的意义，有两种或几种可能的解释。”也就是“句子的表达形式相同，但意义不同”(伍铁平，王庆 2014)[145]。

歧义是自然语言中普遍存在的现象，它使很多语句具有两种或两种以上的意义。无论哪种语言，歧义都是话语中不可避免的语言现象，换言之，歧义具有客观性。在大多数情况下，歧义有其消极的一面，会对话语交际产生负面影响，比如影响交际顺利快捷进行。但由交际者故意引发的歧义——我们称之为蓄意歧义——是积极的，有利于交际目的的实现。蓄意歧义也是利用语音、词汇、语法结构和语境等几种手段来表达一种弦外之音，产生语言的幽默、机智、意味深长等表达效果。蓄意歧义是一种独特的语言艺术，如果运用得当就会产生巧妙的效果。

造成歧义的原因实际上是多种多样的，除了语音、词汇和语法结构等语言性因素外，许多非语言性因素，诸如文化背景知识、心理因素、所处的语言环境、社会环境以及言语者的语言表达能力、交际渠道干扰等因素也可能引发歧义。

本章我们只讨论广告语创作者故意利用语音、语义等造成同一个广告语句子有两种及两种以上意义的现象，也就是广告中的蓄意歧义。限于篇幅，我们只讨论语音歧义、词汇或语义歧义、语法歧义三种歧义现象在广告语中的运用。

第一节 语音歧义

在利用语音制造蓄意歧义时,同形同音异义、异形同音异义以及谐音经常有意识地被使用。每一种语言,都存在着大量的同音异义词(homonym),包括同音异形异义词(homophone)以及同音同形异义词(homograph),这些词在口语交际中很容易因为语音相同而引起不同的理解。此外,说话人对语调、重音和停顿的蓄意把握,也会使句子产生截然不同的内涵。(杨红芳 2010)特别是谐音,是广告语中语音歧义的主要原因。利用语音歧义的例子在中、外语广告中都有实例。如:

(1) We have courses to make grown men young and young men groan. (*健身房广告*)

这是一家健身房的广告语,运用了语音歧义的方法。句中的grown(成年的)和groan(呻吟)是一对同音异形异义词,使年轻男人成熟?还是使年轻男人呻吟?为达到广告宣传的效果,此广告利用了谐音,整个广告语诙谐幽默。

(2) More sun and air for your son and heir. (*海滨浴场宣传广告*)

这是海滨浴场做宣传的广告语。广告的意思为"这里有充足的阳光和新鲜的空气,对您的儿子——事业和财产的继承人大有裨益",非常具有诱惑力。句子中的"sun and air"与"son and heir"为同音异义词。宣传者为了吸引父母带孩子到海滨浴场来游玩,从打动广大父母的爱子之心入手,借助了语音歧义。

(3) Make your every hello a real good-buy.(电话机销售广告)

这是一则电话机销售广告,由同音引起了语音歧义。广告的意思为"让你的每一声'哈罗'都物有所值"。在英语世界,打电话通常以"hello"问好开头,又以"goodbye"告别结尾。"Goodbye"(再见)与"good-buy"(物有所值)同音,句中的"good-buy"(好交易,买好的东西)与"goodbye"(再见,意为一次成功的通话)为同音异义词。

(4) WEAR-EVER introduces a new concept in glass ovenware: Clean ability.(玻璃烹饪锅)

广告的意思为"WEAR-EVER 给玻璃烹饪锅带来了全新的理念:清洁能力"。这一广告语也是由同音引起的语音歧义,WEAR-EVER 连读起来和 wherever 读音一样。生产商通过这则广告实现了一举三得之功效:一方面推介其品牌名(Wear-ever),再一方面介绍了产品经久耐用(wear forever)的品质,另一方面由随处可见(wherever)说明了此玻璃烹饪锅受欢迎的程度。此广告语虽言简意赅,但含义丰富。

(5) Trust us. Over 5000 ears of experience.(助听器)

这是一则助听器广告,广告的意思为"相信我们吧,历经 5 000 多只耳朵的检验"。说明该产品已经接受了众多消费者的检验。广告语里 ears(耳朵)和 years(年)因同音而谐音,暗示了该产品同时还具有悠久的历史。

(6) Have a nice trip. Buy-buy.(Heathrow 机场的免税店广告)

这是一家位于 Heathrow 机场的免税店广告,因为 bye(再见)与 buy(购买)同音而谐音。乍一听,此广告似乎是在向旅客道别,实则在劝导游客进行购物。

(7) 7 days without 7-up make one weak.(七喜饮料)

这是畅销全美的饮料“7-up”(七喜)的广告语。其中的 weak(虚弱)与 week(星期)为同音异形异义关系,听起来是 make one week(形成一个星期)?还是 make one weak(使人虚弱)?该广告语实际上是给消费者传递了这样的信息:七天不喝“七喜”,使人虚弱;由此联想到:每天一瓶“七喜”,就会充满生机。此广告语幽默妙趣,令人在回味中记住了其宣传的信息,此广告是将信息价值、注意价值和推销价值有机地结合成一体的良好典范。

(8) 鲜为人知。(西湖牌味精广告)

“味道鲜美”的“鲜”与古汉语中表示“很少”的“鲜”同音,西湖牌味精广告利用同音,借用了意思是“很少有人知道”的成语“鲜为人知”,表示“鲜美而被人知道”之意。

(9) 没什么大不了的!(某丰乳霜广告)

这个广告语可以有两种理解,一是“没有什么是不能变大的”,另一种意思为“没什么关系、没有重要或严重的事情”;此款丰乳霜利用同音歧义,宣传了产品的良好效果。

(10) 实不相瞒,天仙的名气是吹出来的!(天仙电扇)

天仙牌电扇的这一广告语是著名的语义双关的例子。广告利用了谐音双关,造成了语音歧义。“吹”乍一听是“吹牛”,原来天仙牌电扇徒有其名,其名气是靠吹牛得来的?实际上“吹”是“吹风”的意思，天仙牌电扇是靠功能（吹风）和质量取得的好名气。广告语幽默诙谐，妙趣横生，让人在诧异后不仅莞尔，记住了天仙电扇的名字。

以上几则广告都是为了宣传信息、渲染主题而利用了同音、近音造成语音歧义，这些句子在声音上朗朗上口，铿锵有力，而且具有韵律美，有的内容夸张，有的通俗易懂，但大都显得诙谐风趣，这样做能增加广告的被关注度和记忆价值，其商业效益是不言而喻的。

第二节　词汇歧义

广告语中的词汇蓄意歧义经常利用一词多义（polysemy）。（杨红芳 2010）与语音歧义利用谐音不同，上文讨论的语音歧义是利用同音词，无论是同形同音词还是异形同音词，同音词是不同的词，它们之间只是在语音上有相似性，在词义上是毫无关系的；而词汇歧义中的一词多义，是指在广告语中使用一个多义词，因为语境特殊（语境不明确而使得多义词的两个或多个意义有可能同时显现出来）而造成对广告语可能有两种或多种理解。词汇歧义有时还可能造成语义双关现象。

中外广告中运用词汇歧义的例子也很多。如：

（1）She wants to put her tongue in your mouth.（语言学习中心宣传广告）

这是香港某语言学习中心的广告。如果理解为“她想把她的舌头放入你的嘴里”，就太令人惊诧了吧！但“tongue”是个多义词,在字典中既可以指“舌头”,又可指“语言”。舌头本身就在嘴里,无须再强调,这里的深层意思是想让人们学习更多的语言知识。了解了其中的趣味,不禁让人对这一广告语大加称赞。

(2) I'd move mountains for her, but todayI'll start with one extraordinary stone. (DeBeers 钻石)

这是 DeBeers 钻石的广告标语。前一个分句意思是“我愿意为她移动山脉”,而后一个分句中“stone”一般情况下被理解为是表示“石块”,但是如果考虑情景语境,特别这是 DeBeers 钻石广告,“stone”也可以理解为指宝石、钻石——DeBeers 钻石。广告语的歧义效果源于对“stone”一词的不同理解。所以,这句广告标语有两种理解:一是我愿意为她去移动山脉,今天我要从搬动一块石头开始;二是我愿意为她去移动山脉,今天我就从为她买一颗 DeBeers 钻石开始做起。广告中所提倡的真挚情意令收到宝石的人和购买者感动,自然也就对广告中宣传的理念记忆深刻。

(3) It's More you. (More 牌香烟)

这里的 More 一语双关,既是香烟商标,也是 you 的修饰词。

(4) Ask for More. No cigarette gives me More taste. I'm More satisfied. (More 牌香烟)

这是 More 牌香烟的另一个广告语。More 是个多义词,既是香烟的品牌,又是形容词比较级的“更……”。所以,此例广告语也有词汇歧义,一个理解可以为:“要更多。没有香烟给我更多的味道。我更满意。”另一个理解可以为:“要 more 牌香烟。没有其他香烟给我 more 牌香烟的味道。因此我更满意 more 牌香烟。”此广告语通过歧义表达的运用,来实现一语双关的广告效果。同时也令人印象深刻，牢记广告信息。

(5) The Unique Spirit of Canada.（加拿大威士忌酒）

这是一则宣传加拿大威士忌酒的广告语，意思是："别具风味的加拿大酒。"这句广告语中的之所以让人过目不忘是因为这里巧妙地运用了 Spirit 这个双关语。Spirit 一词不仅有"烈性酒"的意思，还有"精神"的意思，由对 spirit 的不同理解而产生歧义，是"独一无二的加拿大烈性酒"还是宣传民族精神的"加拿大独特的民族精神"，其中还涉及语义双关。这酒不仅美味，而且体现了加拿大人民的盛情。广告语立意深远，具有良好的宣传效果。

(6) Sagging Spirits in Scotland.（《新闻周刊》一则消息的标题）

无独有偶，与例(5)中 Spirit 有两种意思一样，例(6)中对 Spirit 一词的不同理解，也让这句广告语的意思有歧义：是"苏格兰酒价下跌"？还是"苏格兰造酒业情绪低落"？这是《新闻周刊》1983 年关于苏格兰造酒业萧条、酒厂纷纷倒闭一则消息的标题。"Spirits"一词既做"烈性酒"解，又可做"情绪"解；"sagging"也有两个意义：a. 跌价；b. 情绪低落。报纸标题和报道一般要求语意单纯，表述准确，逻辑性强。该标题作者巧妙地利用了这两个词的多义性，不仅报道了酒价下跌、生产萧条，而且描绘了那个行业的人员情绪沮丧的现状。

(7) Try our sweet corn. You'll smile from ear to ear.（美国玉米广告）

"Ear"在这里不仅指"穗"，还表示"耳朵"，这就造成了词汇歧义。因此该句有两种理解，"吃了一个又一个的甜玉米，你开心地咧嘴笑”和“尝尝我们的甜玉米吧,你会把嘴从一个耳朵咧到另一个耳朵地大笑”。如此有趣的广告语,当然会吸引消费者去购买品尝。

(8) Less bread, no jam. (伦敦地铁宣传广告)

这是伦敦地铁的一则宣传广告,初看很难把它与地铁联系起来。广告中“bread”很容易让人理解为是面包,如此“jam”自然也容易理解为是果酱,由此这则广告就会被误认为是推销食物的广告。而“jam”有引申义“拥挤”,那“bread”代表面包似乎就不合适了,应该理解为“金钱”。所以,这则广告真正的含义是“Less money, no traffic jam”。也就是说,您选择乘坐伦敦地铁,既节省了金钱,又减轻了城市交通拥挤的负担。由词的多义性产生的词汇歧义,让受众在思考后获得答案,进而接受广告提倡的理念。

(9) Spoil yourself and not your figure. (冰淇淋)

这是一家生产冰激凌的公司的广告语。用 spoil 是个多义词而引起词汇歧义,“spoil oneself”可以理解为“尽情享受”,而“spoil one's figure”可以理解为“损坏某人的身材”,因此,这则广告可以理解成:“我们的冰激凌能让你尽情享受而又不会影响你的身材。”这样的冰激凌可以满足那些既喜欢吃冰激凌,又想减肥的人。广告的承诺十分吸引人,宣传效果恰到好处,激发了广大消费者本能的想象,恰好迎合了那些节食者的心理需求,增加他们对商品的了解和信任度,产生认同感和消费欲望,让他们愉快地接受这种产品。

(10) Give your clothes a FRESH START.

Get rid of that dingy gray look with Fresh Start Laundry Detergent.

It's so concentrated, just $\frac{1}{4}$ cup helps clean away the gray stains.

Even the leading detergent can leave behind. All your clothes will.

Look so much cleaner, fresher, brighter—you'll feel great about the way you look.

What a beautiful way to start the day!

GET A FRESH START EVERYDAY.(洗衣粉)

第一句和最后一句中,"FRESH START"既指品牌名,也指"崭新的开始",形成词汇歧义。其中第一个义项便是第二个义项在广告中意义的转化:"FRESH START"被赋予新的意义——一个名牌名称。

(11) 只要是美的,人人都喜欢。(美的空调)

这是美的空调的广告,在这则广告中,汉语"美的"既可以指"美的"这个牌子的产品,也可以指"美的事物",美的空调用这一双关同时可能产生歧义的广告语,让人联想到:人人都喜欢美好的事物也会喜欢具有优秀品质的美的牌产品,美的生产商成功地为自己树立了品牌的美好形象。

(12) 口服,心服。(三株口服液广告)

三株口服液的这一广告语乍一听起来是成语"口服心服",意思是"心里嘴上都信服,指真心信服",但是加上逗号后,意思又可以理解为:"口服三株口服液后,会让人心服——真心信服。"有这两种理解,所以此广告语构成词汇歧义。

(13) 滴此眼药水后,将眼睛转动几下,可使眼药水遍布全球。(眼药水广告)

此眼药水广告语有歧义,是因为“全球”可以是“整个眼球”,也可以是“整个地球”的意思。平常语境下,“全球”一般被认为是“整个地球”,但在眼药水广告的特殊语境下,此广告语中的“全球”应该是“整个眼球”。

(14) “中国”美食在广州,广州美食在“中国”。(中国大酒店广告)

此广告语中的“中国”一词可能引发歧义:一指地理领域上的中国,这样使得整句广告标语形成回环,朗朗上口;二是指“中国大酒店”。整个广告含蓄深刻,蕴含丰富的信息。

(15) 一切尽在掌握之中。(爱立信手机)

爱立信手机的这一广告语有歧义,因为其中的“掌握”可以有两种理解。一是表示能在手掌中被握住。整句话可以理解为,手机体积小巧玲珑,完全可以用一只手掌握住;二是表示“掌控,控制”的意思,此时,整个句子的意思就更进一层了:爱立信手机方便实用,有了爱立信手机,一切的事情都可以被掌控住,会助您万事成功!广告语简洁易懂,让人耳目一新。

(16) 第一流产品,为足下争光。(上海鞋油广告)

此广告有歧义是因为“足下”可以有两种理解,一是指“脚底下”,同时也是古汉语中对“对方”的敬称。此广告语可以有两种理解,一是“上海鞋油可以为你的脚底下的鞋增加光亮”(“争光”与“增光”音近也可能引起语音歧义),二是“上海鞋油可以为阁下您争光”。

(17) 还你领袖风采。(洗衣粉广告)

此款洗衣服广告有歧义,是因为“领袖”既可以表示“国家、政治团体、群众组织等的最高领导人”,也可以表示“领子和袖子”。此广告语宣传了使用了此款洗衣粉能让你的衣服的领子和袖子都干净如新。

(18) 聪明的妈妈会用锌。(三精葡萄糖酸锌口服液广告)

此广告语中的“会”是助动词,但可能有两种意思,一是“表示懂得怎样做或有能力做”,二是“表示擅长”。对“会”的不同理解可能造成词汇歧义。

上述广告语,都是利用了词义的多样性或词义转变造成歧义。这样使得广告语妙趣横生,语句含蓄简练,节奏自然流畅,含义隽永丰富,给人留下深刻的印象。

第三节　语法歧义

我们在此讨论的利用句法结构的蓄意歧义,可能有三种情况:一是故意歧解结构层次以制造歧义达到语言表达目的,二是利用词与短语同形制造歧义以增强表达效果,三是利用词的词性不同而产生对句子中的句法结构的不同理解,这些都能制造语法歧义,以增强广告语诙谐幽默的艺术效果。如:

(1) Coke freshes you like no other can. (可口可乐)

这是一则可口可乐的广告,can 可以有两种词性,一是当情态动词,表示“能、可以”;二是可以当名词,指各种装饮料的罐和瓶子,引申为罐头或瓶装饮料。此广告语富有情趣,让人印象深刻。

(2) We don't serve ladies here.(餐馆招牌)

这是一家餐馆门前挂着的招牌。从顾客的角度来看,serve 的宾语应该是某提供菜品或服务某个人,即上某道菜或为某人服务。但是这两个意思在这里似乎都不对劲,让人费解。但如果你读完整句话,你就会心大笑起来,因为这句话还没完,后一句是“you have to bring Your own”,整个意思是“我们不为您提供女士,但您可以带自己的女士前来”。利用语境歧义让顾客形成不同预设,幽默效果立见。

(3) Baby your legs.(电动剃须刀)

这是一则电动剃须刀的广告,但广告语的内容初看似乎与剃须刀风马牛不相及,“baby”一词一般被认为是“婴儿、宝贝”的意思,但是在本句中它作为及物动词,表示“将某人当作孩子对待”,在这里用“腿”做宾语,更不知所云。但略一琢磨就能理解,此广告的目的是要告诉消费者,使用它们产品后的效果:让消费者的腿像婴儿的肌肤一样细腻光滑。诱惑力十足,吸引人去购买。

(4) 顾家酒:好男人要顾家。(顾家酒广告)

此句广告中的“顾家”既指“顾家酒”这一商品名,又可理解为动宾短语“顾惜家庭”。并且在这一特定语境下,“好男人”一词也产生了歧义,其含义受“顾家”语法性质的制约,何为“好男人”?对其的不同理解就会产生歧义,是“在事业上成功有建树的男人”?还是“对家庭有责任心忠于爱情婚姻的男人”?广告的寓意深远,又不无戏谑之意,收到了很好的广告宣传效果。

(5) 要想皮肤好,早晚用大宝。(大宝美容霜)

大宝化妆品的这一广告语存在歧义,是因为“早晚”有两种意思:一种是“早晚”作为短语,广告词可以理解为“早晨和晚上”的缩略说法;另一种则为“迟早”的口语表达。因此,整个句子就有了以下两种理解:一是“如果你想皮肤好,早上和晚上用大宝的日霜和晚霜”;二是“早晚”作为副词,广告语可以理解为“如果你想皮肤好,迟早都是要用大宝的面霜”的,即为“大宝护肤品是爱美人士迟早要选择的品牌”。这一手法增强了宣传效果,且为产品树立了品牌形象。

(6) 做女人挺好!(三源美乳霜广告)

这则广告语有歧义是因为“挺”有两种词性和意义,一是“挺”作为副词,可以指“很,非常”,二是“挺”作为动词,可以表示“挺胸”。“挺”这个字的两种词性使整个句子有了两种截然不同的结构和意义:一是做女人很好;二是作为一个女人,有高挺的胸脯才好。广告语用简洁的语言传达了产品的功效信息,吸引消费。

(7) 金利来——足以自豪的世界。(“金利来”牌皮鞋广告)

在“金利来”皮鞋广告的语境下,消费者不难理解“足”除了作为名词的“脚”的意思之外,还有形容词“足够”的意思,由此带来语法歧义。这里“足”的意义双关虽然使消费者理解时绕了个小小的圈子,却令人觉得此广告语新颖有趣。

(8) 为北京奥运做足功夫。(浙江梦娜袜业)

在这则广告语中,因为“足”的词性和意义的不同而产生歧义,“足”可以做名词,是“脚”的意思;还可以做形容词,是“充分,足够”的意思。本广告语创造性应用歧义,不仅传达了梦娜公司作为 zoos 奥运会的合作伙伴将为北京奥运会做好充分准备,而且传达了该公司主要经营与“脚(足)”有关的袜业。该广告语简洁有力,使人记忆犹新。

有时几种蓄意歧义表达法会同时出现,结合使用。如:

(1) Seven days without water makes one weak.(七喜饮料)

这句广告语有着语音、语法以及语义上的三种歧义。语音歧义的产生,是因为“weak(虚弱)”与“week(星期,周)”有谐音;语法与语义歧义是因为“one”有两种词性,因而有两种意义,“one”作为代词,泛指任何人;作为数词指数量“一”;另外“without water”的两种意义会引起语义歧义,“without water”作为普通短语,意思是“无水、不喝水”,但作为习语,意思是“不掺假、不折不扣”。这么多的歧义在其中,使得这句话有了两种解释:一是“七天不喝水使人虚弱”,另一个是“七天不折不扣就是一周”。广告幽默,构思巧妙。

(2) With so many carats,I will be a real gem.(B.C Muffin 食品广告)

这是 B.C Muffin 的食品广告。广告语中同时存在语音、语义两种歧义。语音歧义是因为广告语中 carat(克拉)与 carrot(胡萝卜)同音,语义歧义是因为 gem 即是“宝石”又是“粗面松饼”。因为歧义,广告语可以有两种不同的理解:一是“有这么多的克拉,我是一颗真正的宝石”。二是“有这么多的胡萝卜,我是一块真正的发糕”。这则广告充分利用 carat 和 carrot 的谐音,旨在向公众传达他们的产品经过精心选择,食材地道且营养丰富。

广告语中使用蓄意歧义可以使广告语简短,一个意义不确定的词语可以传达两种或以上的意思,这符合经济原则以及关联理论的最佳相关原则。用简洁的语言传达尽可能丰富的信息成为广告创作的基本要求之一。(杨红芳 2010)

广告旨在吸引受众注意力，塑造品牌形象。以上所举的蓄意歧义的广告语例子，以经济方便的模式吸引和保持着消费者的注意力及记忆力，以达到说服消费者购买的最终目的。

广告商在广告文本中采取蓄意歧义策略的另一个原因是蓄意歧义能造成语言的幽默、机智、意味深长等表达效果。幽默能够娱乐受众，无形中缩短了消费者和商家之间的距离。利用音义结合、形义结合的手法，会给人们带来感受和认识上的多样性、灵活性和随机性，让人们更好地体会到语言的机智幽默和丰富多彩，它所产生的语用效果是任何精确言语都难以替代的。广告文本的创作可以适当运用蓄意歧义这一语言策略，在准确无误表达广告意图的同时达到理想的宣传效果。（杨红芳 2010）

本章作业与思考题

1. 什么是歧义？什么是蓄意歧义？
2. 除了本书中举的语音蓄意歧义的广告语外，还能找到哪些例子？
3. 试用语音蓄意歧义的语言技巧，创作几例广告语。
4. 除了本书中举的词汇蓄意歧义的广告语外，还能找到哪些例子？
5. 试用词汇蓄意歧义的语言技巧，创作几例广告语。
6. 除了本书中举的语法蓄意歧义的广告语外，还能找到哪些例子？
7. 试用语法蓄意歧义的语言技巧，创作几例广告语。
8. 除了本书中举的两种及两种以上歧义结合使用的例子外，还能找到哪些例子？

第六章　广告语言与文化

广告语和广告宣传的内容、形式与不同民族或地域等文化因素相关,与受众所处的社会环境有关,也与民众的心理等因素有关。

广告语是否受欢迎、广告宣传是否能达到预期的目的,一定要考虑到民族或地域文化、社会环境及受众的心理等因素。广告语宣传还必须适应不同国家、不同地域市场的要求,符合当地消费者的市场消费者习惯或生活习惯。

不同国家、民族有自己独特的文化,甚至不同地区都可能有自己独有的地域文化,这些文化因素都可以被运用于广告宣传。

语言记录并传承文化,而不同民族的语言,乃至不同地域的方言本身就是文化的一部分,如前文提到的汉语熟语、歌词、古诗词等本身就明显地反映出汉民族独特的文化认知和特性。除此之外,历史朝代、历史人物或民族英雄、宗教信仰、神话传说或典故、物质文化、风俗习惯、节俗文化、不同地区的特产或地貌,等等,这些涉及文化的因素都可以是广告宣传可以利用的素材。另外,每个民族独有的价值观和民族自豪感,也可以在广告宣传中调动受众认同感,激发消费者实施消费行为。

第一节　广告语与中华文化

广告语设计与传播应该依据目标群体所处的生活环境，以及本身所具有的文化素养而展开，才能富有实效；商业广告传播应立足于不同文化，这对商品的销售会产生促进作用。

随着我国经济的发展和综合国力的提升，正如习近平总书记在二十大报告中所说："我国国际影响力、感召力、塑造力显著提升。""中华优秀传统文化源远流长、博大精深，是中华文明的智慧结晶，其中蕴含的天下为公、民为邦本、为政以德、革故鼎新、任人唯贤、天人合一、自强不息、厚德载物、讲信修睦、亲仁善邻等，是中国人民在长期生产生活中积累的宇宙观、天下观、社会观、道德观的重要体现，同科学社会主义价值观主张具有高度契合性。我们必须坚定历史自信、文化自信，坚持古为今用、推陈出新，把马克思主义思想精髓同中华优秀传统文化精华贯通起来、同人民群众日用而不觉的共同价值观念融通起来，不断赋予科学理论鲜明的中国特色，不断夯实马克思主义中国化时代化的历史基础和群众基础，让马克思主义在中国牢牢扎根。"我们必须坚持自信自立，坚定文化自信。

已经有很多在广告语中加入中华文化元素的广告实例，加之改革开放、国外文化的传入，也出现了一些加入国外文化元素的广告语例子。

一、历史

中国是一个拥有悠久历史的国家，经历了多次朝代更迭，有无数的历史人物、历史故事流传至今。中国的广告语中，会出现历史朝代名、历史人物的名字。

（一）历史朝代

满架鼎彝族，罗列秦汉！

一窗图画，璀璨云霞！（旧时古玩店）

古玩店广告语中的“秦汉”指的是“秦朝”和“汉朝”，当然不仅仅是指此两个具体的朝代，而是借此代表中国古代。

（二）历史人物

（1）贾岛醉对非假倒，刘伶饮后不留零！（酒店）

（2）华佗再造显神功！（华佗再造丸）

（3）张飞都怕！（永安堂虎标万金油）

（4）品陆羽春茶，读陆羽茶经！（陆羽春茶）

（5）人中吕布，马中赤兔，洪都摩托，宝马良驹！（洪都摩托车）

（6）刘伶醉酒，刘伶醉。（刘伶醉酒）

（7）汉朝国酒，董仲舒酒。（董仲舒酒）

（8）板桥一樽，生活温馨。（板桥酒）

（9）庄子家酒，酒久难忘。（庄子酒）

例（1）中的“贾岛”是唐代诗人，刘伶是中国魏晋时期作家，名士有“品酒第一人”的美称，酒店的这一广告用此两位历史人物，一是用于谐音，二是借刘伶的“品酒第一人”的美称，宣传酒店的酒水供应业务；例（2）中的“华佗”是东汉末年著名的医学家，以他的名字使命名的“华佗再造丸”定会有人相信其药效；例（3）中的张飞是三国时期蜀汉名将,英勇无畏的张飞都怕的“永安堂虎标万金油”,其功效一定非比寻常;例(4)中的“陆羽”是唐代著名的茶学家,被誉为“茶仙”,尊为“茶圣”,祀为“茶神”,以“茶圣”的名字命名的春茶,一定经得住品尝;例(5)中的吕布东汉末年名将,汉末群雄之一,吕布的坐骑就是可日行千里的赤兔马,以吕布的赤兔马隐喻洪都摩托车,提高了受众对此款摩托车速度的信赖。例(1)和例(6)中的刘伶是中国魏晋时期作家,名士有“品酒第一人”的美称,也被酒行业传颂至今,能让刘伶醉倒的酒,品质一定不凡;例(7)中的董仲舒是西汉学者,汉代贡酒就曾有董仲舒府中酿制的,如今以董仲舒的名字命名,既借名人提高了酒的知名度,也表示了此种酒有悠远的传承;例(8)中的板桥(郑板桥)清代书画家、文学家,板桥酒在民间也被称为亲民酒、潍坊人自己的酒,是为了纪念曾任潍县县令七载的郑板桥;例(9)中的庄子是战国时期著名的思想家、哲学家、文学家,是道家学派的代表人物、是老子哲学思想的继承者和发展者、先秦庄子学派的创始人。这款酒借庄子之名,创产品之名。这里9则用历史人物植入广告的广告语,都是“借名人之名,扬产品之名”。

(三)历史建筑

(1)古代文明一脉长城,今日文明一卡事成!(中国银行长城信用卡)

(2)爱我中华,修我长城!(中华保护文化古迹)

(3)长城永不倒,国货当自强!(奥妮皂角洗发浸膏)

上面三例广告语中都提到了我国著名的历史建筑、世界新七大奇迹之一的中国万里长城。在中国古代,长城的主要作用在于军事防御,它是在不同时期为抵御塞北游牧部落联盟侵袭而修筑的规模浩大的军事工程;在现代,长城代表着我们中华民族在面对外敌入侵时一致对外的决心和永不放弃的毅力。长城体现着中华民族的智慧,是我们的文化瑰宝,代表了中华文化。提起长城,中华儿女顿生自豪感。特别是例(3)中将长城屹立与民族品牌相联系,表明了厂家将国货品牌永远发扬光大的决心。

二、典故

据《现代汉语词典》第7版,典故是"诗文等所引用的古书中的故事或词句"。我们发现不少广告语中也引用了典故以达到了广告宣传效果。例如:

(1) 白雪阳春传雅曲,高山流水觅知音!(乐器商店)

(2) 高山流水,候诸知己!
金声玉提,集其大成!(乐器行)

(3) 谁说我跑不过乌龟?(上海大白兔奶糖)

(4) 欲知世味须尝胆,不识人情且爱花!(花圃)

(5) 万事俱备,只欠东风!(东风汽车)

(6) 美容容令羞花,整形形令闭月!(美容小屋)

(7) 三十六计走为上!(鞋)

例(1)和例(2)中提到的"高山流水",可以指中国十大古琴曲之一的《高山流水》,也让人联想到先秦的琴师伯牙和樵夫钟子期的故事。"高山流水"比喻知音难寻,也比喻乐曲高妙;乐器行的这一广告语既表明店家想觅知音的愿望,也宣传了乐器行的乐器能演奏出绝妙的乐曲的理念。例(3)的广告语让人联想到龟兔赛跑的故事。例(4)广告语中的“尝胆”让人想到越王勾践卧薪尝胆的历史故事。例(5)广告语中的“只欠东风”出自《三国演义》四十九回,让人想到周瑜定计火攻曹操的故事。现在“只欠东风”比喻一切准备工作都做好了,只差最后一个重要条件。例(6)广告语让人联想到中国古代四大美人的故事,四大美人有着“沉鱼落雁”“闭月羞花”的美貌。例(7)广告语中的“走为上策”是著名的《三十六计》的第六计,而“走”正与被宣传的商品“鞋”有关。

三、对联

据《现代汉语词典》第7版,对联是“写在纸上、布上或刻在竹子上、木头上、柱子上的对偶语句”。

有一家饭店别开生面地以对联为广告语,构思巧妙。如:

上联:早进来晚进来早晚进来;

下联:多吃点少吃点多少吃点。

横批:进来吃点(饭店)

这则以对联为宣传语的广告很实用,语言直白,对仗工整,简洁易懂。在媒体不发达的1949年以前,很多店家会以对联作为宣传模式,直到今天还有不少这样的广告实例,可以供我们学习、借鉴。

四、节日与节俗

(1) 金龙鱼的大家庭——亲爱的爸爸妈妈在等我,等我回家!(金龙鱼食用油)

(2) 汇源果汁——有汇源才叫过年呢!(汇源果汁)

(3) 脑白金——今年春节送什么,送礼就送脑白金!(脑白金)

(4) 人类进步的航标,中华腾飞的希望!教师——用心燃烧的人!(中国教师节)

世界上不同的国家、民族都可能有自己独特的节日及相关的习俗。上面的广告,例(1)至例(3)都是针对中国的春节,抓住了春节中国人阖家团圆、共享除夕年夜饭、给长辈送年礼等节俗而作。例(4)是针对中国的教师节而作。(自1985年起每年9月10日为中国的教师节,其他国家,如波兰也有自己的教师节,每年10月14日为波兰的教师节和国民教育日。)

五、地方文化

中国山河壮美,地大物博,各地有自己的特产和独特的地方文化。有的广告语利用地名、地方文化作为广告宣传点,强调店铺地点或表明产品产地,以突出产品的独特之处;还有一些以产地命名的产品,在广告语中强调产地名,有利于受众记住。如:

(1) 正宗潮州菜,享誉大上海!(沪上酒店)

(2) 南京路上树一枝,百花丛中争一秀!(服装店)

(3) 天下奇观海宁潮,"奇观"汽车天下跑!(海宁客车总厂奇观汽车)

(4) 好客台州人,待客金山陵。(金山陵酒)

(5) 舌尖上的靖江记忆。(金波酒)

(6) 伊犁特,英雄本色。(伊犁特酒)

(7) 吃武川筱面,喝武川老窖。(武川老窖)

(8) 内蒙古一枝花,沙漠人参苁蓉酒。(苁蓉酒)

(9) 蒙古王酒,来自草原的问候。(蒙古王酒)

(10) 鄂尔多斯酒——鄂尔多斯酒,广交天下友。(鄂尔多斯酒)

(11) 河套老窖,至纯至真。(河套老窖)

(12) 纯洁草原纯净水,酿出赛汗白酒美。(赛汗白酒)

(13) 塞外茅台,宁城老窖。(宁城老窖)

(14) 喝了套马杆酒,塞外草原不白走。(套马杆酒)

六、其他

每个民族都有自己的独特文化,不同国家都可能有自己的国货品牌,民族文化成分在宣传国货产品的广告语中,可能有所体现。如:

(1) 这里有世外桃源!(世外桃源酒店)

(2) 世外桃源逸安居,祈福胜地放异彩!(逸安居住房)

(3) 古有世外桃源,今有富豪花园!(富豪花园)

(4) 天地人和,民族世风,都市之间,世外桃源!(京津花园)

(5) 察看秋毫如照烛,从此老眼不生花!(眼镜商店)

(6) 学电脑,玩游戏,教子成龙,乐趣无穷!(学习机)

(7) 金马猴年新跃进!(金马电器)

(8) 母爱无以回报,好水补足孝心!(水宜生微电解制水器)

(9) 火眼金睛是假,点珍珠明目液是真!(眼药)

(10) 病来如山倒,病去如抽丝,药到病去!(康泰必妥片)

(11) 耄耋无惑!(健脑药)

(12) 药补不如食补,食补不如睡补!(助眠饮料)

(13) 中国药膳举世无双,良辰美景独一无二!(中国药膳饭店)

(14) 食药同源,独树一帜!(营养液)

(15) 古有湛卢宝剑,今有湛卢佳茗!(福建湛卢茗茶)

(16) 愿白鸽衔来缠缠雨季,淋湿心中那颗红豆!(征婚广告)

(17) 在这炎热的夏天,请去一宫鹊桥会,趁热打铁,一谈即成!(天津《今晚报》鹊桥会)

(18) 精心办学五年,四面桃李飘香!(三川钢笔书法扩大招生)

(19) 凤凰与您共创鼎盛时期!(凤凰自行车)

(20) 一卡在手,走遍神州!(牡丹卡)

(21) 遨游蓝天白云,领略神州风光!(中国联航航空公司)

(22) 茶为国饮,普洱当先!(齐福普洱茶)

(23) 说好普通话,"知音"遍华夏。(推广普通话公益宣传广告)

(24) 坐红旗车,走中国路!(红旗汽车)

(25) 情系中国结,联通四海心。(中国联通)

(26) 盛世中国,四海太平。(太平人寿)

例(1)是酒店的广告,例(2)至例(4)是房地产广告,例(1)至例(4)中的"世外桃源",出自东晋陶渊明《桃花源记》,现在指环境幽静生活安逸的地方；以“世外桃源”入广告语，表明地点是令人生活安乐的理想地方。例(5)广告语中“察看秋毫”让人联想到“明察秋毫”这一成语，此成语的本义为视力好到能明辨秋天鸟兽的细毛，我们今天常用的是此成语的引申义，眼镜商店的这则广告却用的是成语的本义。例(6)广告语中的“教子成龙”让人想到“望子成龙，望女成凤”这一中国父母“盼望儿女有所作为，希望子女出人头地”的愿望，这也是中国文化的一部分。例(7)广告语“金马猴年新跃进”表达了金马电器希望猴年在业绩上有新的跃进，而猴是中国十二生肖中的第九个生肖，十二生肖年是中华文化特有的。例(8)用提出“孝心”鼓励消费者购买产品，注重“孝”是中华文化的传统美德。例(9)中“火眼金睛”原指《西游记》中孙悟空能识别妖魔鬼怪的眼睛，后用以形容人的眼光锐利，能洞察一切；如果不了解《西游记》中孙悟空这双特别的眼睛，就不能很好地理解这则广告的意义。例(10)将谚语“病来如山倒，病去如抽丝”放入广告语，表明康泰必妥片起效快、药效好。例(11)中用了“耄耋无惑”，如果不懂中华文化中指称不同年龄的词语，就不能理解这则广告的含义。例(12)至例(14)中的“药补”“食补”“药膳”“食药同源”等词语都反映了中国传统的中医养生思想。例(15)中提到的湛卢剑，是中国古代十大名剑之一，是春秋时期铸剑名匠欧冶子所铸名剑，以“湛卢宝剑”比“湛卢茗茶”，不了解中国历史的人就不能理解此广告语的写作技巧。例(16)中的中华文化之“眼”在于“红豆”，唐代王维的《相思》中有“红豆生南国，春来发几枝。劝君多采撷，此物最相思”的诗句。不懂“红豆”象征意义，就读不懂此则广告的绝妙。例(17)中的“鹊桥”来源于中国民间传说，传说天上的织女七夕渡银河与牛郎相会，喜鹊来搭成桥，由此“鹊桥”象征着男女相会、感情相通。例(18)中的“桃李”比喻所教的学生。例(19)中的“凤凰”是自行车的品牌名,“凤凰”是中国古代传说中的百鸟之王。例(20)和例(21)中的“神州”代表的是中国;例(22)指出中国的国饮是茶;例(23)的“华夏”是我国的古称,现泛指中华民族;例(24)红旗车是新中国成立后最早的国产轿车品牌,坐我们自己的国产品牌车,走中国自己的路,提倡消费者使用国货;例(25)和例(26)中的“四海”指全国各处,也指全世界各处。

以上的广告实例[例(18)除外]或分别表达了自己的产品是国货精品,鼓励大家使用自己的产品,或表达自己的产品质量好、使用国货产品无后顾之忧[如例(1)];或与中国(如“四海”“神州”“华夏”)、中国人、盛世中国相联系,希望自己的产品、服务等能风行中国、走遍华夏。

以上这些广告实例从不同角度、不同方面融入了中国元素,彰显了中华文化;其中一些广告语中文化词语的使用,让广告语中的文化内涵更为丰富。想要更好地理解广告语的宣传内容,应该读懂其中的文化词语的意义。

第二节 广告语与世界各地文化

有融合了中华文化的广告语,当然还有一些融入其他国家、民族文化元素的中、外广告。

一、国家名或地名

(1) 发源于印度,成长于台北的美味咖喱饭!(台北咖喱饭店)

(2) 德国先进技术,中国精细制造!(电器)

(3) 分享意大利人对食品的挚爱!(康泰狄纳公司)

(4) 来自意大利,引爆新潮流!(米罗春夏女鞋)

(5) 施尔康进军巴塞罗那!(施尔康药品)

(6) 与阿尔卑斯山齐名的巧克力!(瑞士巧克力公司)

(7) 瑞士钟表制作艺术的最高奉献!(马尔文手表)

(8) 浪漫的年华,法国的情调!(法国巴尼茨香水)

(9) 法国情怀在北京!(北京马克西姆餐厅)

(10) 它的产地即法国国王的诞生地!(法国香槟酒)

(11) 巴黎领导新潮流,伯纳表代表新时尚!(伯纳手表)

(12) 是的,我是米尚;是的,我来自巴黎!(米尚时装)

(13) 你将与巴黎同步!(巴黎昂采尔制鞋公司)

(14) 美利坚,我们为你服务!(大洋樱桃饮料公司)

(15) 美国的孩子都认识"怀特"汽车!(怀特公司玩具汽车)

(16) 美国在汉密尔顿时间上奔驰!(汉密尔顿手表)

(17) 美国人喝七喜,就会精神振奋!(七喜饮料)

(18) 麦氏咖啡屋早已是美国风景的一部分!(麦氏咖啡)

(19) 你的脚下是美国的骄傲!(沙利文橡胶公司)

例(1)中提到了印度,印度食物中咖喱很有名,台北咖喱饭店以"发源于印度"的说法表明自己的口味正宗。德国制造以其品质精良而著名,例(2)以"德国先进技术,中国精细制造"表明电器品质上乘。意大利让人联想到其丰富的美食、手工制作的优雅和不失时尚的西装与皮鞋。例(3)和例(4)用意大利这一国名说明产品产地,激发消费者对产品的消费欲望。例(4)骄傲地称:米罗春夏女鞋来自以服装、皮革制品著名的意大利，以其时尚“引爆新潮流”。例(5)中的巴塞罗那是西班牙著名城市，是1992年第25届奥运会的主办城市；“施尔康进军巴塞罗那”就是进军奥运会，利用奥运会举办城市巴塞罗那的名字，宣传了自己的产品，欲提高产品的知名度。提起瑞士，一般人都会想到瑞士精美的手表、美味无比的巧克力和位于瑞士境内的阿尔卑斯山，例(6)和例(7)用阿尔卑斯山这一地名和瑞士的国名宣传了产品。葡萄酒、香水、时装等都是法国的特产，法国菜也在世界美食中占有一席之地，被称为“浪漫之都”“时尚之都”的巴黎更是名扬世界。例(8)到例(13)，提到了法国国名、巴黎和“法国国王的诞生地”，宣传了法国香水、法国餐厅、法国香槟酒、手表、时装、鞋这些产自法国的商品。例(13)“你将与巴黎同步”，实际上是说穿昂采尔鞋你将与“巴黎时尚同步”，骄傲之情溢于言表。从例(14)到例(19)都提到了美国。美国一直宣传其科技发达、生活自由且舒适、产品质量值得信赖，欲引起世界各国人民对美国生活的向往、对美国产品及服务的喜爱，例(19)直接就说用沙利文橡胶公司的产品生产的鞋是“美国的骄傲”。

以上的广告语中，至少提到了一个国家名或地名，从亚洲的印度，到美洲的美国，再到欧洲的法国、意大利、德国、瑞士等国家名，还有法国巴黎、瑞士的阿尔卑斯山等地名。利用国家名或地名，引起人们对当地文化的兴趣，在宣传地方文化的同时，宣传了广告的理念。

二、人物

一些国外的广告语中还有使用著名人物的现象，利用名人效应，提高产品的知名度。如：

(1) 这可是华盛顿母亲的配方!(美国华盛顿艾特面包)

(2) 创造发明,人人可为——愿你成为中华民族的爱迪生!(某“创造发明与专利”函授班)

(3) 即使“佐罗大侠”在此,也要走人行横道!(法国公共交通)

(4) 堂吉诃德也没骑过这样的好马!(木马广告)

(5) 辛迪·克劳馥的选择!(欧米茄表)

例(1)中的华盛顿是美国首任总统乔治·华盛顿,美国华盛顿艾特面包称其面包配方“可是华盛顿母亲的配方”,让很多崇拜乔治·华盛顿的人,出于好奇去购买、品尝美国华盛顿艾特面包。例(2)中的爱迪生是世界著名的发明家、物理学家、企业家,被誉为“世界发明大王”,这则中国广告用了爱迪生这个美国人的名字,是想宣传参加了这个“创造发明与专利”函授班,就可能成为发明家。例(3)中的“佐罗大侠”是法国、意大利合拍的电影《佐罗》中的男主角,他是一名侠客。广告中用佐罗的名字引起受众注意,还产生了一定的幽默效果:连“所向无敌”的大侠佐罗也要走人行横道,普通人自然也要走了。例(4)中的堂吉诃德,是西班牙作家塞万提斯的名著《堂吉诃德》中的主角。妈妈如果告诉孩子们“堂吉诃德只能骑一匹老瘦马,这款好木马他没骑过”,孩子们自然高兴地去骑。例(5)中的辛迪·克劳馥是美国超级名模,曾为欧米茄表代言人,因其优雅、高贵的气质与外表而让欧米茄手表倍显尊贵,提高了欧米茄表的知名度和销量。

三、节日

(1) 父亲节显心思,卡丹路表敬意!(卡丹路电器)

(2) 四眼一族共贺圣诞！(亮晶晶眼镜)

在每年6月第3个周日庆祝的父亲节和每年12月25日过的圣诞节，都是源自西方的节日。以上两例广告将这两个节日引入广告语，例(1)提醒子女在父亲节购买卡丹路电器送给父亲，是传达子女的心意，表达对父亲的敬意。例(2)的意思是佩戴亮晶晶眼镜的人士共贺圣诞节。

四、地方文化

(1) 西部风味荡漾，穿着潇洒一新！(牛仔服)

(2) 让您亲临巴塞罗那奥运赛场！(解码器)

例(1)宣传的牛仔服是来源于美国西部牛仔穿戴的服饰。例(2)提到了1992年第25届奥运会的主办城市、西班牙著名城市巴塞罗。例(2)提到了1992年第25届奥运会的主办城市、西班牙著名城市巴塞罗那。巴塞罗那因举办奥运会而更加名声斐然，这则广告抓住了"亲临巴塞罗那奥运赛场"这一点吸引想观看比赛但又无法亲临赛场的消费者购买这款解码器。

五、其他

你能从每一加仑中额外获得一品脱能量！(奎克国家石油公司摩托车用油)

一加仑等于8品脱，但这不是中国人常用的计量单位，而主要在英国、美国、爱尔兰等国使用。不同的国家或地区可能会有自己的计量单位，就像"斤"在中国是常用的计量单位。这也可以算是不同国家、民族文化差异的表现之一。

第三节　广告语中展现的价值观与愿望

广告语中也可能展现出人们的价值观或愿望。如：

(1) 宝大祥保吉祥,吉祥宝大祥!(宝大祥商厦)

(2) 不要让孩子输在起跑线上!(龙牡壮骨冲剂)

(3) 给孩子一个美好的明天!(中国希望工程)

(4) 用我们的爱心,托起明天的太阳!(中国希望工程)

(5) 为了孩子,为了未来——拥有文化就拥有明天!(中国希望工程)

(6) 拥有一技之长,胜过万贯家财!(台湾地区钢琴调音师训练班)

(7) 小康路上小旋风!(嘉陵工业摩托车)

(8) 教育是留给孩子们最好的财富!(台湾地区中国信托银行储蓄)

(9) 贵族化的图案设计使它们更光彩耀人!(康缪蒂银器公司)

(10) 洞察幽微,放眼全球!(香港银行集团)

在不少中外广告中,广告策划者会把商家的价值观、愿望①用语言表达出来,想要读懂这些广告语,就要明白其中体现出来的价

① 其价值观和愿望是广告商和商家各自的表述,是否正确,需要看其是否违反广告法,是否是虚假宣传,是否符合社会主义核心价值观;笔者暂不做评论。违法或虚假、恶意炒作的广告宣传,一定会被取缔。

值观等内涵。例(1)表达了宝大祥商厦对顾客的祝福;例(2)“不要让孩子输在起跑线上”让不少家长产生了紧迫感,龙牡壮骨冲剂因此销量大增。[①] 例(3)中国希望工程帮助失学儿童获得教育机会而“给孩子一个美好的明天”。例(4)中国希望工程的愿望是“用我们的爱心,托起明天的太阳”。例(5)中国希望工程所做的一切都是“为了孩子,为了未来——拥有文化就拥有明天”。例(6)台湾地区钢琴调音师训练班的办班宗旨是让学员“拥有一技之长”,而这“一技之长”却“胜过万贯家财”。例(7)嘉陵工业摩托车的广告语是“小康路上小旋风”,是否可以理解为:嘉陵摩托车希望在全民奔小康的路上为消费者提供好而快的交通工具。例(8)台湾地区中国信托银行储蓄认为“教育是留给孩子们最好的财富”。例(9)康缪蒂银器公司意在生产“贵族化的图案设计”的“光彩耀人”的银器。例(10)香港银行集团的广告语“洞察幽微,放眼全球”,反映了其愿望是业务遍全球。

中外都有大量融合了文化元素的广告,应该看到这些文化元素的融入对于提升广告对消费者的吸引力、提高产品知名度和受众对商品的好感度、彰显民族自豪感等方面都可能产生积极的作用,也可以是一种理念。因此,学习和认真分析文化因素融入广告语的语言技巧是有一定意义的。

对于国外的文化,我们不妨坦然面对,但是否接受,可以采取“取其精华,去其糟粕”的态度,学习其先进且有积极意义的文化以促进我们的认知提高。而且,由于文化的差异性,某些利用文化元素所创作的广告,在我们国家可以接受,在其他国家可能就会受

① 笔者在此再次声明:本书仅分析广告语言,旨在帮助读者发现广告语言技巧;至于对于某些广告的观点,不予置评。

到排斥或让那里的消费者感到不知所云。如“白象”方便面的品牌名,在中国可能因为谐音联想与“百祥”相联系,寓意美好吉祥,而在其他国家则可能会认为“白色的大象”是“庞然大物”“大而无用”。

对于中华传统文化中的优秀成分,我们应该传承并将其发扬光大。要传承中华优秀传统文化,先要做到文化自信,在广告策划和写作时可以将中华优秀传统文化元素融入广告语,还要牢记社会主义核心价值观。习近平总书记在党的二十大报告中指出:“我们要坚持马克思主义在意识形态领域指导地位的根本制度,坚持为人民服务、为社会主义服务,坚持百花齐放、百家争鸣,坚持创造性转化、创新性发展,以社会主义核心价值观为引领,发展社会主义先进文化,弘扬革命文化,传承中华优秀传统文化,满足人民日益增长的精神文化需求,巩固全党全国各族人民团结奋斗的共同思想基础,不断提升国家文化软实力和中华文化影响力。”

如果能通过广告宣传对提升国家文化软实力和中华文化影响力、对中华文化的传播和传承做一点贡献,也是很有意义的工作。

本章作业与思考题

1. 除了本章提到的那些运用文化元素创作的广告语外,还有哪些利用文化元素创作的广告语?

2. 试着用各种文化元素来创作几则广告。

第七章　广告语言策略

何为策略？据《现代汉语词典》第7版，策略是："根据形势发展而制定的行动方针和斗争方式。"

我们认为，广告宣传策略，就是为广告创作和策划而制定的一些方针和为取得广告宣传成功、达到广告宣传目的的各种方式；[①] 至于广告语言策略，可以认为是为了达到广告宣传目的而采用的一些语言方面的技巧或表达方式。

广告是由语言、文字来表达的，从广告语中可以分析出此广告所采用的是哪种或哪几种广告语言策略。分析以往成功的广告案例，我们尝试从中总结出一些广告策略及广告语言策略。

第一节　情感至上

情感至上的广告是以情取胜，这种广告策略或广告语言策略在广告学上叫作情感诉求，在欧美广告学中，又被称为"煽情"手法。这种策略就是广告创作者从情感的倾诉和表达入手，在语言表达中加入唤起或触动受众内心情感的方式，以情感来打动消费者，以达到宣传商品和促进销售的目的。

---

① 仅是笔者个人的观点，期待与大家商榷。

人类是有感情的，在我们的一生中，陪伴我们的有亲情、爱情、友情等情感；家国情怀还让我们拥有了爱乡之情和爱国、爱自己的民族及自己民族文化之情。广告宣传中利用这些情感，唤起或抓住消费者的情感诉求，进一步达到“以情取胜”，刺激受众接受并愿意消费本商品的目的。

一、亲情

我们中华民族历来人情味浓厚，我们注重家庭生活，对家人有着深厚的感情。人们常说：家庭是宁静而温暖的港湾。家庭在人们心目中，有着崇高的地位。拥有一个快乐、温馨的家庭，是人们梦寐以求的目标。而构成幸福家庭的纽带就是亲情——父子或父女之情、母子或母女之情、兄弟情、姊妹情、婆媳情、姑嫂情、妯娌情……广告创作，就是要从这些亲情的角度切入。

不少充满温馨、体现亲情内容主题的广告，已经成为经典，为一代人所铭记。如：春节是中国人最重要的传统节日之一，阖家团圆是中国人的传统也是愿望，因而春节期间，很多在外地工作的人都想办法不远万里赶回家与父母长辈团聚，因而春节团圆、享受亲情也成为广告宣传的一个切入点，很多产品广告都用春节一家人团聚、快乐过年作为宣传元素。如：金龙鱼的大家庭（过年篇），孩子们提着灯笼站在家门口，唱的那句“亲爱的爸爸妈妈在等我，等我回家”，触动了多少游子的思家之情，这则广告2002年被中央电视台评选为观众最喜爱的广告第一名。比较成功的广告还有：汇源果汁（过年篇）、喜之郎果冻（把爱带回家）、苏宁电器（黄晓明、王珞丹版）等。另外，京东年货节的两则广告也让不少游子泪目：

(1) 每次回家,儿子刻在门后的身高线都会再高几厘米。(京东年货节)

(2) 每次我问老爸:在门口等多久了?他都说刚出来。(京东年货节)

例(1)从一个在外打工者的角度,看到留守在家乡的孩子的成长,在欣慰且自豪的同时,也有对孩子成长过程中缺少陪伴的遗憾。例(2)看到上了年纪的老爸在寒冷中等待孩子回家,作为儿子有感动,也有愧疚。这两则广告都融入了父子之爱,但角度又有所不同:前者表达的是在外工作的父亲对留守家乡的儿子的疼爱;后者既展现了年迈父亲对儿子的疼爱,也展现了在外工作的孩子对父亲的敬爱。

以对家庭的爱融入广告宣传的实例还有很多。如:

(1) 王者荣耀里,回家就能补血,生活也是如此,是你永远的高地。(王者荣耀春节广告)

(2) 有家人的地方就是家。(飞猪旅行户外广告)

(3) 有家就有福临门。(福临门大米)

中国古代就强调家庭成员之间的相互关爱和尊敬,这是中国传统文化中家庭伦理道德的重要内容,中国古人对于家庭关系的理想化描述就有"父慈子孝"的说法。广告宣传中融入亲情,在触动消费者心灵的同时可以起到很好的宣传效果。除上面提到的一些广告实例外,比较成功的广告实例还有:

(1) 我们的一句随口说说,就是父母的大动干戈。(唯品会)

(2) 让妈妈的爱没有缺憾。(圣元奶粉)

(3) 父母是孩子最好的老师。(公益广告,给妈妈洗脚篇)

(4) 心好什么都好。(金日心源素,黄日华版)

例(1)和例(2)都以父母对孩子的爱为切入点,很多婴幼儿用品也是利用了父母的“舐犊之情”。例(3)是一则公益广告,在宣传孝道的基础上,表现了孩子的爱母之情,表现爱母之情的还有格兰仕微波炉(蒸蛋羹篇)等。例(4)表达了爱父之情。

在这么多饱含亲情的广告的强大攻势下,消费者怎么会不怦然心动?

二、爱情

爱情是人类美丽而永恒的主题,人们渴望爱情,珍视爱情。商品广告宣传如果能抓住爱情这一主题,为产品赋予浓厚的爱情色彩,无疑是明智之举。确实也有大量借爱情而做的广告实例。如:

(1) 自然的姿态:坦率及真诚……我凝视着你及渴望拥有你,所以,我把你拉近……虽然相距一百二十尺,但我也感觉到你的热情。(日本“SIGMA”变焦镜头广告)

(2) 小别意酸酸,欢聚心甜甜。(某咖啡店的杨梅汁和杨桃汁广告)

(3) 牵手一世,爱戴一生。(珠宝广告)

(4) 不在乎天长地久,只在乎曾经拥有!(铁达时手表)

(5) 寻寻觅觅,总想找最好的;原来最好的就在身边,就像大宝……(大宝化妆品)

(6) 爱她就送她水晶之恋吧!(喜之郎果冻)

(7) 这样我就可以把你捧在手心了!(优乐美奶茶,周杰伦版)

(8) 亲爱的,嫁给我吧!(某品牌钻戒)

(9) 公开不一定是最爱,不公开的一定是最爱,深爱之人藏心不挂嘴,久爱之人在梦不在眼。(爱马仕)

(10) 爱也许不会在你光芒万丈的时候出现,而会在狼狈不堪时降临。(爱马仕)

(11) 我爱你是真的,但你是自由的,纵使结局不满意,遇见已是上上签。(YSL 圣罗兰)

(12) 愿你是披荆斩棘的女将军,也是令人疼爱的小朋友,愿你是一颗糖果都能收买的小姑娘,也是一座金山换不回的女英雄。(HR 赫莲娜)

(13) 世界上最牢固的感情不是我爱你,而是我习惯了有你。(CHANEL 香奈儿)

(14) 会有那么一天,你也会放下今天的执着和不舍,带着稍许的遗憾,是认清,是放过。(COACH 蔻驰)

(15) 喜欢是棋逢对手,但爱是甘拜下风!(GUCCI 古驰)

(16) 一生只做一件事,一生只爱一个人,别说时间不值得,你最值得。我爱你,你随意。(GIVENCHY 纪梵希)

(17) 不求被全世界宠爱,只求这一生是一个人的例外。(Armani 阿玛尼)

(18) 我目光短浅,眼里只有你。我有两个愿望,你在身边,在你身边。(DIOR 迪奥)

(19) 你是我明目张胆的偏爱,也是我众所周知的例外。(VERSACE 范思哲)

(20) 生命本身就是一场旅行,所以我们都值得,都应该努力地奔赴不同的人生。(LV)

(21) 去爱一个能让你做回小朋友的人,而不是爱一个总嫌弃你不懂事的人。(ESTĒE LAUDER 雅诗兰黛)

(22) 以时光之名许一生之诺，经过那么长时间，希望我依然是你最爱的人！(卡地亚)

(23) 希望合适与喜欢撞个满怀，若是你给我明目张胆的偏爱，我就敢给你大张旗鼓的炫耀。(Lancome 兰蔻)

例(1)广告作者以一位相思者身份，借助镜头将恋人从遥远的距离“拉近”，用爱慕情感，让人为之怦然心动。例(2)是一家咖啡店的老板，为杨梅汁和杨桃汁设计了一则广告，一方面描摹了这两种饮料的真实味道，另一方面描写了情人恋人欢聚、别离时的情感。例(3)在前文已经分析过，其中“爱戴”有语义双关的情况，可以是词，也可以是词组“喜爱佩戴”的意思，表面上是说消费者喜欢佩戴此品牌珠宝的意思，但也好似爱情的宣言。例(4)曾一度为流行语，这则经典广告是出自香港已故广告才子朱家鼎之手，是铁达时手表在二十世纪八九十年代的经典广告词；这句看似简单的话，其实蕴含了对爱情的深刻理解，它传达了一种不必过于追求天长地久的承诺，只要珍惜那些曾经拥有的快乐时光就可以了，也可以理解为对铁达时手表只要曾经拥有过就是幸事。例(5)表面上是讲对化妆品的寻觅，实际上与寻找爱人的情况如此相像。例(6)语言直白但却有诱惑力。例(7)“把你捧在手心”的不只是奶茶，还有无比宠爱的恋人。例(8)伴随着某钻戒“红线相牵”那句广告词的声音，广告视频中男生和女生各自执一根红线的一端，一枚钻戒从男生那一端滑至女生手执的那一端并套到女生手指上，浪漫唯美的情节令千万观众感动不已。例(9)至例(23)全是世界著名大牌服饰、化妆品、奢侈品的广告，这些广告或像是对爱人的表白，或表达了对爱情的感悟，表面是表白或诱导消费者的话术，却让人感动到有被爱的感觉；服饰、化妆品、奢侈品的主要消费者是女性,无论哪个年龄的女性都渴望爱情,都渴望被爱;多个世界著名大牌服饰、化妆品、奢侈品不约而同地将爱情融入其广告宣传,除了能让女顾客享受自己的爱情、更深刻地理解爱情的真谛外,还能感受到品牌方像是爱人般的宠爱,成为被宠爱着的女人,怎能不心情愉悦?

其他成功的广告案例还有:厦新 A8 下午茶篇(2002 年被评为央视观众最喜爱广告)、POISON(百爱神,罗密欧与朱丽叶篇)……不得不说,这些品牌的广告语都说到受众心坎里了,让人怦然心动。

三、友情

友情也是人类的一种珍贵的感情。融入友情的广告也很多,比较成功的有麦氏咖啡广告:

> 朋友情谊贵乎至诚相处,互相支持帮助,互相激励。啊,滴滴香浓,意犹未尽!麦氏咖啡,情浓味更浓!

四、爱乡之情

人们有一种普遍的情感——乡情。爱乡、恋乡,尤其是离开家乡的游子,其乡情更浓。台湾地区是祖国不可分割的一部分,台湾地区同胞的爱乡之情尤其明显。如台湾地区《自立晚报》曾刊出这样的广告:

> 浙江丝绸时装与台湾同胞情相连、意相随。

同时还配上一首广告诗:

年华似水涓涓流,故土情思日日稠。

穿上一款家乡服,以慰相思一片愁。

五、爱国之情

自从有民族工业以来,国货和舶来品的激烈竞争就从来就没有停止过。“提倡国货,保护民族工商业”常成为广告的热门主题。中华儿女的爱国之情也可以在广告宣传中呈现。尤其是改革开放以来中国经济腾飞、中国制造名扬全球,以爱国、保护和提倡购买国货的广告层出不穷。如:

(1) 双钱牌:惟一国货汽车轮胎

14 年来独力与舶来品抗争。

创制最早,商标最老,

工料最优,出品最好,

人力车胎,自行车胎,三轮车胎。(解放前大中华橡胶厂广告)

(2) 长虹电视以振兴民族工业为己任!(长虹电视)

(3) 长城永不倒,国货当自强![长沙阿波罗金秋国货嘉年华广告(1997 年 9 月 18 日,纪念抗日战争爆发 60 周年)]

(4) 中国人自己的可乐——非常可乐。(非常可乐广告)

(5) 中华永在我心中!(中华牙膏广告)

还有“乐凯”胶卷、奥尼洗发水、百雀羚化妆品、“青蛙王子”儿童洗护产品,等等;作为民族品牌,这些品牌的广告也将爱国情融入自己的广告语。

国际广告界广泛流传这样一句话:“不管印刷或电视,最好的广告艺术,是使文字铭刻于心。”广告具有商业性,同时,它又是艺术本体。艺术的生命在于感情。广告创意必须善于挖掘商品的情感内涵,必须善于表达情感,描绘情感,诱发情感,抓住情感,能引起消费者的共鸣,从而使消费者去认购商品,形成促销趋势,最终达到广告宣传的目的。

有时,广告语中涉及不止一种情感。如今世缘酒的广告:"今世有缘,今生无悔。"其中提到的"缘",可以是亲缘、友缘、情缘、姻缘……只要是缘,就是珍贵的,拥有此缘,"今生无悔"。今世缘酒用这一广告语触动了受众心中对"有缘相聚"的渴望,对"情义无价"的认定,此广告语让更多的人记住了今世缘酒。

第二节　语言新奇、诙谐幽默

一、语言新奇

广告创作者中有很多语言天才,在他们的巧妙构思、不懈努力下,创造了很多语言新奇的广告语。我们仅举几例说明,如:

(1) 祝您新年发发发发发发发量充足。(美团买药)

这则广告中用了七个"发"字,这几个字的声调不同,读普通话第一声的"发"是"发财"的意思,最后一个"发"读普通话第四声,是"头发"的意思。

(2) 寻找稀有动物——
企鹅是彬彬有礼　黄牛是工作勤奋
猴子是脑筋灵活　鹦鹉是口舌伶俐
孔雀是追求漂亮　猫头鹰是不怕熬夜

北京奥美广告公司这则招聘人才广告描写了六种动物的特点,以此说明对欲聘人才的品质和能力要求。

(3) 它的苦更甜美!(斯沃巴哈咖啡)

“苦”的味道怎么能更甜呢?广告语指出了斯沃巴哈咖啡苦中带甜的特别味道。

(4) 我“拴”住了她的心!(项链)

项链是戴在脖子上的,怎么却“拴”的是心呢?正是送项链给爱人,能让她爱上你,“拴”住了她的心。

(5) 实不相瞒,天仙的名气是吹出来的。(湘潭电扇厂天仙牌电扇)

俗话说“牛皮不是吹的”,指不能凭空说大话,要凭真本事。广告中的“吹”是指电扇的功能——吹风,说明天仙牌电扇靠“吹风”这一真本事而大有名气。

其他例子还有:

(6) 如果你听了一课之后发现不喜欢这门课程,那你可以要求退回你的学费,但必须用法语说。(某一法语学习班的招生广告)

用“法语说”“要求退回你的学费”,你能做到吗?所以,还是安心努力在学习班学习吧。

(7) 先生们,我要你们的脑袋。(理发店)

初看这句广告语很可怕,但想想这是“理发店”的广告,反而觉得广告语写得很妙、很新奇。

(8) 你想要成为童话中的“灰姑娘”吗?(伊卡璐洗发水)

哪位少女不想做与英俊的王子喜结良缘的“灰姑娘”？这则广告语可以瞬间吸引少女们的眼球。

(9) 它能黏合一切,除了一颗破碎的心。(黏合剂)

可见此款黏合剂的适用范围有多广。

(10) 除了钞票,承印一切。(印刷公司)

如果能印钞票,一定会“以假乱真”,可见此印刷公司的印刷技术有多强。

(11) 无所不包。(饺子店广告)

这个“包”可不是“包括”的意思,是作为饺子馅被“包”入饺子里的“包”,可见此饺子店的饺子馅料品种有很多。

以上这些例子中的语言新奇,引人入胜。

二、语言幽默

幽默的语言是对心理惯性的反叛。幽默能突破心理定势,让消费者出乎意料,因而给人留下深刻印象。广告创意常用手法之一就是使用幽默风趣的情节营造充满情趣、引人发笑而又耐人寻味的意境。

幽默的广告总能够让人会心一笑。比如：伦敦的地铁广告说“如果您无票乘车,那么请您在伦敦治安法院前下车”;美国有则公路告示说“如果您的汽车会游泳的话,请照直开,不必刹车”;墨西哥一边境城市风景美丽,司机过境时往往陶醉于美景,以致发生严重车祸,入城口因此悬挂一醒目路牌:“请司机注意您的方向盘——本市一无医院,二无医生,三无药品!”幽默的广告给人留下深刻印象，起到了良好的传播效果。

其他例子还有：

(1) 香港卖睡衣的路牌广告

画面：一位身穿睡衣，头戴礼帽的胖男人，倚着一堆睡衣在长椅中酣睡，脖子上还挂着出售睡衣的广告；

正文：我厂的睡衣质量上乘，优异无比，就是卖睡衣的商人也无法保持清醒。

(2) 我们的最新产品最能吸引异性，因此，随瓶奉送“自卫教材”一份。(法国香水制造公司广告)

(3) 请飞往北极度蜜月吧，那里夜长24小时。(荷兰某旅行社广告)

(4) 本店卫生到家，食物中任何时候也找不到令阁下恶心的毛发，因为本店所有工作人员均为秃顶。(伦敦闹市区小饭店广告)

(5) 如果“佩纳利”还不能使您的鸡下蛋，那它们一定是公鸡。(佩纳利饲料公司广告)

(6) 若是“沃尔芙”也无法改变你的形象，您还是什么也别穿，就上街去吧！(沃尔芙时装公司广告)

(7) 它唯一的缺点是每小时跑100公里时，你仍听得见在后座的丈母娘唠叨的每一个字眼。(某汽车广告)

(8) 请来本店用餐吧！不然你我都要挨饿了。(某餐厅广告)

例(1)人们看到买睡衣的人穿着睡衣昏昏欲睡的样子，不禁会觉得好笑，以“卖睡衣的商人也无法保持清醒”的说法说明了睡衣有助于良好的睡眠。例(2)都需要“自卫教材”了，可见这款法国香水能提高个人魅力。例(3)“夜长24小时”就不会“春宵苦短”了。例(4)想到饭店的厨师“秃顶”的样子可能不禁发笑。例(5)用幽默的语言说出了“佩纳利饲料一定会让母鸡下蛋”。例(6)想想“什么也别穿,就上街去”的样子,不少人会发笑。例(7)想象一下“仍听得见在后座的丈母娘唠叨的每一个字眼”,可见此款汽车的发动机的噪音有多小。例(8)以“你我都要挨饿”的含蓄说法,招揽顾客。以上8则广告语,或夸张、或含蓄、或仿用反语,以诙谐幽默的语言宣传了广告理念。

生活中需要幽默,人们喜欢幽默的广告带给人们的会心微笑。广告创作者可以开动脑筋,创造出更多优秀的幽默广告。但使用幽默要考虑文化环境。文化背景的不同会导致语言理解的偏差。臭豆腐广告说“臭名远扬,香飘万里”,中国人听了会心一笑,但外国人无法理解。他们没吃过、也没听说过这种食品,无法理解香臭这两种相反的味道的统一。

第三节　其他策略

一、设置悬念或疑团

二十世纪九十年代初,《烟台日报》曾连续5天用一整个版面宣传一则广告:

第一天:报纸上只出现了一支毛笔和一个刚写完的“清”字。

第二天:报纸上还是出现了一支毛笔和刚写完的“清水”两字,有的读者就开始猜测,这是饮用水的广告。

第三天：报纸上出现了一支毛笔和刚写完的“清水日”三个字，有的读者就真相了——原来是“节水日”的广告。

第四天：报纸上出现了一支毛笔和刚写完的“清水日本”四个字，有的读者又开始猜测，难道这是日本进口的饮用水的广告？

第五天：报纸上出现了一支毛笔和刚写完的“清水日本海”五个字，同时报纸上还出现了一些说明文字；这时读者才恍然大悟：原来这是一家新开的名叫“清水日本海”的日本料理店的广告。

野狼摩托车连用7天做了一组系列广告：

第一天广告：

今天不要买摩托车，请您稍候6天。买摩托车您必须慎重考虑。有一部意想不到的好车，就要来了。

第二天广告：

今天不要买摩托车，请您稍候5天。买摩托车您必须慎重考虑。有一部意想不到的好车，就要来了。

第三天广告：

今天不要买摩托车，请您稍候4天。买摩托车您必须慎重考虑。有一部意想不到的好车，就要来了。

第四天广告：

请再稍候3天。要买摩托车，您必须考虑外形、耗油量、马力、耐用度等。有一部与众不同的好车就要来了。

第五天的广告：

让您久候的这部，无论外形、冲力、耐用度、省油等，都能令您满意的野狼125摩托车，就要来了。烦您再稍候两天。

第六天广告：

对不起,让您久候的三阳野狼125摩托车,明天就要来了。

第七天广告才刊出全页面积的大幅介绍性广告,产品正式上市。

这是台湾地区广告公司为推出125野狼摩托车而设计的新产品上市系列广告。为了使新产品一上市便取得畅销局面,广告创意者确立了最为重要的广告战术:制造悬念,最大限度吸引消费者的注意力。在新产品正式上市前,敬告消费者暂停购买。连续4天在台湾地区两家有影响力的报纸上刊登广告请大家暂停购买,但却又秘而不宣这部"意想不到的好车"的名称。而从第5天开始,广告才明确地告诉消费者这辆好车是"三阳野狼125摩托车",而且正是由于前四天的藏而不露,造成消费者对广告的期待心理。这样,"野狼125是好车"的观念便深入消费者的头脑。第7天用全页大幅广告的详尽介绍,使人们对此车有了明确的了解。

这一请大家暂停购买的广告,以其大胆的策略,富有刺激的悬念式攻心手法,成功地把野狼125摩托车这一新产品推销上市。广告的结果便是造成新产品销售大轰动,广告主发送各地的几百部货马上全部卖完,并出现了经销商上门取货催货的局面。野狼125摩托车不仅一上市就成了热门货,而且还带动了三阳公司其他型号摩托车的销售。

二、明贬实褒

与一般的广告是宣传产品优点不同,有的广告反其道而行之,专门说明商品或产品的"缺点"。不要以为广告创作者或生产商不明智，实际上却暗含了他们的大智慧，明贬实褒扬。如：

该大衣唯一的缺点是——将使您不得不忍痛扔掉以前购买的外衣！（瑞士裘皮大衣）

表面上是说该大衣的缺点，但是有能"使您不得不忍痛扔掉以前购买的外衣"特点的大衣，肯定是款式、质量等都绝对上乘的。

三、为消费者着想

有的广告不是一味地向消费者灌输产品或商品的优点，诱导消费者实施消费行为，而是在广告语中明显包含了为用户（消费者）着想的语气。如：

(1) 劲酒虽好，可不要贪杯哟。（劲酒）

劲酒的这句广告词，前一句暗暗自夸，后一句话是劝饮酒者"不要贪杯"，实际上暗含着"劲酒很好，饮用者都忍不住要多喝"的意思。广告为消费者着想，让消费者感到暖心。

(2) 我们只做精品，一切为了用户！（常州沿江电动车）

一个"只做精品"的厂家，其产品质量一定令人信服；一个有着"一切为了用户"理念的厂家，其售后服务一定值得信赖。

四、明星或名人效应

不少商家会请名人或娱乐、体育明星做自己产品的代言人，是看好了名人或明星所带的流量，吸引这些名人或明星的粉丝，以扩大或巩固消费群体。用明星或名人做广告代言，从中可以分析出广告语言策略及广告本身的策划技巧。

1. 品牌名称傍明星

有不少商家喜欢拿“明星的名字”给品牌起名，往往效果不俗。例如：

> 溜得滑——修正液；泄停封——腹泻药；
> 黑泽明——生发水；赵本衫——服装。

由于明星的公众化程度相当高，名字的语感通常又很顺畅，再加上汉字与产品本身的特点形成了一种解谜般的趣味，的确能给消费者留下记忆，从而加快传播。但是在玩这类谐音游戏前，要提防引起侵犯名人的名誉权而造成的法律纠纷，更要提防庸俗化的倾向。

2. 明星、名人效应

选名人或明星作代言人，其实有一些情况还是需要考虑的。

① 选择合适的、与产品有一定关联性的名人或明星

如某款婴幼儿奶粉的代言人是张杰、谢娜夫妇，两人共同养育了三个孩子；相较于那些仍为单身的明星，请这对明星夫妇做代言，可能在一些年轻爸爸、妈妈心中更有说服力。

史丹利广告语言简单明了：“黄土地、黑土地，种地就用史丹利。”这样的广告语广大农民朋友都能理解、记住。史丹利曾经选用陈佩斯做代言，是因为陈佩斯在一些小品和影视剧中创造了很多家喻户晓的角色，农民朋友都认识他。

② 抓住时机

巩俐因电影《红高粱》一举成名，巴黎欧莱雅在中国的代言人就是巩俐；娜塔莎·金斯基代言力士香皂的广告在中国大陆播出，是在她出演的电影《苔丝》在中国大陆上映以后。

③ 选取关键

广告宣传的切入点、代言人的选择一定要慎重，要突出广告宣传的关键点。

2018 年，波兰队在世界杯足球赛中取得了好成绩。三星手机就选择用波兰足球队的教练来做代言人。而华为手机却请波兰国家足球队队长、前锋莱万做代言人，传播口号是“突破自我，以行践言，永不放弃”。相比之下，带领波兰队在绿茵场上冲锋陷阵、取得不俗成绩的莱万更受年轻人的青睐。

④ 注重代言人的品行

明星选择是否恰当，不能仅靠名人、明星的人气、流量，更要注意代言人的品行；如果因为代言人的品行不端，就会影响广告宣传效果和观众对厂家、商家的印象。

广告创作中可以利用的吸引人眼球的因素，除了名人或明星外，还有最新社会热点事件或潮流趋势等。

本章作业与思考题

1. 就以上谈到的几种情感，谈谈你认为比较成功的“情感至上”的广告作品。

2. 针对消费者的购物心理趋向，谈谈你认为比较成功的“攻心”广告语。

3. 学习上面提到的各种广告策略、广告语言技巧，自己试着创作几则广告。

第八章　同类、同一商品的不同广告对比

对比同类产品、同一商品不同时期投放的广告，可以从中领悟出广告创作中对商品定位、抓住消费者心理的一些技巧。

第一节　同类产品的广告语对比

商品定位对于广告创作是十分重要的。可以这样讲，一个成功的广告作品，一定会有一个科学、准确的商品定位；反过来，商品定位的错误，必将导致广告宣传的失败。

抓住顾客的消费心理，是广告宣传取得成效的极为重要的策略。消费者的心理是商品生产者、销售者、广告宣传策划者都必须了解的。消费者为什么要买商品呢？是出于某种需要。人的需要具有原动力性质，是产生购买动机的内在原因。有了购买动机，就会驱使人们产生某种行为。在广告宣传时，要充分认识和掌握抓住消费者心理"攻心为上"的语言策略，在实践中灵活运用，定会获益匪浅。

分析同类产品的广告，从它们的差异中能找到广告宣传可以借鉴的技巧。

一、花生油

(1) 去红衣,没煳味,很天香,花生油中三好生。有家,就有福临门。(福临门花生油)

(2) 吃过胡姬花吗?它,只做花生油,只做古法花生油,老油坊的香,胡姬花花生油。(胡姬花花生油)

(3) 鲁花5S压榨花生油,去除黄曲霉技术发明专利,鲁花荣获国家科技进步奖,滴滴鲁花,健康万家,幸福全家。(鲁花花生油)

(4) 中国味,鲁花香。(鲁花花生油)

(5) 来自当季新花生,榨出新活好油;当季新花生,新鲜龙大油。(龙大花生油)

福临门花生油的宣传亮点主要有两个:一是“没糊味,很天香”,这确实是某些花生油生产厂没有做到的;二是“有家,就有福临门”,以爱家、温馨的家庭购买使用福临门为宣传点。胡姬花花生油的宣传点是“只做花生油,只做古法花生油”,由其专业、专一加上传统技术的加持,能做出传统“老油坊的香”的花生油。鲁花花生油的两个广告的宣传点有所不同,“中国味,鲁花香”利用的是消费者的爱国之情、对独特“中国味”喜爱的情结;随着人民生活水平的提高,吃油、吃好油、吃健康的油已经是民众的追求,鲁花的“去除黄曲霉技术发明专利”确实是其与其他花生油不同的亮点。龙大花生油提出用“当季新花生”生产油,当然就不会存在陈花生的黄曲霉,在民众更加注重食品健康的今天,“新鲜龙大油”值得购买。

不同的厂家都能发掘出自己产品与众不同的特点，以此作为宣传亮点，找准自己产品的定位，迎合消费者心理。

二、洗发用品

美国宝洁公司是一个生产经营保健护肤品的著名公司，“海飞丝”“飘柔”“潘婷”这三种洗发水就是该公司的重要产品。该公司制作广告时，根据各个品牌的不同功效进行了正确定位。如“海飞丝”的广告定位是“止头痒，去头屑”（广告语：“去除头屑的困扰。”“头屑去无踪，秀发更出众。”），“飘柔”的广告定位是“从发根到发梢，营养头发”（广告语：“飘柔汉草，防掉更好。”“非一般的柔顺，触发非一般的心动。”），“潘婷”的功效是修护损伤和滋养秀（广告语：“潘婷：拥有健康，当然亮泽”“三千烦恼丝，健康新开始。”）。宝洁公司对于三种主要产品的不同功效进行了准确定位，满足了消费者的不同需求，因而赢得了广大的消费市场。

三、胃药

同样是胃不舒服，症状和病因都会不同，选择的药品也应该不同。胃药广告不少，迎合受众的不同需求。如：

（1）胃痛、胃酸、胃胀，请用斯达舒，管用。（斯达舒）

（2）胃药暖暖的，才舒服。（三九胃泰）

（3）增强胃动力。（吗丁啉）

（4）西药治胃病，中药养胃，中西医结合。（仁和正胃胶囊）

斯达舒针对的是“胃痛、胃酸、胃胀”。三九胃泰可缓解腹痛、腹胀、恶心、呕吐等胃肠道不适症状。吗丁啉针对胃动力不足症。现在有的患者开始相信中药的疗效,有人相信中西医结合的药品更加安全、疗效更好,因而仁和正胃胶囊的宣传亮点是“中西医结合”。

上面的四种胃药,各有各的功能和功效,广告宣传抓住了各种胃药的不同功效,作为广告宣传点,广告受众可以根据广告语中透露出的信息,选用适合自己症状的胃药。

四、牛奶

中国的乳业集团很多,大浪淘沙,现在市场上的牛奶及牛奶饮品开始集中于几个大的品牌,蒙牛、伊利和光明都是其中的大品牌,这几个品牌乳品的广告宣传语不同,是因为各牛奶的生产商都找到了自己产品的宣传切入点。

(1) 来自大草原,香浓好感受!(蒙牛饮品)
(2) 感受心灵的天然牧场!(内蒙古伊利乳业)
(3) 有健康,有光明!(光明奶)
(4) 新鲜每一天。(上海光明乳业)

蒙牛的广告中有两个主要亮点:一是“来自大草原”表明蒙牛的生产环境是得天独厚的大草原,二是“香浓”表明其味道绝佳。伊利的宣传切入点在“天然牧场”,表明其天然好品质。光明抓住了消费者追求健康的诉求点;在上海这个大都市、各种包装的乳品充斥市场的情况下,上海光明乳业以“新鲜”为宣传点,确实吸引消费者。

第二节　同一商品不同时期投放的广告对比

同一产品在生产、销售的不同时期，会有不同的特点、不同的市场认同度；广告宣传应该迎合不同阶段产品生产、销售和市场认同度的特点，调整广告宣传策略，投放不同的广告，以提高产品的知名度，刺激消费者对产品的认同度，最终提高产品销量。

一、格力空调

从格力空调四个不同阶段的广告语，可以看出格力空调的进步、成长和其产品定位的精准。

(1) 第一阶段：格力电器创造良机。

(2) 第二阶段：好空调，格力造！

(3) 第三阶段：格力，掌握核心科技！

(4) 第四阶段：让天空更蓝，大地更绿。

第一阶段“格力电器，创造良机”的广告语中用了双关的辞格，其中“良”是优良的良，格力保证质量，生产出好的“空调机”，但是“良机”既可能指的是“好的空调机”，也可以指“好机会”；第二阶段的广告语“好空调，格力造”用直白的语言告诉消费者“格力空调”在生产技术突破的基础上生产出“好空调”；第三阶段的广告语“掌握核心科技”，经过十几年的沉淀，格力已经走在世界的智能空调行业的领先地位，但是不能满足，要不断地去超越自己，从而引发消费者的民族自豪感；第四阶段的广告语“让天空更蓝,大地更绿”,表明了格力集团关注环境保护,致力于创造良好生态环境。

二、农夫山泉

(1) 农夫山泉有点甜。

(2) 千岛湖源头活水。

(3) 好水喝出健康来。

(4) 一瓶水,一分钱。每喝一瓶农夫山泉,你就为水源地的贫困孩子捐出了一分钱。饮水思源,农夫山泉。

(5) 人体内的水每一天更换一次,我们不生产水,我们只是大自然的搬运工。

农夫山泉从2006年在中央电视台以及地方台等多家媒体上发布以来,一直注意根据市场和消费者需要,调整自己的广告语。开始的那句“农夫山泉有点甜”吸引了消费者去品尝这种与其他饮用水不同味道的饮用水,让刚上市的农夫山泉脱颖而出,建立了自己的消费者群体。此后的广告语“千岛湖源头活水”印证了其确实是“天然矿泉水”。“好水喝出健康来”针对的是消费者追求健康饮品的诉求。更是引发了公众对“饮水思源、喝水助学”的高度关注。“一瓶水,一分钱。每喝一瓶农夫山泉,你就为水源地的贫困孩子捐出了一分钱。饮水思源,农夫山泉。”这一广告无疑是成功的,很多人都是因为这条广告成为农夫山泉的忠实消费者。当年,很多城市出现了小学生以及青年志愿者参加了饮水思源的公益环保宣誓、义卖和募捐等活动。参加活动的人都认为,只要每个人献出一点爱心,便可以帮助更多需要帮助的人。农夫山泉不仅在销量上更上一层楼，而且品牌知名度和美誉度都大幅提高，树立了良好的品牌形象。农夫山泉后来的广告“人体内的水每一天更换一次，我们不生产水，我们只是大自然的搬运工”，以人体内水的新陈代谢为引子，唤起消费者渴望喝健康的水、促进人体健康的水循环的诉求。加上“不生产水、只是大自然的搬运工”表明农夫山泉真的是纯天然水而非生产线上产出的人造水，进一步吸引消费者去购买。

三、蒙牛牛奶

蒙牛集团成立于 1999 年，在二十多年的发展中，集团对自己生产的牛奶投放了很多不同的广告，从这些广告实例中，我们可以看到集团的发展、成长和蒙牛牛奶的品质提高。

(1) 来自大草原，香浓好感受！

(2) 蒙牛，自然好味道。

(3) 蒙牛，中国牛，世界牛。给世界一个新高度。

(4) 每天一斤奶，强壮中国人。

(5) 航天品质牛奶营养健康 13 亿国人。

(6) 世界品质，天生要强。

(7) 真我新时代，活出真自我。

蒙牛开始的宣传选取的切入点是“香浓”“好味道”，后来蒙牛出口、走向国际市场，就出现了“中国牛，世界牛。给世界一个新高度”“世界品质，天生要强”这样的广告语；针对国家对国民健康的愈加关注，蒙牛的“每天一斤奶，强壮中国人”和“航天品质牛奶营养健康 13 亿国人”等广告语开始广为流传；针对年轻人的诉求，蒙牛集团创造了“真我新时代，活出真自我”的广告语；神舟五号成功发射后，蒙牛集团成为“中国航天事业合作伙伴”，蒙牛新的广告语变为了“航天品质牛奶营养健康13亿国人”“中国航天员专用牛奶”等。

每一次广告宣传语的升级，都是一场关乎民族健康、工业强国的愿景落地，而这一次的品牌升级，是蒙牛集团大力发展自身，不断提升产品质量、希望能更好地满足消费者需求的过程的体现。

第三节　消费者心中的优劣广告

笔者在教授“广告语言技巧”这门课程的过程中，曾对不同届的学生进行了问卷调查，让学生们选出自己心目中最喜欢、最优秀及最讨厌的广告。学生们的答案五花八门，但是，2010届之前的学生，提供的答案比较集中于某些广告。我们一起来看一下，可以学习优秀的广告，也可以引以为戒，避免创造出令人讨厌的广告。

一、学生们喜爱的广告

(1) 孔府家酒广告(孔府家酒，叫人想家。)

(2) 某品牌眼镜广告(眼睛是心灵的窗户，为了保护您的心灵，请给窗户装上玻璃吧。)

(3) 波导手机广告(波导手机，手机中的战斗机!)

(4) 某公益广告——在一辆公交车上，一个易拉罐掉在地上，乘务员拾起易拉罐看着那名乘客说：“公共场合，怎能乱扔废品”然后随手打开车窗扔了出去。

例(1)已经成为经典广告,以引起人们的思乡、想家之情,营造出一种温馨中意蕴悠远的情愫;例(2)以比喻的方式,让这则广告避免了直白的说教,明了又富有说服力;战斗机有"飞行性能优良、机动灵活、火力强大"等优点,例(3)中把"波导手机"比作"手机中的战斗机",自豪地表达了波导手机如战斗机一般"品质、性能优良"。例(4)这则广告设计巧妙,用幽默、讽刺的方法讽刺了乘务员(售票员)的言行矛盾,明明在语言上批评别人乱扔废品的不文明行为,自己却做着乱扔废品的行为。

二、学生们讨厌的广告

(1) 德尔惠运动鞋——一群运动少女跑步时碰见吴奇隆,高喊一声:"吴奇隆"。吴奇隆停下脚步说了一声:"德尔惠"。

理由:纯是利用明星效应。吴奇隆回答了一种鞋的名字,这与他的个人扯不上关系,牵强附会。

(2) 网络游戏"魔力宝贝"广告语——人的一生总要体会一次。

理由:让人感觉不到其可玩性,网络游戏如此之多,为何要玩此游戏呢?难道玩其他网络游戏就不算是体会了吗?即使能吸引人去玩网络游戏,也不一定会去玩此游戏。这则广告根本不像是在为此网络游戏作广告,而是为整个网络游戏世界作的广告。

(3) 拿的起,放不下,都是钻石惹的祸!("瑞恩钻饰名店"广告语)

理由:这则广告运用了多种广告创造技巧。"拿得起,放不下”是改用成语“拿得起,放得下”,成语的原义是“指在对待两难的问题上,做决定敢做敢当,当机立断”,“都是钻石惹的祸”又可以看作是用了拟人的修辞格。但此则广告的宣传理念与改用的成语没有任何意义上的关系,这些技巧的运用并没有增加广告的宣传力。广告作者大概是想用“拿得起,放不下”表达消费者会对“瑞恩钻饰”“爱不释手”,但还不如直接宣传“瑞恩钻饰”精美、奢华,好像还更具说服力;同学们一致认为这则广告缺乏说服力,“拐弯抹角”地引用成语,想表达的意义却晦涩不明。

三、为避免粗俗、命令等,以下这些语句尽量避免使用

如:

——听我说……

——给我听着……

——我告诉你……

——别给你机会不当事!

——真是活该受穷!

——你还在等什么?

——你还在犹豫什么?

——你为什么不……?

最后,还要提醒一句:广告宣传语一定要符合大众心理、社会习俗、道德标准和社会主义核心价值观。

本章作业与思考题

1. 除了本书中举的例子,自己再寻找一些广告实例,分析同

一类产品的不同广告，分析其特点，学习其找准商品定位、抓住消费者心理的技巧。

2. 除了本书中举的例子，自己可再寻找一些广告实例，分析同一产品不同时期的广告，分析其商品定位、迎合消费者心理的技巧。

3. 你最喜爱的、你认为的最为优秀的广告是什么？请说明理由。

4. 你最讨厌的广告是什么？请说明你讨厌它（它们）的原因。

主要参考文献

蔡嘉清. 广告学概论教程(第五版). 北京：北京大学出版社,2017.

曹炜等编著. 广告语言学教程. 广州：暨南大学出版社,2007.

曹志耘. 广告语言艺术. 长沙：湖南师范大学出版社,1989.

陈培爱. 广告文案创作. 厦门：厦门大学出版社,2008.

大卫·奥格威. 奥格威谈广告. 北京：机械工业出版社,2003.

大卫·奥格威. 一个广告人的自白(第 3 版). 林桦译. 北京：中信出版集团,2008.

丁柏铨. 广告文案写作教程. 上海：复旦大学出版社,2002.

樊文江. 出奇制胜和联想. 中国广告,1982(2).

樊志育. 另类广告学. 上海：上海人民出版社,2011.

冯章. 新编广告文案写作与赏析. 北京：经济管理出版社,2009.

傅家柏. 广告的魅力在于幽默. 应用写作,1997(6).

何新祥. 广告语言修辞策略. 长沙：中南大学出版社,2003.

黄伯荣,廖序东主编.《现代汉语》(增订四版上册). 北京：高等教育出版社,2007a.

黄伯荣,廖序东主编.《现代汉语》(增订四版下册). 北京：高等教育出版社,2007b.

黄伯荣,廖序东主编. 现代汉语(增订六版·精简本). 北京：高等教育出版社,2018.

李娜. 汉英广告语言对比研究. 北京：中央编译出版社,2014.

刘可. 实用广告写作. 北京：中国和平出版社，1997.

刘林清. 优秀广告作品评析. 北京：国家开放大学出版社，2020.

刘新华，音渭. 扼住命运的咽喉，贝多芬和他的交响乐. 台北：崧烨文化出版，2022.

刘中富. 比喻式广告语言的定向策略. 修辞学习，1994(3).

培根.《新工具》. 北京：北京出版社，2008.

屈哨兵. 广告语言方略. 北京：科学普及出版社，1997.

覃凤余. 悬念：广告成功的秘诀. 修辞学习，1993(4).

涂画. 吸金广告与爆款文案撰写技巧及实例全书. 北京：北京联合出版社，2022.

文有为. 爆款文案一句话就够了. 上海：文汇出版社，2021.

巫龙春. 世界优秀广告短语 7 000 句. 北京：金盾出版社，2013.

伍铁平，王庆主编. 普通语言学概要(第三版). 北京：高等教育出版社，2014.

杨红芳. 蓄意歧义策略在广告语中的运用. 山西师范大学学报，2010(6).

于根元主编. 广告语言教程，西安：陕西人民出版社，1998.

乐剑峰. 广告文案. 北京：中信出版集团，2016.

中国社会科学院语言研究所词典编辑室编.《现代汉语词典》第 7 版. 北京：商务印书馆，2016.